머니 트렌드 2024

57가지 키워드로 전망하는 대한민국 돈의 흐름

머니 트렌드

MONEY **2024** TREND

김도윤 정태익 김용섭 김현준 전영수 채상욱 최재붕 홍춘욱

북모먼트

위기와 기회가
공존하는 시기에 필요한
단 한 권의 책

2023년은 여러 의미로 혼란스러운 한 해였습니다. 2022년 갑작스러운 자산시장의 붕괴와 예측할 수 없는 변수들로 세계 경제가 방향성을 잃고 한 치 앞도 보이지 않는 숲속을 헤매는 것처럼 한 발 한 발 내딛는 불안한 시기를 보냈는데, 2023년은 이런 불안한 요소들이 어느 정도 정리되고 안정을 찾을 수도 있겠다는 희망이 무색할 정도로 2022년에 겪었던 어려움이 지속되는 한 해였습니다. 그러나 자산시장은 그런 불안 요소에도 불구하고 2023년 연초부터 빠르게 반등하여 하락을 상당 부분 회복하는 면도 보였습니다.

여전히 상황이 좋지 않은데도 자산시장이 서서히 회복하는 모습을 보며 시장 참여자들도 이것이 정말 회복인지, 일시적으로 반등한 후 다시 하락할 것인지를 놓고 지금도 의견이 분분합니다. 이런 시기에 『머니 트렌드 2024』 발간은 기대와 걱정을 동시에 가지게 됩니다. 작년 『머니 트렌드 2023』은 돈의 트렌드를 명확하게 설명해주는 책이 우리나라 출판 시장에 없다는 점에서 독자 여러분들에게 새로운 기획을 보여드리고자 하는 갈망으로 만들었다면, 올해는 작년에 이어 이 책을 읽는 독자들의 기대감을 충족함과 동시에 그 이상의 만족감을 얻을 수 있도록 해야 한다는 부담도 있기 때문입니다.

그래서 올해는 작년보다 많은 인원으로 대한민국 최고 전문가 8인을 모아 2024년 새로운 해에 일어날 수 있는 돈의 흐름을 정리하였습니다. 경제 전반, 주식, 부동산, 테크, 인구, 사회 문제 그리고 이번에 새롭게 이야기하게 된 문화 트렌드 분야까지 우리가 알아야 할 돈의 전망을 총 57가지 키워드로 묶어 더욱 탄탄해진 내용을 담았습니다. 우리의 일상적인 욕망들이 어디로 흘러가는지 안다는 것은 사회 주체로서 경제를 좀 더 제대로 파악할 수 있다는 뜻일 것입니다. 그렇기 때문에 이 책은 기존에 재테크와 비즈니스에 관심 있는 이들이나 투자자는 물론이고, 일상에서도 돈이 될 만한 아이템을 찾는 1인 사업자, 콘텐츠 크리에이터, 마케터 등에 이르기까지 분야를 막론하고 수많은 독자에게 실질적인 인풋을 제공할 것입니다.

『머니 트렌드 2023』부터 책을 함께 기획한 183만 구독자 〈김작가 TV〉 유튜브 채널의 김도윤 작가님, 한양대학교 전영수 교수님과 이코노미스트 홍춘욱 박사님 외에도 트렌드 분석가이신 날카로운상상연구소 김용섭 소장님, 더퍼블릭자산운용 김현준 대표님, 하나증권 애널리스트 출신의 채상욱 대표님 그리고 성균관대학교 부총장이신 최재붕 교수님이『머니 트렌드 2024』에 새롭게 참여해주신 덕분에 독자 여러분께 자신 있게 이 책을 세상에 내놓을 수 있었습니다.

다가올 청룡의 해인 2024년은 위기와 기회가 공존하는 한 해가 될 것이라 믿습니다. 희망을 담아 말하면 위기는 시간이 지나면서 사라지고, 동쪽에서 태양이 서서히 떠오르듯 우리가 기다렸던 기회가 모습을 드러내는 시기가 되길 기원합니다. 모두가 불안과 절망을 말할 때도 투자자는 믿음과 희망을 갖고 부를 얻을 기회를 찾아냅니다. 여러분에게도『머니 트렌드 2024』가 지금보다 더 좋은 삶을 위한 부의 인사이트를 얻는 시작점이 되었으면 좋겠습니다.

2023년 가을,

정태익

차례

3장

REBOUND AND RISKS OF THE MARKET

부동산의 위기를 새로운 적기로 만들다

4장

EVERYDAY DETAILS MATTER

일상의 디테일에서 돈이 보인다

5장
SURVIVING IN THE DIGITAL AGE
테크의 파도에서 기회를 잡아라

6장
NEW OLD AGE
신노년 세대, 반전을 일으키다

위기가 기회가 되는
2024년
반전 Twist 의 해
부를 불러들이는
핵심 머니 트렌드

주식의 원칙

모듈러 주택

럭셔리 중고

커지는 챗GPT

트럼프 효과

리쇼어링

사람을 수입하는 나라들

니트족

은퇴자 1700만 명 시장

CEO 인성 마케팅

K-컬처

고금리 종말

우울증

지정학 시대

콤팩트 시티

뜨는 잘파 세대

청년의 휴업

은둔형 외톨이

미용 테마

연금 수령

사교육 시장 팽창

F&B

숏 콘텐츠

역전세

플랫폼 구독 경제

고령을 위한 나라

반세권

탈중국

달라진 늙음

골디락스 현상

AI의 침투

반도체 멘탈 헬스케어 이민청 효과 인공지능 테마

실력이 정의인 사회

오은영 신드롬 나비 효과 미분양 사태

슈퍼 사피엔스 중소형주 수요

양극화 잃어버린 30년?

반반 결혼

중금리 시대

뉴노멀 비인가 학교

정년 연장 빛나는 청약

역대급 중고차 시장

총선 포퓰리즘 출산율 0.53

중국→베트남 주식 강세장의 초입 기업형 임대주택 뉴스테이

전세 사기 극복

무직 2030 저성장 탈피 똘똘한 두 채

건설업, 위기 vs 기회 비혼 출산 탄력 근무

거지방

특례보금자리론 소멸

허세 끝판왕 인테리어 60년대생이 온다

1장

2024 경제에
그린 라이트가 켜지다

OPPORTUNISTIC GENERATION

경기 바닥의 종말,
중금리의 서막이 열린다

2023년 한국 경제를 한 문장으로 묘사하자면 '경기 바닥을 경과했다'라고 볼 수 있다. 2022년 봄, 우크라이나 전쟁으로 시작된 세계 경제의 성장 둔화가 2023년 2분기를 지나면서 서서히 진정되고, 한국의 경제에도 빛이 보이기 시작했다. OECD(경제협력개발기구)에서 발표하는 한국의 경기선행지수(현재의 경기 상태를 판단하거나 3~6개월 후의 경기 흐름을 예측하는 지표)가 2분기부터 반등하기 시작했다.

경기선행지수가 반등한다고 해서 무조건 경기가 회복되기 시작하는 것은 아니지만, 급격한 경기 침체의 위험이 완화된 것

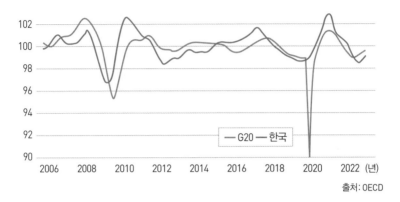

출처: OECD

만은 분명하다. 고유가와 곡물 가격 급등으로 인한 물가 상승이 완화되는 가운데, 미국 등 주요 국가 중앙은행의 금리 인상이 2023년 하반기 중에 마무리될 것이라는 기대도 경기 회복에 대한 기대를 높이고 있다.

중금리 시대가 온다

2024년에는 **고금리 시대가 끝나고, 중금리 시대가 올 것으로 보인다.** 앞서 말했듯이, 한국이나 미국 등 주요 국가의 물가 상승(인플레이션) 압력이 점차 완화되고 있어 이들 중앙은행의 금리 인상이

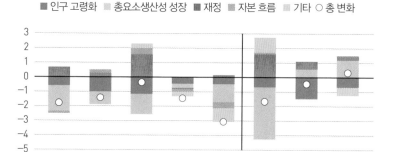

인구와 총요소생산성 통계

■ 인구 고령화　■ 총요소생산성 성장　■ 재정　■ 자본 흐름　■ 기타　○ 총 변화

출처: IMF

중단될 것이라 기대되기 때문이다. 여기에 두 가지 구조적 요인
이 금리 수준을 낮출 것으로 보인다.

첫 번째 구조적 요인은 '글로벌 노령화'이다. 돈이 많은 선진
국 노인이 늘어나 경제 전체적으로 자금 공급을 늘릴 것으로 예
상된다. 두 번째는, 선진국을 중심으로 총요소생산성Total Factor Pro
ductivity(노동, 자본뿐만 아니라 근로자의 능력과 기술까지 포함한 복합적
경제성장률)이 꾸준히 향상되고 있다는 점이다. 정보통신에서 바
이오, AI로 이어지는 강력한 혁신이 제품 생산 단가를 떨어뜨리
고 이것이 다시 물가 압력을 떨어뜨릴 것으로 예상된다.

다만 예전처럼 제로 금리로 돌아갈 것이냐는 질문에 대해서는

'No'라고 답해야 할 것 같다. 무엇보다 2022년 우크라이나 전쟁으로 '지정학'의 시대가 다시 열렸기 때문이다. 지리적인 위치 관계가 정치, 경제적으로 미치는 영향 때문에 사람들은 신뢰하기 어려운 나라와 더 이상 장기적인 거래 관계를 맺지 않으려 들 것이다. 따라서 앞으로 중국을 비롯한 동아시아의 거대한 산업집적지가 해체될 수 있다. 산업집적지를 뜻하는 '클러스터'는 생산을 담당하는 기업 외에도 연구개발을 하는 연구소, 대학을 비롯하여 각종 지원을 담당하는 벤처 캐피털까지 기업과 기관이 한데 모여 있다. 이 클러스터 해체가 가져올 비용이 적지 않을 전망이다. 따라서 중물가, 중금리 시대가 2~3년간 펼쳐질 것으로 예상한다.

참고로, 중금리가 왔다는 건 '골디락스' 현상이 벌어지고 있다는 말과 같다. 골디락스란 영국의 전래동화 〈골디락스와 곰 세 마리〉에 나오는 금발 머리 소녀의 이름이다. 골디락스는 3가지 중에 하나를 선택하는 상황에 여러 번 놓이는데, 그때마다 항상 적당한 것을 선택한다. 소녀는 뜨거운 수프와 차가운 수프, 뜨겁지도 차갑지도 않은 수프 중에서 마지막 수프를, 너무 딱딱한 침대와 너무 부드러운 침대, 딱 적당한 침대에서 마지막 침대를 선택한다. 즉 골디락스란, 가장 이상적인 상태이자 좋은 시기라는 뜻이다. 인플레가 2~3%대를 유지하고, 경제가 성장하면 국가 부채에 대한 공포심이 완화된다. 투자에 대한 대안도 늘어나기 때문에 앞으로 중금리 시대는 '잔잔하게' 좋은 시기라고 볼 수 있다. 2020년처럼 V자 변동으로 확연하게 좋아지지는 않겠지만 말이다.

경기 회복의 빛이 보인다

경기 침체의 원인은 부동산과 수출이 동시에 부진했기 때문이다. 2023년 2월을 고비로 부동산 경기가 살아나는 중이며 수출 전망도 그렇게 어둡지 않다. 서울이 전체 부동산 시장의 흐름을 좌우하는 것을 감안할 때, 2023년 2월부터 시작된 반등을 무시할 수는 없다. 특히 거래 부진이 완화되는 것까지 감안한다면 부동산 시장이 최악의 상황을 지난 것으로 보인다.

한국 수출의 본격적인 회복은 조금 더 지켜봐야 할 것이다. 경기 변동에 앞서 먼저 변화하는 경제 변수라 할 수 있는 미국의 공급관리자협회ISM 제조업 지수가 아직 바닥권을 벗어나지 못하고

2006년 이후 전국 및 서울 아파트 실거래가 추이

출처: 한국은행, 프리즘 투자자문

한국 수출과 미국 ISM 제조업 지수

출처: ISM, 한국은행, 프리즘 투자자문

있기 때문이다. 미국 경제성장률이 회복되고 있음에도 불구하고 말이다.

제조업 경기가 좋아지지 않는 이유

첫 번째는 2020~2021년 코로나19 대유행 때 발생했던 자동차, 가전 제품, 컴퓨터, 스마트폰 등 일명 '내구재' 구매 열풍이 아직 경제에 영향을 미치기 때문이다. 내구재는 일시적으로 소비되는 게 아니라 장기적으로 쓰는 물건이기에 새 제품을 사기까지 기간을 고려한다면 경기 회복이 느릴 수 있다. 더욱이 한국에서는 자동차를 한 번 사면 3~4년 정도는 모는 게 대부분이며 그 이상도 수두룩하다. 아직 그 기간이 지나지 않아 소비자들의 지갑이 풀리기는 쉽지 않다.

두 번째는 고금리다. 제조업은 결국 장치산업(제품을 생산하기 위해 거대한 설비와 대규모 장치를 필요로 하는 산업)이기에 자기자본 외에도 많은 자금이 필요하다. 대출이자가 상승하고 자금 조달이 쉽지 않을 시기에 제조업 투자는 활성화되기 힘들다. 이는 다시 부품이나 자본재 등을 수출하는 한국 경제에 부정적인 영향을 준다.

따라서 제조업의 경기가 회복되려면 좀 더 시간이 걸릴 것으로 예상된다. 다만 우크라이나 전쟁 등 우리가 예측할 수 없는 외부에서의 충격이 발생하지 않는다는 가정하에 이야기하면, 2023년

말에서 2024년 초 사이에는 글로벌 제조업 경기도 회복세로 돌아서며 한국 수출에도 빛이 보일 것으로 기대된다.

미국 대선과
한국 총선에 주목하라

한국 경제는 미국의 영향을 많이 받으므로, 우리는 2024년 미국 대선에 주목해야 한다. 만일 트럼프가 승리한다고 가정하고 앞으로의 정책을 예상해본다면 첫 번째, 기존 바이든 행정부의 산업 정책을 적극적으로 추진할 가능성이 높다. 특히 리쇼어링, 즉 생산비와 인건비 절감 등을 위해 미국 내에서는 제조업의 회귀를 촉진하는 다양한 법안 등이 더욱 강화될 가능성이 크다.

두 번째, 환경 정책은 점차 후퇴하는 게 불가피할 것이다. 트럼프를 지지하는 싱크탱크 AFPIAmerica First Policy Institute(미국우선정책연구소)는 지난 오바마 행정부의 탄소 배출량 감축 정책이 10년간 미국의 경제성장률을 6% 포인트나 떨어뜨리는 부정적인 결과를 가져왔다고 주장한 바 있다. 물론 이들의 주장이 그대로 차기 정부에 반영될지 그 여부는 불투명하지만, 바이든 정부의 환경 정책이 그대로 이어지기는 쉽지 않을 전망이다.

세 번째, 대중對中 정책이 더욱 강경해질 가능성이 높다. 중국 기업인 틱톡이나 공자학원(중국 정부가 중국 문화와 사상을 전파하며 영향력을 강화하고자 세계 각 나라에 설립한 기관), 각종 프로젝트에 대해 전면적으로 금지하거나 추방이 이뤄질 가능성이 높다. 그뿐만 아니라 중국에 적극적으로 투자하는 기업에 대한 보복까지도 검토될 수 있다.

중국으로선 쓴 맛을 볼 수 있지만 이는 한국 입장에선 기회이자 도전이 되는 청신호다. 한국의 대중 교역 비중이 높다 보니, 트럼프 정부의 강경한 대중 정책은 문제가 될 수 있다. 대신, 바이든 행정부가 추진한 리쇼어링 정책이 트럼프 행정부에서 더욱 강화되는 것은 미국으로의 수출이 급격히 증가할 계기가 될 수도 있다. 따라서 이 부분에 대한 대비를 지금부터 해야 할 필요가 있다.

트럼프가 아닌 바이든이 다시 승리한다고 가정해본다면, 기존 정책의 기조를 유지하려 할 것이다. 대표적으로 리쇼어링과 환경정책, 그리드 투자(전력 인프라 산업) 등이 있다. 다만, 누가 대통령이 되더라도 적대적인 대중 정책이 지속될 가능성이 높다.

2024년에는 미국 대선뿐 아니라 국내에서도 총선을 치른다. 미국 정세보다도 더 관심을 모아야 한다. 여소야대 상황이 이어지는 중이기에 총선은 매우 중요한 이벤트다. 다만 정치, 제도 면에서의 중요성에 비해 경제적인 면에서는 직접적으로 끼치는 영향이 미미하다고 볼 수 있다.

한국 경제의 중요 부문은 앞서 말했듯 수출과 부동산인데, 수출에 미치는 총선의 영향은 거의 없다. 결국 제도적 측면인 부동산 관련 규제 문제로 넘어가게 된다. 이는 총선 전후로도 상당한 영향을 미칠 이슈로 보인다. 양도세, 취득세, 종합부동산세 등 다양한 부문의 세금은 결국 국회의 소관이기 때문이다.

현 정부가 부동산과 관련하여 다양하게 규제를 완화하는 정책을 취했지만, 세제와 관련된 부분은 거의 아무런 진전이 없었던 것도 이 때문이라고 볼 수 있다. 따라서 총선 결과는 부동산 시장에서 사람들의 투자 심리에 상당한 영향을 미칠 변수로 판단된다.

조심스럽게 예측해보자면, 여당이 우세할 경우에는 부동산 정책과 관련된 규제들을 완화시키는 기조로 갈 것이고, 야당이 우세할 경우에는 부동산 정책과 관련된 규제에는 변화가 크지 않을 것으로 예상된다.

미국이 금리를 내리지 않는 이유

2023년 경제 전망을 돌이켜 볼 때, 가장 잘 맞은 전망은 인플레이션이 완화되리라는 것이다. 그러나 가장 크게 틀린 전망은 미국 연준(연방준비제도이사회, 미국 중앙은행)의 통화정책에 대한 것이다. 2023년에 금리 인하는커녕 금리 인상의 위험이 남아있는 게 현실이다.

왜 연준은 금리 인상을 멈추지 않을까? 그 답은 바로 경기가 좋기 때문이다. 즉, 인플레이션이 완화되는 가운데 노동시장의 여건마저 개선되고 있는 이른바 '골디락스' 현상이 벌어지는 중이다. 연준 입장에서는 금리를 인상하고 인플레이션을 잡는 과정에

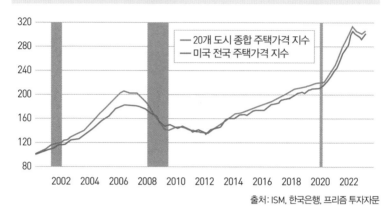

2000년 이후 미국 주택가격 지수 추이

- — 20개 도시 종합 주택가격 지수
- — 미국 전국 주택가격 지수

출처: ISM, 한국은행, 프리즘 투자자문

서 불황을 감내할 결심이었지만, 노동시장이 견조한 모습을 보이
자 금리를 서둘러 인하할 이유를 찾기 힘들어졌다.

더 나아가 주택 시장마저 강력한 상승세를 보인 것도 연준의 금
리 인상을 지속시키는 원인으로 작용했다. 주택담보대출 금리가
7%를 넘어섰는데도 주택가격이 상승하니, 연준 입장에서 2008
년 같은 부동산 버블 위험을 경계하지 않을 수 없다. 따라서 노동
시장의 지표가 빠르게 악화되지 않는 한, 2023년 중 금리 인하는
힘들어졌고 2024년 상반기에나 금리 인하를 기대해볼 수 있는 상
황으로 보인다.

이 사례는 투자에서 타이밍 잡기가 얼마나 어려운지를 보여준

다. 인플레이션이 급격히 위축될 때 채권가격이 급등하는 것이 일반적이지만, 금리 하락이 지연되는 과정에서 채권 시장 참가자들은 많은 고통을 받았을 것이다.

K-경제, 더 성장하려면

국내총생산GDP 성장률은 1인당 GDP에 인구를 곱해서 계산하기 때문에, 인구가 줄어드는 나라는 당연히 성장률이 둔화할 가능성이 커진다. 그러나 인구는 GDP 성장을 결정짓는 여러 요소 중의 하나에 불과하며 다른 요소들이 어떤 방향으로 움직이느냐에 따라 경제성장률은 얼마든지 달라진다.

다음 도표는 OECD에서 측정한 한국의 GDP 성장률을 분해한 것이다. 총 노동 시간의 변화를 보면, 노동 시간의 증가가 경제성장에 의미 있는 플러스 기여도를 보인 것은 1990년대 초반이 마지막이었다. 그럼에도 불구하고 한국 경제가 높은 성장을 기록

한국 경제성장률의 요인별 분석

■ 총 노동 시간 변화   ■ 자본의 질적 수준 변화   ■ 자본스톡 변화
■ 총요소생산성   ─○─ GDP 성장률

출처: OECD

했던 것은 결국 총요소생산성이 증가했기 때문이었다. 총요소생산성이란, 노동이나 자본의 질이나 양이 동일하다고 가정했을 때 달성한 생산성의 향상을 뜻한다.

총요소생산성을 결정짓는 요소에는 크게 네 가지가 있다. 첫 번째는 '혁신'으로, 새로운 기술의 개발 등이 여기에 해당된다. 두 번째는 '브랜드 가치 상승'으로, 예전보다 더 높은 가격에 제품을 파는 능력이라 볼 수 있다. 세 번째는 '경쟁구조의 변화'로 시장에서의 과점 혹은 독점을 달성하면서 더 높은 마진을 기록하는 것이 여기에 해당된다. 마지막은 '작업 현장의 분위기'다. 노동자들 사이에서 '한번 해보자'는 긍정적인 동기가 부여되면서 현장에서의 협업 능력 등이 크게 향상되는 것을 들 수 있다.

그럼 한국의 총요소생산성 증가율이 앞으로도 계속될 수 있을까? 이 질문에 쉽게 답할 수 있는 사람은 매우 드물다. 왜냐하면, 미래 어느 순간 한국의 혁신이 성장할 능력이 고갈될 수도 있기 때문이다. 따라서 이 질문에 답하기 위해서는 우리가 얼마나 잘 해왔는지, 과거에서부터 답을 찾아나갈 수밖에 없다.

아래 도표는 한국과 이스라엘의 총요소생산성 증가율이다. 2010년 이후로 한국이 세계 1위의 혁신 국가 이스라엘의 총요소생산성을 넘어선 것을 발견할 수 있다. 지난 12년만 보면 한국은 세계에서 압도적으로 뛰어난 혁신 성장 능력을 갖춘 셈이다.

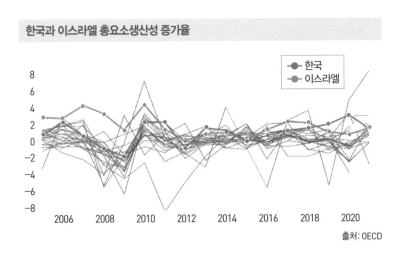

한국과 이스라엘 총요소생산성 증가율

출처: OECD

"한국이 경쟁력을 잃어 망할 것"이라고 저주를 퍼붓던 이들에게는 당황스러운 결과가 아닐 수 없을 것이다. 대한민국은 어떻게 해서 세계 최고 수준의 혁신적인 성장을 기록할 수 있었을까?

첫 번째 이유는 한국 정부와 기업들이 세계 최고 수준의 연구개발 투자를 진행 중이기 때문이다. 다음 도표를 보면 한눈에 알 수 있다. 도표에서는 OECD 가입국의 GDP에서 연구개발비R&D가 차지하는 비중의 변화를 보여주는데, 한국은 이스라엘에 이어 세계 2위다. 가령, 삼성전자는 2022년 한 해 동안 25조 원에 이르는 연구개발비를 지출한 바 있다.

연구개발비에 대한 투자뿐만 아니라, 한국이라는 국가 브랜

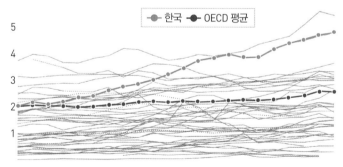

OECD 국가 GDP 대비 연구 개발비 비중(%)

출처: OECD

드 가치도 예전에 비해 크게 상승하고 있다. 어느 순간부터 한국은 문화 강국의 대열에 서기 시작했다. 블랙핑크나 BTS 같은 K-pop 전도사들이 세계 시장을 호령하고 있을 뿐만 아니라, 봉준호 감독을 필두로 한국의 역량 넘치는 창작물들이 K-콘텐츠를 세계적인 수준으로 끌어올렸다.

더 나아가 큰 틀에서 보았을 때 노사 간의 갈등도 지속해서 완화되고 있다. 2004년 한 해 동안의 파업 건수는 462건, 근로 손실 일수는 120만 일에 달했지만, 2021년에는 119건, 47만 일의 근로 손실 일수를 기록할 정도로 줄어들었다. 물론 아직도 주요 경쟁국에 비해 근로 손실 일수가 높은 것은 분명한 사실이다. 그러나 수년 사이에 현대자동차를 비롯한 대기업들의 사업장에서 베이비붐 세대의 대규모 은퇴가 예정되어있다는 사실을 잊지 말아야 할 것이다. 베이비붐 세대는 한국 경제 성장의 주역이기도 했지만 전투적 노동조합 운동을 주도한 바가 있어 이 점을 함께 고려해야 한다.

앞으로 한국의 노사관계가 대다수의 선진국처럼 온건한 방향으로 움직일 것인지 단언하기는 힘들다. 다만 고령화사회에 접어들면서 이전과는 다른 형태의 노사관계가 형성될 가능성이 높으며, 이는 한국 기업들에게 큰 기회를 제공하리라 예상된다. 특히 한국의 밀레니얼 세대가 전통적인 노동조합 운동에 대해 매우 적대적인 입장을 취하고 있다는 것도 흥미로운 관전 포인트라 생각된다.

마지막으로 주력 수출 산업이 한국 기업 위주로 독점화(혹은 과점화)가 진행되는 징후는 뚜렷하지 않은 것 같다. 가장 대표적인 사례가 조선과 반도체다. 둘 다 한국이 세계적인 경쟁력을 가지고 있지만, 인수, 합병, 퇴출 등을 통한 산업 내 경쟁 압력이 크기 때문이다. 특히 중국이 '반도체 굴기'를 외치며 지속해서 공격적인 투자를 단행하고 있는 것은 이른바 치킨 게임의 위험을 높이는 요인이 된다.

따라서 **한국의 총요소생산성은 앞으로도 지속적으로 증가하리라 기대되나, 일부 산업 내에서의 공급 과잉 위험도를 감안할 때 한국의 1인당 국민총생산은 연 2% 내외의 증가세를 기록할 것으로 예상**된다.

한국도 잃어버린 30년을 겪을까?

2023년, 대한민국 경제는 1990년대 중반의 재현이라고 할 수 있다. 이때 당시에는 아시아 외환 위기로 상황이 전환되었다는 것이 다르지만 말이다. 반도체 가격 폭락에 아시아 통화가 약세를 보이고 미국 달러만 강세인 상황에서 한국은 당시에 비해 외환 보호가 되고 있기 때문에 경쟁력을 유지하는 상황이다.

그렇다면 한국도 일본처럼 잃어버린 30년을 겪을까? 이는 총요소생산성의 비교로 대부분 설명될 수 있다. 일본은 인구감소의 충격을 총요소생산성의 향상으로 극복해냈어야 했는데 결과적으로는 그러지 못했다.

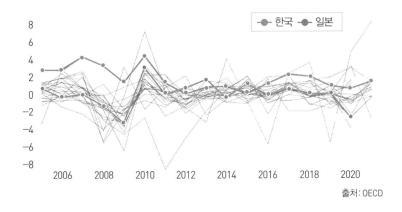

한국과 일본의 총요소생산성

출처: OECD

일본의 총요소생산성이 높아지지 못한 원인은 첫 번째, 한국에 비해 연구개발 투자가 부진한 데다 두 번째, 1990년 버블 붕괴 이후의 불황에도 대대적인 구조조정을 단행하지 않음으로써 기업 내에 막대한 유휴인력을 보유하고 있고 세 번째, 일본이라는 국가의 브랜드 가치가 점차 하향되고 있기 때문이다. 1990년대까지만 해도 J-pop 혹은 J-콘텐츠가 세계적인 명성을 떨치고 있었지만, 지금은 애니메이션과 만화 등 일부 분야를 제외하고는 존재감을 찾기 어려워졌다.

다만 노사관계는 유일하게 우호적으로 유지되었다. 그러나 이 배경에 기업들이 적극적인 정리해고를 단행하지 않는 가운데 이

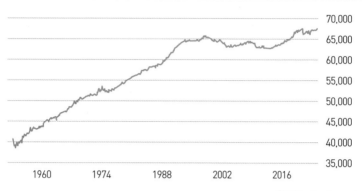

출처: Trading Economics

른바 사토리 세대가 형성되는 등 사회 전체적으로 활력이 떨어졌다는 것을 잊지 말아야 한다. 여기서 '사토리悟り'란 깨달음, 득도得道를 뜻하는 일본어다. 2010년 당시 10대 후반에서 20대 초반이었던 일본의 젊은이들을 말한다. 사토리 세대는 자동차나 브랜드 옷을 사지 않는 것은 물론, 스키나 테니스 등 스포츠도 활발하게 하지 않는 일명 '욕망하지 않는 세대'로 정의된다. 1990년 이후 버블이 꺼지고 장기불황으로 '욕망해봤자 이룰 수 없다'는 것을 깨달으면서 경제적으로 일본의 젊은이들이 체념하는 단계에 다다른 것으로 볼 수 있다.

이 결과, 일본에는 유니콘 기업이 단 11개밖에 존재하지 않게

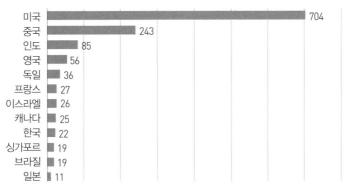

2022년 국가별 유니콘 기업 수(개)

미국	704
중국	243
인도	85
영국	56
독일	36
프랑스	27
이스라엘	26
캐나다	25
한국	22
싱가포르	19
브라질	19
일본	11

출처: 스타티스타

되었다. 유니콘 기업이란, 창업된 지 얼마 되지 않았지만 주식시장에 상장 전에 이미 1조 원 이상의 가치를 인정받은 기업들을 뜻한다. 스타트업들은 시리즈A 시리즈B 같은 식으로 벤처 캐피털 등으로부터 투자받는데, 투자받을 때 산정되는 기업가치가 유니콘인지 아닌지를 측정하는 척도가 된다. 위의 도표에 나타난 것처럼, 미국은 704개 그리고 한국은 22개의 유니콘이 있다는 것을 감안하면 일본의 창업 열기가 얼마나 뒤떨어지는지 짐작할 수 있다.

따라서 일본의 사례를 가지고 한국의 미래를 예상하는 것은 적절하지 않으며, 한국의 미래는 현재 같은 혁신이 얼마나 잘 유지되고,

더 나아가 브랜드 가치를 올릴 수 있느냐에 달려 있다. 물론 쉽지 않은 일이지만, 그간 잘해왔다는 것을 감안할 때 미리 비관할 필요는 없다고 본다.

양극화,
기분 탓인가 실제인가

저성장 시대에는 양극화가 심화된다는 편견을 가진 이들이 많다. 투자 측면에서 보면 이익의 양극화나 수요의 양극화는 있을 수 있지만, **한국은 최근 정부의 복지정책 시행 및 누진과세 영향으로 불평등이 완화되고 있다.** 불평등을 측정하는 가장 대표적인 지표인 지니계수는 2011년 0.388에서 2021년에는 0.333으로 크게 둔화되었다. 참고로 지니계수가 0이라는 것은 완전 평등한 세상으로 전 국민의 소득이 동일한 것이며, 반대로 지니계수가 1이면 한 명이 모든 소득을 독점하는 상태로 볼 수 있다.

한편 상대적인 빈곤율이란, 경제 내 중위 소득의 50%에도 미

2011~2021년 지니계수와 상대적 빈곤율 추이

범례:
- 지니계수(좌측)
- 상대적 빈곤율(우측, %)

출처: 통계청, 프리즘 투자자문 작성

치지 못하는 사람들의 비중을 뜻한다. 2001년에는 이 비중이 18.6%에 이르렀지만, 2011년에는 15.1%까지 줄어드는 등 한국사회 내에서 빈곤 인구의 비중도 가파르게 줄어들고 있는 셈이다.

이런 일이 벌어진 이유는 꾸준한 증세를 기반으로 기초연금 등 다양한 복지정책이 시행되고 있기 때문이다. 실제로 통계청에서 2023년 '고령자의 특성과 의식 변화'에 대해 조사한 바에 따르면, 65~74세 노인인구 중에 일상생활에서 스트레스를 느낀다고 답한 비율은 2012년 55.2%에서 2022년 37.6%로 줄어들었다. 특히 75세 이상 고령자들은 '스트레스를 느낀다'고 답한 비중이 같은 기간 49.0%에서 33.2%로 줄어든 것으로 나타났다.

노인인구의 스트레스가 이전에 비해 크게 줄어든 이유는 노인 빈곤율의 가파른 감소 때문으로 추정된다. 66~75세 인구의 상대적 빈곤율은 2011년 43.5%에서 2021년 30.5%로, 76세 이상 고령자의 상대적 빈곤율은 55.3%에서 51.4%로 둔화되었다. 물론 아직 고령자들의 상대적인 빈곤율 하락 속도는 더디다. 하지만 이제 막 은퇴할 시기에 도달한 베이비붐 세대(1955~63년생)의 상대적인 빈곤율이 개선된 것은 경제 전체적으로 봤을 때 불평등을 완화하는 데 큰 도움이 되리라 기대된다.

한국의 노인 빈곤이 줄어들고 스트레스가 감소하게 된 결정적 계기는 2014년 7월부터 기초연금이 지급된 데 있는 것으로 판단된다. 65세 이상 노인들에게 20만 원의 기초 연금 지급이 결정되었으며, 보건복지부 발표에 따르면 2023년에는 물가 변동에 맞춰 월 32만 원으로 기초연금 지급이 이뤄지는 중이다. 물론 이와 같은 기초연금의 지급 확대는 미래 국가 재정의 부담을 일으킬 요인임이 분명하지만, 한국 경제가 혁신적인 성장의 흐름을 지속한다면 큰 문제 없이 부담이 가능할 것으로 예상된다.

그럼에도 불구하고, 대부분의 국민들이 우리 사회에서 양극화가 심화되고 있다고 느끼는 이유는, 양극화와 관련된 사건 중 자극적이고 비극적인 사건들만 기억하는 데 있다. 또한, 사람들 사이에서 비교가 쉬워진 환경도 꽤 큰 원인으로 꼽을 수 있겠다. 스마트폰만 열면 상위 10% 부자들과 서울 강남 아파트 이야기를 쉽게 들을 수 있고, SNS를 통해 값비싼 의식주 생활을 수시로 접하게 된 까닭이다.

앞으로도 양극화가 완화될 것이냐는 질문에 대해서는, 아직 낙관하기 힘들다고 답변할 수밖에 없다. 왜냐하면 정부의 2023년 및 2024년 예산안이 매우 긴축적이기에, 앞으로 불평등이 소폭 늘어날 가능성이 높기 때문이다.

새로운 강자,
중국의 미래는?

2000년대처럼 중국의 경제 성장 덕분에 한국 또한 성장하던 시기는 끝났음을 인정해야 한다. 중국으로의 수출이 어려워진 이유는 두 가지 때문이다. 첫 번째는 중국의 변화로, 2021년 공동부유 정책 시행 이후 중국에서 번 돈을 해외로 가져 나가는 일이 어려워졌다. 가장 대표적인 사례가 헝다그룹 및 앤트그룹 사태다. 중국 정부가 '부당'하게 번 돈이라는 딱지를 붙이는 순간, 중국의 가장 유력한 기업가도 버틸 수 없었다. 이는 외국인 입장에서 중국에 대한 투자를 줄일 수밖에 없는 요인으로 작용하며 앞으로 한국 기업이 중국에서 공격적인 비즈니스를 펼칠 가능성은 희박하다고 볼 수 있다.

　중국을 한국의 내수시장으로 만들겠다는 꿈이 사라진 것 이외에도, 미국의 대중 경제 봉쇄 정책도 문제 유발의 요인이다. 특히 중국의 대만 침공 위험이 현실화되는 중인데, 전 세계 공급 사슬망의 전면적인 재편이 불가피할 것으로 예상된다. 반도체뿐만 아니라 디스플레이, 스마트폰 등 주요 전자제품을 중국에서 조립, 가공, 생산하는 데 따르는 위험은 앞으로 지속해서 높아질 것이기에 **세계 주요 기업의 '탈중국'은 피할 수 없는 미래다.**

　따라서 아직도 중국 비중이 높은 기업들은 악영향을 받을 것으로 예상된다. 한국은 이런 변화의 흐름에 맞춰 탈중국을 가장 빠

한국의 대중 수출과 대미 수출

출처: 블룸버그

르게 추진하는 나라 중 하나다. 이는 한국 수출에 부정적 영향을 미칠 요인이지만, 대신 미국 등 선진국을 향한 수출이 늘어나게 되기에 전체적으로 평가하자면 '제한적 악재'가 되리라 생각된다. 제한적이라는 표현을 쓴 이유는 중국이 스마트폰과 이차전지 그리고 반도체에서 한국의 강력한 경쟁자로 부상되는 흐름에서, 글로벌 공급 사슬망의 탈중국 흐름이 꼭 부정적 영향만 미치지는 않을 것으로 예상되기 때문이다.

멀어지는 중국의
미국 추월

미국과 중국 중 어느 나라가 패권 전쟁에서 이길 것인가 하는 의문은 사실 질문거리도 되지 않는다. 중국이 패권을 잡을 가능성은 0%로 수렴하기 때문이다. 그 이유는 바로 '네트워크의 부재'다. 이 문제는 애플리케이션 프로세서AP 사례를 보면 알 수 있다.

스마트폰에 들어간 AP 칩 설계도를 만드는 회사인 ARM은 일본이 소유하고 있지만 본사는 영국에 있다. 설계도가 완성되면 대만으로 보내 일본산 장비를 써서 반도체를 제작한다. 제품 테스트는 동남아시아 국가에서 이뤄진다. 이런 과정을 거쳐 중국의 공장에서 부품으로 사용된다.

중국이 이 네트워크 속에서 플레이어로 한 자리를 찾으려 했다면 정말 큰 위협이 되었을 텐데, 중국은 이 시스템을 아예 '대체'하려고 들었다. 즉 미국의 기술을 가지고 한국, 일본, 대만 등이 협업하는 구조에 중국이 끼어들었다면 아무런 문제가 없었을 것을 중국은 새로운 반도체 산업을 자국 내에 독자적으로 건설하려 했다.

중국이 야심 차게 내놓은 '제조업 2025' 전략은 중국에서 사용되는 반도체의 비중을 줄이겠다는 것이었다. 이를 위해 웨스턴디지털과 키옥시아 그리고 마이크론 등을 M&A(인수합병)하려다 실패했고, 급기야 중국에 대해 미국이 단호한 경제 제재에 나서면서 힘들게 키웠던 파운드리 업체 YMIC 등은 이제 존재감을 찾을 수 없을 정도로 몰락하고 말았다. 중국 첨단 제조업 육성의 최대 걸림돌은 수출 통제 리스트Entity List로, 민감 품목 및 기술의 대중국 공급을 차단하는 내용을 담고 있다. 특히 수출 통제 대상을 확대해, 비교적으로 저사양인 반도체 장비(14나노) 수출까지 제재함으로써 중국의 첨단 기술 산업의 싹을 말리는 중이다.

그뿐만 아니라 앞서 말한 공동부유 정책의 여파로 중국 내의 청년 실업률은 2018년 1월 11.2%에서 2023년 5월 20.8%까지 치솟았다. 공동부유 정책은 중국 정부가 부동산과 첨단 정보 통신 사업을 불평등의 원인이라고 짚고, 이 산업에 제재를 가한 것이라고 보면 된다. 이렇듯 위기를 자초하는 상황에서 중국 시장의 소위 상업적인 파산의 길은 중국 정부 스스로의 선택이 아닐까 싶다.

이런 복합적인 영향으로 **중국 경제의 미래 전망은 갈수록 어두워지고 있다. 특히 우크라이나 전쟁과 코로나19 이후 세계 주요국의 중국에 대한 우호도가 크게 떨어진 것이 문제다.** 어떤 나라가 지속적으로 혁신성장을 해 나가기 위해서는 크게 세 방법이 필요하다. 첫 번째는 연구개발을 활성화하는 것이고 두 번째는 핵심 산업 내에서 독점, 과점적 지위를 차지하는 것이며, 마지막은 품질과 브랜드를 향상해 제품 가격을 인상하는 것이다. 그런데 마지막 방법을 실현하기 위해서는 이른바 '연성권력soft power'을 획득할 필요가 있다. 세계의 주요 소비자들이 이 나라를 좋아하고 또 문화를 모방하려는 마음을 가져야 브랜드 가치를 높일 수 있다. 한국이 K-푸드부터 K-컬쳐까지 다방면에 공을 들이는 이유가 이 때문이다. 어떤 기업이나 나라가 충성도 높은 고객을 확보하기 위해서는, 품질만 좋아서는 안 되고 이미지까지 아울러 좋아야 한다는 점을 인식하고 있는 것이다.

이런 면에서 중국은 3중고를 헤쳐나가야 하는 상황이다. 인구 감소 속에서 각종 요소 가격이 급등하는 데다, 미국과의 무역 마찰 속에 반도체와 이차전지 등 첨단 제조업 육성에 어려움이 커졌으며, 대중 우호도마저 역사상 최악의 수준으로 악화되었다. **따라서 중국은 앞으로 예전 같은 강력한 성장세를 지속하기 힘들 것이며 그 영향력도 크게 제한될 것이다.**

필진: 홍춘욱

2장

불확실한 주식시장 속 돈은 흐른다

AN UNCERTAIN MARKET

가장 두려울 때가
주식을 살 때다

2023년 주식시장은 한마디로 '양극화'였다. 종합주가지수는 20%, 코스닥지수는 30%에 육박하는 수익률을 기록했지만, 모두의 계좌가 두둑해지지는 않았을 것이다. 상반기에는 조선업종이 46%로 가장 높은 수익률을 기록했고 자동차와 반도체 산업 등은 30~40%의 수익률을 기록했다. 업종보다 조금 작은 단위인 테마로는, 이차전지, K-pop, 미용기기 기업 중에서 몇 배의 시세를 낸 곳이 수두룩했다. 한편, 식음료, 유통, 통신이나 유틸리티 업종은 마이너스 수익률을 면치 못했다.

극도의 양극화로 인해 개별주식이나 중소형주에 투자한 사람

2022년 대비 업종 성과

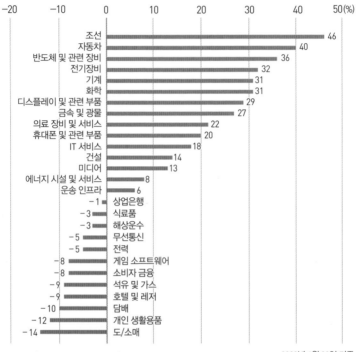

2023년 6월 30일 기준
출처: 더퍼블릭자산운용, Fnguide

들은 마음이 불편할 것이다. 2022년에는 전형적인 하락장이라 너나 할 것 없이 손실을 보았기에 공감대라도 형성되었는데, 2023년엔 '또 나만 못 번 것 아닌가?' 하는 위기감에 몸서리치게 되기 때문이다. 손실보다 더 무서운 것이 FOMOFearing Of Missing Out(소외

되는 것에 대한 불안감)이지 않은가.

전 세계적으로 봐도 마찬가지다. 이차전지를 앞세워 코스닥지수가 28%나 진격하는 동안 전 세계 주식시장을 대변하는 MSCI ACWIMorgan Stanley Capital International All Country World Index는 딱 그 절반인 14% 상승했다. 같은 기간, 신흥국만 따로 집계하는 Emerging Markets 지수는 5% 상승에 그쳤다. 많은 중국 기업이 상장해있는 홍콩의 H지수는 6개월 동안 4% 하락하기까지 했다(2023년 6월 30일 기준).

그러나 너무 걱정할 필요는 없다. 양극화 현상은 언제나 있었다. 특히 경제가 극적으로 순환할 때 이 현상은 더욱 강해진다. 달력을 2023년 초로 돌려보자. 재테크를 할 때 가장 강력하게 지배했던 키워드는 무엇인가? '인플레이션', '스태그플레이션', '경기침체'였을 것이다. 하지만 이때 필자는 '사람들이 가장 공포스러워할 때가 주식을 살 때'다, '경기는 이번에도 당연히 불황을 겪겠지만, 주식시장 또한 이번에도 그때 저점을 확인할 것'이라고 힘주어 말했다.

주식시장이 약세장에서 강세장으로 돌아서려 할 때는, 보통 좀 더 안전해보이는 대형주(한국은 경제구조상 중간재를 만들어 외국에 파는 수출주라고도 할 수 있다)와 가격 변동성이 큰 상품commodity을 다루어 경기의 선행지표 역할을 하는 기업들의 주가가 먼저 오른다. 또 주식시장의 상승이나 하락과 무관하게 적극적인 플레이를 하는, 이른바 선수들이 모이는 특정 테마로 쏠림 현상이 생기기도 한다.

이것이 바로 2023년을 지배한 양극화의 이유이자, 우리가 당분간 큰 걱정 없이 주식 공부를 해도 되는 이유이다. 주식은 기업의 실적과 연동될 수밖에 없다. 주가 지수를 움직이는 건 기업들을 움직이는 경제라고 볼 수 있는데, 주식시장과 경제의 사이클은 보통 3~5년이다. 예를 들어, 3년 주기라고 하면 2년간 서서히 오르고 1년은 떨어진다. 5년으로 보면 3년 반 정도는 오르고 1년 반 동안에 떨어진다. 이 주기를 봤을 때, 주식시장이 좋아진지 6개월 정도 되었기 때문에(2023년 8월 기준) 앞으로 1년에서 2~3년 가까이는 오르지 않을까 예상하므로 아직은 경기침체기이면서 강세장의 초입이라 할 수 있다. 강세장은 주식시장 참여자의 불안과 의심을 먹으며 무럭무럭 자라난다.

반복되는 흐름, 2024 주식시장 예측

인간에게는 항상 새로운 것을 찾으려는 욕구가 있다. 지금까지 나쁜 일이 있었다면 앞으로는 좋아지기를 바라는 마음에서, 이제 껏 좋은 일이 있었다고 해도 좀 더 나은 상황을 목표로 하기 때문에 '나는 모르는' 하지만 '밝은 미래를 열어줄 것 같은' 만능열쇠를 구하려고 한다.

하지만 아마존 창업자 제프 베조스는 이렇게 말했다. "나는 10년 후에 어떤 변화가 일어날지는 모른다. 하지만 10년 후에도 무엇이 변하지 않을지는 안다. 10년 후에도 고객들은 좋은 제품을 싼 가격에 구매해서 빨리 배송받기를 원할 것이다. 아마존이 하고자 하는 일이 그것이다." 이 말을 한 것이 2007년이다. 이후 아마존의 주가는 16년 동안 30배가 올랐다. 연평균으로는 24%이다.

주식시장의 본질은 벤저민 그레이엄과 필립 피셔가 주창하고 워런 버핏이 발전시킨 이래 바뀐 적이 없다. 기업의 주가는 장기적으로 내재가치에 수렴하지만, 단기적으로는 조울증에 걸린 미스터 마켓(주식시장을 의인화한 용어. 매일 감정이 크게 변해 기업의 가치와 무관하게 하루는 높은 가격을 제시하다가도 다음 날에는 같은 종목의 가격을 낮게 제시한다)과 같으므로, 내재가치보다 싼 가격에 매수했다가 그보다 비싼 가격에 팔면 그만이다. 그러려면 기업의 내재가치를 계산할 수 있어야 하고, 주가의 변동성을 감내할 수 있는 인내심이 필요하다. 내재가치를 쉽게 계산하려면, 또한 주가가 떨어졌을 때나 조금 올랐지만 목표주가까지 여유가 많이 남았을 때 팔지 않고 견디려면, 내가 잘 아는 기업이나 비즈니스 모델이 훌륭한 기업에 투자해야 한다. 이는 앞으로도 같을 것이다.

그럼에도 2024년 주식시장의 변화를 예상해본다면, 첫 번째는 강세장의 '확인'일 것이다. 2023년 상반기가 경기침체를 선반영한 강세장의 초입이었다고 가정하면, 2023년 하반기와 2024년은 본격적인 경기확장 국면과 강세장이라고 예측해볼 수 있다. 한국의 통계

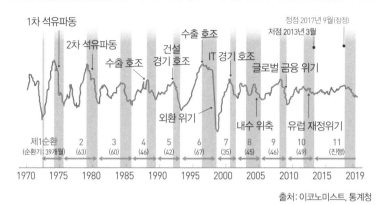

한국 경기순환 국면 분석

1차 석유파동

2차 석유파동

수출 호조

건설
경기 호조

수출 호조

IT 경기 호조

정점 2017년 9월(잠정)
저점 2013년 3월

글로벌 금융 위기

외환 위기

내수 위축

유럽 재정위기

제1순환 (순환기: 39개월)	2 (63)	3 (60)	4 (46)	5 (42)	6 (67)	7 (35)	8 (45)	9 (46)	10 (49)	11 (진행)

1970 1975 1980 1985 1990 1995 2000 2005 2010 2015 2019

출처: 이코노미스트, 통계청

청이 경기순환주기 분석을 시작한 이래, 그 주기는 평균 52개월 정도였다. 4년 정도다. 보통 확장 국면이 완만하고 긴 반면, 수축 구면은 가파르고 짧다는 것을 감안하면, 확장기는 적어도 2년 이 상 되므로 당분간 안심해도 좋을 것 같다.

두 번째는 시장을 이끄는 주도주의 변화일 것이다. 강세장의 초 입에서는 대형주, 수출주 등 투자자들이 상대적으로 안전하게 생 각하는 기업이나 경기에 선행하는 상품commodity을 다루는 기업들 이 초과 성과를 보이고 나아가 쏠림현상까지 보인다고 이야기했 는데, 더 확실하고 더 안전할 때 투자하고자 하는 일반 투자자들 이 주식시장에 본격적으로 들어오기 시작하면 지금까지 소외되었던 기업에도 온기가 전달될 것이다. 경기가 좋아지면 내수 기업이나 중소, 중견기업도 돈 벌기가 쉬워지기도 한다. 먼저 주가가 오른 기업들에 투자했던 투자자들이 수익을 실현하면서 그때까지 오르지 못한 기업들로 눈을 돌리기도 한다. **일반 투자자가 돌아오면서 중소형주에 대한 수요가 늘어날 수도 있겠다.**

다만 그들의 주식은 상대적으로 시가총액이 작으므로 종합주가지수나 코스닥 지수와 같은 전체 주식시장을 견인하는 힘은 약할 것이다. 따라서 주식시장은 여전히 경기 확장과 함께 우상향하겠지만, 2023년 상반기까지 힘을 쓰지 못했던 종목들이 시장 수익률을 초과하는 모습을 보이리라 전망한다.

세 번째는 '언제나 그랬듯이' 일반 투자자에게 주목받고 있는 금융상품은 빛을 잃어갈 것이다. 예를 들어 2021~2022년 채권이 그랬다. 주식시장이 하락하고 금리가 오르기 시작하자 상대적으로 안전하면서 따박따박 이자를 받을 수 있다는 명목하에 채권이나 채권형 펀드 등이 불티나게 팔렸다. 하지만 투자는 마음이 편해지려고 하는 것이 아니라 수익을 내려고 하는 것이다. 일반 투자자가 채권에 투자하는 건 금리 때문인데 금리는 예적금으로 충분히 소화가 가능할 것이고 시세차익을 노린 투자가 목적이라면 주식이 나을 것이다. 비전문가조차 이에 고개가 끄덕여진다면 오히려 의심하는 편이 낫다.

실제로 금리가 계속 올라가면서 채권가격이 내려가 받을 이자보다 평가손실이 더 커지는 문제가 발생했다. 재밌는 것은 수년 전, 일반 투자자를 만났을 때 많이 듣는 질문 중 하나가 브라질 채권에 관련된 것이었다는 점이다. 역사는 분명히 반복되고 있다는 것을 알 수 있다.

2023년 7월의 일본 관련 금융상품이 또 다른 예시다. 증권사 세미나에 가면 일본 주식 전용 상품이나 엔화로 투자할 만한 상품을 많이 묻는다. 각종 재테크 유튜브 섬네일만 봐도 그렇다. 한번은 국내 대표 재테크 유튜브에 출연해 글로벌 투자를 한다고 하니 어떤 국가에 투자해야 하냐고 질문을 받았다. "일본"이라고 답하니 진행자들도 당황하고 실시간 채팅창은 비웃음 섞인 댓글로 가득 찼다. 지금은 정반대다. '워런 버핏이 일본에 투자한 이유', '망했다던 일본 경제 최고점 찍은 현 상황' 등 다양한 콘텐츠가 공개되고 있다. 일반 투자자들의 관심이 높아졌다는 증거다. 일본 경제가 안 좋아진다는 뜻이 아니라는 것은 모두 알 것이다. 어떤 재화도 공급보다 수요가 늘어나면 가격이 오르게 되고, 비싼 가격

은 그 재화의 상대적인 효용을 떨어뜨린다. 수익률만이 지상과제
인 금융상품에서는 더욱 잘 통하는 문장이다.

주식 고수의
5가지 투자 원칙

2004년부터 주식투자를 시작해 20년 차에 접어들었다. 지난 시간을 돌아보면, 15년 동안은 누구보다 열심히 연구하면 훌륭한 기업을 다른 사람들보다 앞서 찾을 수 있고, 기업 가치를 더 정확하게 계산할 수 있다고 생각했다. 이제는 다르다. 주식의 가격은 기업의 미래 이익과 연결되는데 누가 미래를 정확히 예측할 수 있을까? 제아무리 열심히 연구해도 미지의 영역이 있다. 학창 시절, 수학 시간에 배운 무한소수라는 개념이 기억나는가? 0.999…가 1과 같은 숫자인지 아닌지 씨름하기도 했는데, 어쨌든 이 숫자는 1에 무한정 가까이는 가지만 마지막 하나가 부족하다. 주식도 그렇다. 이게 필자의 투자철학 1번이다. "모른다."

그러므로 좋은 기업을 사야 한다. 그리고 싸게 사야 한다. 이것이 투자철학 두 번째와 세 번째다. 미래를 정확히 예측할 수 있다면 기업의 질이 뭐가 중요하겠는가? 그 기업의 내재가치보다 낮은 가격에만 사면 그만이다. 또 너무 잘 안다고 착각하면 자신의 판단을 과신하게 되어 비싼 가격에 많은 금액을 '지르게' 된다. 어쩌면 과도한 빚을 져서라도 투자하고 싶을지도 모른다. 그것은 착각이다. 혹여나 예측대로 들어맞았다 하더라도 운에 불과한데, 보통은 운이 아니라 자신의 실력이라고 또 다른 착각을 하게 되어 결과적으로 엄청난 실패에 이를 때까지 무서운 베팅을 계속하게 된다.

좋은 비즈니스 모델과 훌륭한 기업문화를 가진 기업에 투자하면 설령 자신의 예측이 한두 번 틀릴지라도 그 기업의 저력으로 높은 파고를 돌파해내게 된다. 많은 사람들이 그 주식을 기피할 정도로 소외된 시점에 투자하면 어차피 단기적인 기대감을 가진 주주가 없으므로 웬만해서는 주가가 떨어지지 않는다. 반대로, 작은 호재만 보여도 주가는 탄력성 있게 위쪽으로 움직이곤 한다. 사람들에게 소외당하는 시점이 저점인지, 아니면 정말 안 좋은 상태의 초입일지 케이스 바이 케이스라 판단하기 어렵지만, 한 가지 팁은 있다. 시장 참여자들의 시간 지평이다. 회사 차원에서 투자하면 3년 정도 기다린다고 생각하고 있다. 하지만 일반적인 시장 참여자는 보통 6개월 미만의 기간 동안 수익을 보려 한다. 투자 아이디어가 실현되는 시기가 6개월보다 더 이후인 기업은 좋은 기업이라 하더라도 사람들이 외면할 수 있는 것이다. 가령, 애플의 비전프로나 테슬라 자율주행이 좋다는 소식이 있는데 내년 12월에 시행된다고 했으니 나는 안전하게 내년 10월쯤 살까 생각한다. 이미 그때는 주가가 다 올라간 후다. 그보다 미리 선점해야 하는 것이다.

그다음으론, 모두가 포기하는 때가 투자해야 될 시기이다. 2020년 코로나19, 2018년 미중 무역분쟁, 2016년 사드 미사일 배치, 2012년 남유럽 재정 위기, 2008년 서브프라임 모기지 사태, 2002년 카드 사태, 2000년 IT 버블, 1997년 IMF에 이르기까지 20년 넘는 시간 동안 10번에 가까운 경제 위기가 왔다. 이런 위기엔 누구나 자산을 현금화하고 싶어 한다. 이때는 어떤 주식도 싸게 거래된다. 이것이 우리가 노릴 기회다. 코로나19 때 종합주가지수가 1400까지 갔다가 다시 3300이 되었다. 언젠가 오를 주가라면 이익을 볼 수 있다.

네 번째 투자원칙은 **좋은 기업과 저평가된 가격을 스스로 판단하는 것이다.** 오마하의 현인 워런 버핏은 이런 말을 했다. "좋은 투자자가 되기 위해서는 많이 읽어라. 단, 의견이 아니라 사실을." 실제 일어나는 일을 기반으로 투자 대상인 기업과 단둘만의 대화를 해야 한다. 그래야 자신만의 노하우가 생긴다. 투자에 실패하더라도 복기하면 그 원인을 알게 되고 교훈을 얻을 수 있다. 증권사 보고서나 투자 전문가들의 소셜 미디어는 타인의 의견일 뿐이다. 그들의 의견만 듣는다면 절대로 장기적이고 반복적인 수익을 창출할 수 없다. 투자의 궁극적인 목적이 높은 장기 수익률이고 이를 위해서는 50%를 갓 넘는 확률 게임을 반복해야 한다는 점에서 이는 아주 중요하다. 공짜 점심은 없다. 누군가 우리에게 정보를 주려고 할 때는 그 행위로 인해서 그들이 얻는 것이 무엇인지 살펴봐야 한다. 혹 그 정보가 나에게 득이 되는 사실이라 하더라도 그것에 익숙해지면 혼자서는 돈을 벌지 못하게 될 것이다. 그 누군가가 상장회사의 주식 담당자이건, 저명한 애널리스트이건 언젠가 그들은 당신의 곁을 떠날 것이다.

상술한 바와 같이 내 투자철학의 무한한 연구에서 시장 앞에 겸

손함으로 바뀌었다. 이렇게 **투자자는 계속 발전해야 한다.** 워런 버핏은 미스터 마켓이 조울증에 걸린 사람이지만 IQ가 20,000(오타가 아니다)에 달할 정도로 똑똑하다고도 했다. 하나의 방법이 성공한다는 사실이 널리 알려지면 많은 사람이 따라 하게 되어 초과수익의 기회는 금세 사라진다. 필자가 삼양식품에 처음 투자할 당시, 불닭볶음면의 매출액을 추정했던 관세청의 수출입 실적 조회법은 이제 한국의 주식투자자라면 모르는 사람이 없을 정도가 되어 더 이상 특정인만의 에지edge(남들과 차별되는 개성 있는 스타일에 기인한 우위)라고 할 수 없는 것과 같다. 투자자 김두용 대표가 이끄는 머스트자산운용 홈페이지에는 '투자에 지속 가능한 불로소득은 없다'라고 나와 있다. **계속 투자자로서 기능하려면 끊임없이 갈고 닦아야 한다는 뜻이다.** 우리 투자자들은 단순히 통장에 찍히는 0의 개수 때문이 아니라 숨겨진 좋은 기업을 찾을 때의 희열 때문에 투자하는 것이니 조기 은퇴란 사전에 없을 것이고, 그러니 더욱 정진해야 한다.

주식을 필터링하는
현명한 기준

주가는 주당순이익과 PER Price Earnings Ratio(주가수익비율)의 곱으로 이루어진다. 시가총액을 순이익과 PER의 곱으로 표현해도 된다. 주가는 시가총액을 발행주식수로 나눈 것이고, 주당순이익은 순이익을 발행주식수로 나눈 것이다. 발행주식수는 사업보고서나 네이버 증권에 나와 있으니 시가총액이나 순이익만 알면 주가나 주당순이익을 계산하는 것은 누구나 할 수 있다. 우리가 궁금한 것은 적정 주가나 목표 시가총액이니 순이익과 PER만 알면 끝이다.

여기에서 PER은 시장참여자가 이 종목에 기대하는 정도다. '열 길 물속은 알아도 한 길 사람 속은 모른다'고 했다. 한 사람의 마음도 모르는데 수많은 투자자가 특정 종목에 얼마큼의 기대를 하고 있는지 다 알아서 평균을 내기란 여간 어려운 일이 아니다. 지금 가지고 있는 주식들에 대한 마음도 매일 갈대같이 바뀌지 않는가? 한국 대표 게임 기업 엔씨소프트의 PER은 2019년 28배 정도였지만, 코로나19 대유행 기간에는

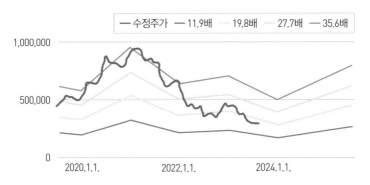

엔씨소프트의 PER 추이

범례: 수정주가 — 11.9배 — 19.8배 — 27.7배 — 35.6배

1,000,000

500,000

0

2020.1.1.   2022.1.1.   2024.1.1.

출처: 네이버 증권

36배로 기대감이 뛰어올랐다. 아마 주식과 암호화폐 가격은 고공행진 하는데 집에서 보내는 시간이 많아지다 보니 모바일 게임에 지출할 기회가 많아졌기 때문일 것이다. 그러다 팬데믹이 진정되며 경제가 재개되자 20배 이하로 속락했다. 프로그램 개발자들의 연봉은 천정부지로 뛰는 데 반해 유저들은 스마트폰에서 벗어나 해외여행지로 눈을 돌렸기 때문일 것이다.

그래서 PER을 모르는 체하기로 했다. 오로지 기업의 이익만 보기로 한 것이다. 필자가 목표로 하는 수익률은 3년에 2배다. 그러니 기업의 이익이 3년 후 2배가 될 수 있는지가 중요하다. 그렇게만 된다면 시장의 기대치PER가 조금 떨어져도 나쁘지 않은 수익을 올릴 수 있고, 만일 PER이 유지되거나 운 좋게 상승한다면 2배 이상의 수익을 올릴 수도 있기 때문이다.

미래의 이익을 예측하는 것보다 더 중요한 것은 '나 스스로 이해할 수 있는 비즈니스 모델을 가졌는가?'다. 내가 투자하는 기업이 무엇을 어떻게 만들고, 그것을 누구에게 판매하는지조차 모른다면 그 물건이 잘 팔릴지, 생산이나 판매에 들어가는 비용은 어떻게 될지 전혀 알 수 없다. 기업의 이익은 매출액에서 영업비용을 차감해 계산하는데 이것을 하나하나 꿰고 있으려면 전혀 모르는 하이테크 산업보다는 내가 자주 이용하거나 내가 종사하고 있는 업종이 더 적합할 수 있다.

마지막으로 그 기업의 이익이 빠르게 증가할 것이라는 사실을 많은 사람들이 알고 있으면 안 된다. 서울 서초구 반포동의 신축 아파트가 아무리 탐난다고 하더라도 100억 원을 지불해야 한다면 조용히 부동산 중개 사무소를 빠져나오는 것이 정답인 것과 같다. 신제품이 흥행하고 있다는 사실이나 새로운 공장을 건설한다는 이야기가 이미 뉴스나 증권사 분석보고서에 대문짝만 하게 실려 있거나, 최근 주가가 수십 퍼센트 이상 가파르게 올라 있다면 조금 아쉽더라도 차라리 다른 주식을 찾아보라고 권하겠다. 상장기업은 한국에 2천 개가 넘게 있기 때문이다.

물타기와 불타기

부자는 수익률을 따르고 개미는 마음을 따르는 가장 대표적인 사례가 '물타기'와 '불타기'다. '비커에 소금물이 얼마 들어있는데 물을 조금 더 넣으면 농도가 어떻게 변하는가?'라는 문제가 기억나는가? 평가손실인 주식을 추가 매입해 평균 매입 단가를 낮추는 것을 소금물의 농도 문제에 빗대 '물타기'라고 한다. 그와 대비되는 개념으로 평가이익 상태인 주식을 높은 가격에서 더 투자하는 것을 '불타기'라고 한다.

일반 투자자들은 HTSHome Trading System나 MTSMobile Trading System의 빨간불이나 파란불에 상당히 집착하는 편이다. 특히 마이너스

상태라 파란불이 들어와 있는 주식을 매도하는 것은 극도로 꺼린다. 손실이 확정된다고 여기면서. 사실은 그렇지 않다. 인정하기 싫은 것뿐 이미 자신의 순자산은 보이는 그대로이다. 이것을 심리학 용어로 앵커링 효과라고 한다. 배가 커다란 닻을 내리고 정박해 있는 것처럼 이미 구축해둔 상황에서 벗어나기를 꺼리는 것이다. 그것이 안도감을 주기도 하고 또 그 상황을 바꾼다는 것은 과거의 나를 부정하는 것이므로 무의식적으로 회피하는 것일지도 모른다.

간혹 "팔고 나서 오르면 어떡하냐?"고 우려하는 이들도 있다. 물론 그럴 수도 있다. 하지만 그렇다면 무턱대고 기다리거나 물을 탈 것이 아니라 냉철하고 새로운 마음으로 **'내가 지금 이 주식을 가지고 있지 않더라도 가진 현금으로 이 주식을 사겠는가?', '이 주식이 내가 선택할 수 있는 대안 중 오늘로부터 가장 빠르고 가장 많이 오를 것이냐?'를 물어봐야 한다.** 만약 그렇지 않다면 미련 없이 팔아버려라. 내가 그 기업의 경영자가 아닌 한, 꼭 그 주식으로 수익을 내야만 하는 것은 아니기 때문에.

불타기를 애용하는 부자들

실제로 주식투자로 부를 일군 사람들을 보면 물타기보다는 불타기를 더 애용하는 것 같다. 투자한 기업이 계획한 대로 경쟁자를 물리치면서 잘 성장하고 있다면, 그리고 오른 주가에서도 충분한 상승 여력을 가지고 있거나 혹은 처음 투자한 때보다 기업가치가 더 커져 기대 수익률이 더 올랐다면, 더 투자하는 것이다. 평균 매입 단가는 오르고 수익률은 낮아지는 것처럼 보이겠지만 결과적으로 총수익은 커진다. 어디에 수익률을 인증해야 하는 사람이 아니라면 수익률보다는 실제 가진 돈의 크기가 더 중요하다. 간혹 자신의 수익률을 자랑하기 위해 화면을 갈무리해 인터넷 커뮤니티에 올리는 사람들이 있는데 정작 중요한 금액 부분을 가린 것을 보고 피식 웃은 적 없는가? 반대로 입이 떡 벌어질 만한 큰 금액을 보고 나머지는 눈에 들어오지 않은 적도 있을 것이다.

만일 기업의 내재가치를 잘 측정했음에도 불구하고 주가만 하락한 경우라 해도 마찬가지다. 같은 금액을 적당히 나누어 투자할 때 물타기와 불타기의 평균 매입 단가는 같아진다. 그러나 물타기는 불타기보다 상대적으로 투자 기간이 길어져 중도에 포기하게

물타기와 불타기의 평균단가와 기회비용

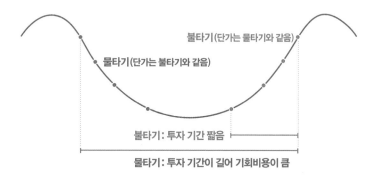

출처: 김현준, 『부자들은 이런 주식을 삽니다』, 위즈덤하우스

될 수도 있고, 그렇지 않다고 하더라도 기회비용은 커지고 기간 수익률은 낮아진다.

머니 트렌드 2024

버블은 개인이 만들고
바닥은 부자가 만든다

2023년에 많은 이들의 인기를 끈 주식이 2024년에도 오를지 떨어질지는 아무도 모른다. 왜냐하면 버블은 그 끝을 맞출 수 없기 때문이다. 주식에서 버블은 투자를 업으로 하지 않는 사람들이 몰릴 때 생긴다. 초조한 마음으로 주식을 매수하는 사람들은 기업의 시가총액과 주가의 차이를 모르고 풍문으로만 듣고 투자하는 경우가 많다. 주가가 오르면 좋고 떨어지면 운이 없다고 생각하는 것이다. 이런 사람들이 많아질수록 버블은 끝이 없다.

그러나 바닥은 끝이 있다. 빌 게이츠, 워런 버핏처럼 현금을 다량 보유한 투자의 대가들을 생각해보자. 워런 버핏이 어느 종목에 조 단위 금액을 넣어 집중 투자하면 주가가 어떻게 될까? 반등하고 바닥이 보일 것이다. 주식시장은 이렇게 돌아가기 때문에 바닥이 반드시 생긴다. 특히 M&A 시장(기업 인수 합병)이 활성화되면서 더욱 그렇다.

어떤 산업이든 내년에 떨어질지 오를지는 알 수 없지만 많은 사람이 주목했던 시기를 기준으로 보면 무조건 떨어지는 때가 온다. 주식의 고수이거나 현금을 많이 보유한 전문 투자자들은 이렇게 바닥이 보일 때 주식을 산다. 개인은 주식투자를 목적으로 한 게 아닌 다른 일을 하던 돈으로 투자하기 때문에, 즉 비전문가들의 돈이 마르지 않기 때문에 버블이 계속 생기는 것이다.

개인 투자자들이 주의해야 할 것은 비싼 국면에 있는 기업들이다. 그런 것들은 결과적으로 떨어지게 되어 있기 때문이다. 그리고 테마형 ETF에도 주의해야 한다. 가령 2023년 중반을 기준으로 이차전지 주가가 치솟았다고 하자. 그런데 이차전지 관련 테마 말고도 또 하나 오른 것이 있다. 코스닥 ETFExchange Traded Fund(주식처럼 거래 가능하고, 특정 주가지수의 등락에 따라 수익률이 결정되는 펀드)들이다. 이차전지가 오르니 코스닥이 오르고, 코스닥이 오르니 ETF가 오르고 이렇게 반복되며 버블이 형성되고 있다. 그중에서도 더 많이 오른 것들을 보면 이차전지를 섞은 테마형 ETF가 있다.

ETF는 코스피, 코스닥 같은 주요 지수의 움직임을 따라가기 때문에 여러 주식을 개별적으로 사고 팔 필요 없이 한 번 돈을 넣으면 아무것도 하지 않아도 포트폴리오를 다양화할 수 있다. 이 ETF는 펀드라서 자산운용사가 설정하는데, 사람들이 많이 살수록 많은 보수가 자산운용사에 돌아가기 때문에 사람들이 현재 가장 혹할 만한 테마를 묶어 상품으로 내놓게 된다.

일반 투자자들의 심리는 이렇다. 가령, 이차전지는 성장할 것 같지만 주가가 너무 많이 올라서 위험한 것 같고, 그렇다고 종목을 선정할 능력이 내게 없으니 이차전지 테마형 ETF로 가볼까, 펀드매니저가 잘 골라주겠지 하는 마음이다. 이런 수요가 최고에 달할 때 자산운용사에서는 관련 펀드를 만든다. 즉 수요가 많고 버블이 있을 때 테마형 ETF가 설정되고 어느 정도 시간이 지나면 대부분 주가가 하락한다. 국내 테마형 ETF의 구조는 늘 이래왔다. 다만 현재로썬 이차전지만 보면 아직 결말이 어떻게 되리라고 정확히 예측하지 못할 뿐이다. 다른 테마도 마찬가지이다.

증권사나 자산운용사는 위와 같은 사이클을 알고도 상품을 만들어서 판매하냐고 묻는다면 "예"라고 하겠다. 자신들의 수익 때문이다.

그렇다면 개인 투자자가 해야 할 것은 무엇일까? 결국 발품, 손품을 파는 수밖에 없다. 기업 가치를 산정하고 기업 정보를 단순히 수집하는 것에서 끝나지 않고 그 정보를 통해 기업의 데이터(실제 이익)를 확인하는 작업까지 해야 한다. 기업 가치 형성에 중요한 요건들인 이익률과 점유율을 눈여겨보자. **기업이 자신들의 이익률과 점유율을 얼마나 오랫동안 지킬 수 있는지 지켜보고 투자해야 한다.**

금융위기는
많은 부자를 낳는다

주가 변동에 초연하기란 쉽지 않다. 그럼에도 필자가 비교적 주가 앞에서 자유로운 이유는 **첫째, 투자하는 기업의 내재가치를 어렴풋하게나마 알고 있기 때문이다.** 시간이 지나면 주가는 내재가치에 수렴할 것이므로 단기적인 주가 변동은 나와 관계가 없다. 필자는 햄버거를, 그중에서도 KFC의 타워버거를 가장 좋아한다. 만일 KFC 앞을 지나치다가 오늘만 특별히 할인한다는 문구를 발견하면 어느새 키오스크 앞에 서 있는 나를 발견할 것이다. 타워버거가 주는 맛과 만족감은 정해져 있는 데다 가격이 싸다면 마다할 이유가 없으므로. 그러나 주식은 다르다. 주가가 오르면 더 사고 싶고, 주가가 떨어지면 더 팔고 싶어진다. 그래서 주식을 기펜재Giffen財(가격이 하락할 때(상승할 때) 수요도 감소(증가)하는 재화)라고도 한다. 단, 내재가치를 계산하지 않고 투자하는 이들에 한해서.

둘째는 국가 경제나 기업의 내재가치와 관계없이 주가가 변동하기도 한다는 것을 알기 때문이다. 모든 일은 지나가게 마련이다. 코로나19 팬데믹이 발병했을 때 전 세계 주가가 급락했다. 그리고 한 달 만에 방향을 바꾸어 랠리를 시작하더니 2021년에는 전인미답의 경지까지도 올랐다. 모든 인류의 삶이 코로나 전후로 영원히 바뀔 것이라고 이야기하는 사람들도 많았지만 지금 돌이켜 보면 2019년과 2023년은 똑 닮았다는 생각마저 든다.

2008년에 서브 프라임 모기지 사태가 발생했다. 주식시장이 말 그대로 반토막 났으니 코로나 대유행 때와는 비교도 안 될 정도의 상황이었다. 그러나 돌이켜보면 **금융위기는 역설적으로 많은 부자를 낳았다.** 그때부터 필자는 바우포스트 그룹 세스 클라만 회장의 '2008년에 얻은 20가지 투자 교훈' 중 8번 '**위기 상황에서는 폭넓고 유연한 투자 접근이 필수적이다. 기회는 다양한 업종과 시장에 걸쳐 막대하게 나타나지만, 순간적으로 사라져 버린다**'와 9번 '**반드시 하락할 때 사야 한다. 하락장에서는 상승장에 비해 더 많이 살 수 있고,**

매수자 간의 경쟁도 훨씬 적다. 언제나 좀 이른 편이 늦는 편보다 낫다. 그러나 추가 하락을 감내할 수 있어야 한다'는 글을 책상에서 한 번도 뗀 적이 없다. 코로나19 위기는 10년을 넘게 기다린 끝에 찾아온 셈이다.

『행운에 속지 마라』의 저자 나심 탈레브도 비슷한 이야기를 한다. 연간 수익률이 15%이고 변동성은 10%인 훌륭한 주식이 있다고 가정을 해보자. 이 주식을 1년 동안 보유할 경우 플러스 수익률일 확률은 93%라고 한다. 같은 주식을 3개월 단위로 확인하면 확률은 77%이다. 여전히 매우 높다. 이것을 한 달 단위로 보면 수익 날 확률은 67%로 줄고, 하루 단위로 보면 54%로 줄어든다. 매시간 MTS를 확인한다면 50%로 훅 떨어진다. 주식 창을 열심히 들여다봐서 주가가 오를 수 있다면 얼마나 좋겠는가?

더 안타까운 것은 인간의 뇌가 손실을 매우 싫어한다는 데 있다. 심리학자들의 연구에 따르면 인간이 손실을 볼 때 느끼는 고통이, 같은 금액만큼의 이득을 볼 때 느끼는 기쁨에 비해 2.5배나 크다고 한다. 만일 당신이 매시간 보유한 기업의 주가를 체크한다고 해보자. 오를 확률과 내릴 확률은 꼭 반반이다. 그런데 오를 때 기쁨보다 떨어질 때 슬픔이 훨씬 크기 때문에 시간이 지날수록 투자는 고통스러운 작업으로 전락하고 만다. 여기에서 끝나면 다행이다. 그 고통을 이기지 못해 아주 낮은 가격에 팔게 되고 결국 그 주식은 그날을 저점으로 훨훨 날아간다. 당신이 투자했던 그 기업은 연간 단위로는 오를 확률이 93%나 되는 훌륭한 기업이었다. 자, 앞으로 어떻게 하겠는가? 계속 변동하는 주가를 확인할 것인가?

좋은 기업과
좋은 주식은 무엇이 다른가

필자가 최근 직접 투자했고, 그리고 지금은 보유하고 있지 않아 알릴 수 있는 종목은 에스엠과 덴티움이다. 에스엠엔터테인먼트는 K-pop의 세계화라는 메가트렌드, 덴티움은 중국인들의 치과용 임플란트 식립 증가라는 메가트렌드에 속해 있다고 판단되어 투자했었다.

한국의 음반 기획사들과 가수들은 훌륭한 일을 해내고 있다. 과거 국내에선 일본 문화가 유행했던 때가 있었다. 만화책, 애니메이션, 드라마, 영화, J-pop 등 일본 스타일을 따라 하는 젊은이들이 많았다. 한국 영화가 아카데미에서 수상하고, 한국 가요가

넷플릭스 TV 프로그램 전 세계 순위 〈오징어 게임〉 1위

	TOP TV Shows on Netflix on September 24, 2021	
1.	Squid Game	788
2.	Sex Education	764
3.	Lucifer	507
4.	Money Heist	352
5.	Riverdale	197
6.	The Seven Deadly Sins	150
7.	Monsters Inside: The 24 Faces of Billy Milligan	129

출처 : 넷플릭스

빌보드 차트를 점령하는 것은 상상조차 하기 어려웠다. 엽기가수 싸이가 '강남 스타일'로 전 세계를 휩쓸 때도 우스꽝스러운 모습을 따라 하는 밈meme(유전자가 아니라 모방 등에 의해 다음 세대로 전달되는 비유전적 문화 요소) 정도로 생각했다.

이제는 블랙핑크와 방탄소년단을 위시해 K-pop 아이돌이 세계 음악의 새로운 기준이 됐고, K-Food, K-Drama, K-Culture라는 신조어도 생겨나는 등 한국의 위상이 높아져 기업들의 해외 진출이 용이해지기에 이르렀다. 유튜브나 넷플릭스 같은 글로벌 콘텐츠 플랫폼 또한 이러한 트렌드를 강화하는 데 한몫을 해주고 있다.

치과용 임플란트 시장도 중국 등 신흥국을 중심으로 계속 성장할 것으로 기대한다. 임플란트 시술은 치과대학을 졸업했다고 해서 모두 할 수 있는 일은 아니다. 보통은 임플란트 회사가 주최하는 교육을 받고 다년간의 경험을 쌓아야 한다. 이 과정에서 손에 익은 기구와 시술법은 웬만해서는 바꾸지 않는다고 한다. 말하자면 심리적인 전환비용이 존재하는 산업인 것이다. 또한, 개원 초기부터 면대면으로 접촉하며 다져온 영업망 또한 무시할 수 없을 것이다.

원래 임플란트를 생산하는 기업은 대부분 유럽과 미국에 있었다. 그런데 지금은 한국 기업이 전 세계를 호령하고 있다. 사촌이 땅을 사면 배가 아픈 민족이라 너도나도 임플란트 시술을 받으면서 내수 시장이 커졌고 또 손기술이 좋은 민족이라 신규 진입자가 많이 생겼다. 여기서 한국 기업들의 진가가 나타난다. 한국에서 외산 브랜드를 모두 물리친 후에 중국으로 빨리 건너간 것이다. 맏형 격인 오스템임플란트는 이미 2001년부터 OIC_{Osstem Implant training Center}를 세워 전 세계 치과의사들을 교육하기 시작했다. 유럽과 미국에서는 브랜드 인지도가 낮고, 한국에서는 후발주자로 시작했지만, 이제 갓 임플란트 시술이 늘어나고 있는 신흥국에서는 선점효과를 톡톡히 누리려는 전략이다. 그 결과, 현재 전 세계 최대 시장인 중국에서는 오스템임플란트가 1위, 덴티움이 2위의 시장점유율을 자랑하고 있다. 앞으로 중국 임플란트 식립 규모는 계속해서 빠르게 성장할 것이고, 한국 기업들의 수혜도 이어지리라 본다.

리스크에 대한 심리

그러나 **좋은 기업과 좋은 주식은 분명 다르다. 좋은 기업도 비싸게 거래되면 나쁜 주식일 수 있고, 그저 그런 기업도 아주 저렴한 가격에 살 수 있다면 괜찮은 주식이 될 수 있다.** 또한 많은 투자자들이 주목하는 기업은 피하는 것도 방법일 수 있다. 주가가 많이 올라 기업이 같은 이익을 창출하더라도 기대 수익률이 떨어질 수 있고, 작은 노이즈에도 주가가 크게 흔들려 마음을 불안하게 만들기 때문이다. 기민한 투자자들이 더 많은 정보를 가지고 있는 상황도 불편할 수 있다. 필자는 이러한 국면을 리스크 온Risk on이라고 표현하는데, 기업이 아주 잘해야 주가가 유지되거나 조금 오르고, 기업이 조금만 실수해도 주가가 많이 하락할 수 있어 위험이 커진 상황 또는 위협 요소를 면밀히 감시해야 하는 상황을 의미한다.

K-pop과 치과용 임플란트 시장도 마찬가지다. 강력한 산업의 조류를 타고 있고, 그 안에 있는 기업가들과 구성원들도 근사한 성과를 내는 중이다. 하지만 그 사실을 모두가 알고 있다. 하이브나 YG엔터테인먼트가 방탄소년단이나 블랙핑크와 재계약을 하지 못하거나 매우 불리한 조건으로 계약한다면 주가는 어떻게 될까? 화수분처럼 후배 가수들을 양성해내고 선배 가수들의 후광효과로 손쉬운 마케팅을 하는 것이 플러스알파 요소일 때와 반드시 그렇게 되지 않으면 안 되는 때와는 다르다.

중국 정부가 치과용 임플란트를 대량 구매해 자국민의 부담을 줄여준다는 VBPVolume-based procurement 정책도 그렇다. 한국의 임플란트 기업들에 좋은 영향을 끼칠지 나쁜 영향을 끼칠지 시행 전후로 마음을 졸이며 기도하는 것 외에는 적극적으로 어찌할 바가 없었다는 점을 생각하면 2023년은 투자하기 아주 좋은 시기는 아니었다. 2021년 '코로나가 종식되면 반드시 미뤘던 치과 치료를 하러 갈 것이다'와 같은 당위적인 접근으로 투자했던 때와는 사뭇 다르다. 워런 버핏의 스승 필립 피셔는 "보수적인 투자자는 밤잠을 잘 이룬다"라고 했다.

상상하지 마라,
관찰하라

메가트렌드를 좇아서 투자한다고 얘기하면 곧바로 나오는 질문이 "다음 메가트렌드는 무엇인가요?"이다. 그런데 왜 꼭 '다음'을 찾아야 할까? 아직 안 오른 주식을 제일 먼저 투자하고 싶은 심리 때문일까? **메가트렌드는 예측하는 것이 아니다. 이미 우리의 곁에 와 있으나 그것을 거부하기는 불가능하고 당분간 지속될 것을 말한다.** 예를 들어 스마트폰이 보급된 지 한참이 지나도 기존의 피처폰을 고집하는 사람들이 있다. 보안 문제, 경제성, 번호 변경의 불편함 등 이유는 다르지만 은근히 드러나는 공통점이 있다. 피처폰을 가진 사실만으로 나는 독특한 존재라는 아우라를 내비

치고 싶어 한다는 점이다. 하지만 시간이 지날수록 하나둘 스마트폰으로 바꾸게 되고 그 인원이 소수가 되어간다는 점은 명백하다. 대단한 연구가 필요 없다. 이런 이유로 스마트폰도 오랫동안 메가트렌드 중 하나였다.

그렇다면 질문을 '더퍼블릭자산운용이 투자하는 기업들이 속한 메가 트렌드는 무엇인가요?'로 바꿔보자. 탈탄소 정책, 클라우드 소프트웨어와 구독 경제, 인공지능, 탄력적 노동환경, 에스테틱, 뉴미디어, 반려동물 등 19개 보유종목에서 8개의 메가트렌드가 나왔다. 특정 종목이 바로 연상되는 것을 몇 개 제외했으니, 거의 대부분의 투자기업이 메가트렌드 안에 있다고 봐야 한다.

그럼 이 메가트렌드를 간단하게 소개해보겠다.

1. 탈탄소 정책

환경오염, 지구온난화라는 단어는 식상할 정도로 많이 들어봤을 것이다. 환경에 많은 이들이 관심과 경각심을 가지게 되면 각국 정부는 여러 규제를 도입하게 된다. 당장 돈이 들더라도 더 중요한 가치를 지키려는 것이다. 여기서 꼭 기억해야 할 것은, **한쪽에서 돈을 쓴다는 것은 어느 쪽은 돈을 번다는 이야기이다.**

2. 클라우드 소프트웨어와 구독 경제

클라우드와 구독은 떼려야 뗄 수 없는 관계다. 먼저 구독은 당장 저렴한 것처럼 보이지만 평균 구독 기간에 지불하는 금액을 모두 합하면 일시불로 구매할 때보다 더 높은 비용이 된다. 기업들이 미끼상품이나 초기 할인 등으로 일단 고객으로 유치하는 것도 이 때문이다. 소비자 입장에서는 이른바 가랑비에 옷 젖듯 돈을 내는 격이다. 그런데 구독이라는 것은 무엇인가? 원하기만 하면 언제 어디서든 가입과 해지, 그리고 이용을 손쉽게 해주는 것이다. 그러기 위해서는 소프트웨어나 콘텐츠를 하늘 위의 구름cloud과 같은 서버에 올려 두고 유저가 인터넷을 통해 접속할 수 있게 해주어야 한다.

3. 인공지능

인공지능이나 로봇이 인간의 직업을 모두 대체한다는 이야기를 들어 봤을 것이다. 하지만 그 이전 시대를 생각해보자. 증기기관은? 석유는? 컴퓨터는? 인터넷은? 스마트폰은? 인류의 문명은 계속 발달해왔지만 일자리가 줄어든 적은 없었다. 오히려 프로그램 개발자는 찾는 곳이 너무 많아 몸값이 천정부지로 치솟았다. 인공지능을 이용해 제품과 서비스를 고도화시키고 그를 통해 소비자를 더욱 만족시키는 기업은 반드시 나타날 것이다. 이를 통해 시장점유율을 확대하거나 판매가격을 높일 수도 있다. 일부는 생산이나 판매에 들어가는 비용을 감축시키는 데 쓸 수도 있다.

4. 탄력적 노동환경

한국보다 경제 성숙기를 먼저 경험한 일본에는 프리타フリーター라는 말이 있다. 자유롭다는 프리フリー와 아르바이트를 의미하는 바이토バイト의 합성어다. 잃어버린 20년을 겪는 동안, 구직 단념자가 늘어나는 시기를 거쳐 꼭 정규직으로 일을 해야 하냐는 물음을 가진 젊은이들이 늘어서 만들어진 것 같다. 꼭 일본만의 이야기는 아니다. 특히 코로나19 대유행을 거치면서 전 세계적으로 재택근무나 부업이 자연스러워졌다. 이러한 고용환경의 변화는 기업의 고용 형태 변화나 프리랜서 플랫폼 등의 성장으로 이어지고 있다.

5. 에스테틱

동서고금을 막론하고 더 젊고, 더 아름답게 보이고 싶다는 욕망은 인간의 영원한 테마다. 중산층의 가처분 소득이 늘어나고 YOLO You Only Live Once라는 신조어가 대변하듯 아끼는 것만이 미덕이 아니라는 사회적 풍조가 확산되면서 피부 미용, 성형 시술, 다이어트 등과 관련된 회사들이 질주하고 있다.

6. 뉴미디어

어머님들의 아이돌 임영웅이 대세가 된 배경은 무엇일까? 젊은 이들은 더 이상 정해진 편성표에 따라 가족들과 함께 거실의 TV를 시청하지 않는다. 각자의 방에서 스마트폰과 태블릿 PC로 유튜브나 넷플릭스를 본다. 그 때문에 TV 시청자의 평균 연령대가 급속히 올라갔다. 방송국은 그들에게 맞는 콘텐츠를 제공해야 하므로 각종 트로트 경연대회를 열고, '라떼' 연예인들을 다시 섭외한다. 그러나 이것은 궁여지책에 불과하다. 이미 뉴미디어의 시청 시간은 TV를 넘어섰다. 다음은 무엇일까? 시청자의 눈과 귀를 사로잡은 후 내보내야 할 광고다. 아직 광고주들이 대형 전통 미디어에서 손을 놓기가 어려운 상황이라고 하나, 결국 같은 광고비를 지출하면서 더 많은 물건을 팔기 위해서는 더 많은 사람들이 보고 인터넷 기반으로 광고 효율을 측정할 수 있는 뉴미디어 쪽으로 옮겨갈 것이다.

7. 반려동물

이제는 우리 집 강아지를 애완견이라고 부르면 시대에 뒤처진 사람이 된다. 다리가 네 개고 몸에 털이 북슬북슬할 뿐 어엿한 가족 구성원이다. 자녀의 건강한 먹거리와 교육비는 빚을 내서라도 충당하듯 반려동물에게도 아끼지 않는 것이 현대인이고 MZ세대다. 투자자 입장에서 다행인 것은 아직 내 자녀에게는 해주지만, 반려동물에게는 해주지 못하는 품목들이 많다는 점이다.

2024년 주식시장
대세 산업군

한국의 주식시장은 반도체, 이차전지, 자동차, 바이오, 인터넷 산업이 이끈다고 해도 과언이 아니다. 유가증권시장 상위 10개 종목으로 보면 반도체가 20%, 이차전지가 9%, 자동차가 3%, 바이오와 인터넷은 각각 2%와 1%를 차지하고 있다.

그중 몇 가지 분야의 화두를 짚어보겠다.

1. 반도체

반도체는 수요가 지속해서 증가할 것이고, 이미 과점화된 산업이므로 큰 걱정을 하지 않는다. 하지만 1~2년의 짧은 기간 내에 수익을 내야 하는 투자자라면 반드시 공급 사이클을 눈여겨봐야 한다. 2021년 끝을 모르고 오를 것만 같던 삼성전자의 주가가 한때는 4만 원대까지 위협당했던 것을 잊으면 안 된다. 2023년 7월엔 삼성전자와 SK하이닉스 모두 공급과잉에 따른 실적 부진에 시달렸다. 2023년 7월 실제로 삼성전자의

유가증권시장 시가총액 상위 10개 종목

종목명	시가총액(조 원)*	시가총액 비중	산업
삼성전자*	488	17%	반도체
LG에너지솔루션	127	5%	이차전지
SK하이닉스	86	3%	반도체
삼성바이오로직스	53	2%	바이오
삼성SDI	49	2%	이차전지
LG화학	48	2%	이차전지
현대차	44	2%	자동차
포스코홀딩스	38	1%	이차전지
기아	36	1%	자동차
네이버	34	1%	인터넷
전체**	2,809		

* 우선주 포함
** 코스닥시장, 코넥스시장 합산

2023년 7월 14일 기준
출처: 네이버 증권, 더퍼블릭자산운용

DRAM 사업은 적자다. 적자라 점점 생산량을 줄이면, 수요량은 유지되거나 늘어나기 때문에 DRAM 가격은 다시 오를 것이다. DRAM의 가격에 따라 주가는 다시 오르게 되어있으므로 기회라고 할 수 있겠다.

2. 자동차

주식시장에서 자동차는 더 이상 하이테크가 아니다. 경기소비재로 불린다. 각자의 소비성향에 따라 선택할 수 있는 보편화된 재화라는 뜻이다. 현대차 그룹은 오랜 기간 계속해서 세계 무대에서의 위상을 키워가고 있다. 독일의 폭스바겐 그룹이 디젤 게이트로 휘청거리고, 하이브리드 기술에만 집착한 일본의 메이커들은 시장점유율을 잃고 있는데 현대차 그룹은 전기차 부문과 자율주행 기술 부문에서 발군의 기량을 나타내며 창업 이래 항상 후발주자일 수밖에 없었던 100년의 내연기관 자동차 역사를 뒤집을 절호의 찬스를 맞이했다. 제네시스라는 고급 브랜드도 잘 안착한 것 같다. 모두가 완전한 자율주행차를 타고 차량을 공유하는 때가 다다음 세대라면, 다음 세대에서 현대차그룹은 기대해볼 만하다.

3. 인터넷

'네카라쿠배'라는 말을 들어보았는가? 네이버, 카카오, 라인, 쿠팡, 배달의민족을 줄인 말이다. 코로나19로 언택트 트렌드가 불거졌을 때 젊은이들이나 자본시장에서 가장 핫한 기업들 목록이다. 모두 인터넷 플랫폼이나 모바일 애플리케이션을 만드는 기업이기도 하다. 앞으로 우리 생활은 점점 온라인, 모바일화될 것이다. 아직 오프라인이 독식하고 있는 비즈니스가 많이 있다. 가령, 자동차나 부동산, 미술품, 금융상품이 그렇다. 대표적인 메가트렌드라고 할 수 있다.

문제는 이들을 투자 대상으로 볼 때 생긴다. 2020년부터 2021년까지 전에 없던 자본

시장 유동성의 증가와 사회적 거리 두기에 따른 온라인 트래픽의 증가가 맞물리면서 먼 미래에 가서야 정당화될 수 있는 높은 주가를 형성했다. 그러나 2022년 이후 사람들의 대면 상호작용과 경제가 정상화되면서 인터넷 기업들의 기초 체력과 그에 대한 투자자들의 기대감까지 한데 엉켜 하락하고 말았다. 안타까운 것은 일반적으로 한 차례 큰 시세를 내고 이후 많은 이들을 상처 입힌 주식들은 쉬이 회복되지 않는다는 점이다. 마음 같아서는 물려 있는 모든 투자자가 단번에 손실을 회복했으면 좋겠지만, 실상은 코로나19 때만큼 급격한 트래픽 상승이 뒷받침되지 않는 한 지쳐가는 투자자들이 하나둘씩 포기하고 떨어져 나가면서 주가의 상승 탄력을 누르게 된다.

2008년 정점을 맛본 조선업이 본격적 회복을 하기까지 거의 15년 가까이 소요되었고, 2012년 차·화·정(동일본 대지진과 이명박 정부의 고환율 정책으로 수혜를 받은 자동차, 화학, 정유 산업의 약자) 열풍을 이끈 현대차그룹도 10년이 지난 이제서야 상흔을 덮어가는 중이다. 2016년 사드 미사일 배치로 경색된 한중 관계 회복은 아직도 요원하고, 당시 수혜를 입었던 화장품 기업이나 콘텐츠 회사들은 더 이상 중국에 기대지 않게 되었다.

불황일수록
놓치지 말아야 할 것

경기침체기에 투자하면 좋을 곳은 어디인지 궁금해하는 사람들도 있을 것이다. 사실 경기침체기에는 장사가 없다. 모두가 힘들다. 다행히도 2023년에는 리오프닝이라는 트렌드에 맞추어서 에스테틱이나 K-pop, 아니면 코로나19 기간 중 해상운임이나 유가, 곡물가와 같이 고공 행진했던 인플레이션에 수익성이 악화되었던 기업들이 물가가 진정되며 본래의 수익성을 되찾으며 간헐적으로 수익을 낼 기회가 있었다.

경기침체기, 이것만은 하지 마라

강조하고 싶은 것은 **경기수축 국면이나 침체기에서 경기에 후행하는 업종에 투자하는 것만은 삼가라는 것이다.** 일반 투자자는 본능적으로 다른 이들과 비슷한 선택을 할 때 안도감을 느낀다. 경기가 후퇴하는 시기에는 주가나 실적으로 볼 때 조금이라도 하락세가 덜한 기업을 선택하게 마련이다. 뭔가 더 건강해보일 뿐만 아니라 그 기업들 또한 그럴싸한 이유를 대며 상대적으로 견고한 자사의 성과를 포장하기 때문이다. '불황일 때 더 빛나는 브랜드의 효과'라거나 '새로운 유통망을 공략한 특별한 전략이 잘 들어맞았다'거나 하는 식이다.

대표적으로 경기에 둔감한 제품을 판매하는 필수소비재 기업이거나 경기에 후행하는 고용이나 유통과 관계된 업종이 있다. 그리고 유명 브랜드를 앞세워 고가의 재화를 판매하는 럭셔리 기업들도 비슷한 특징을 가지고 있다. 명품 산업은 불황을 모른다? 에르메스, 페라리를 구매하는 이들은 원체 부자라 소비를 줄이지 않는다? 물론 내가 알지 못하는 0.1% 부유층들의 삶도 있을지 모른다. 그러나 대중들도 명품을 산다. 같은 명품을 구매하는 사람이라도 그 사정은 각기 다른 법이다. 개중에는 허장성세를 위해 무리해서 사치하는 사람도, 열심히 일한 나에게 아주 간만에 선물을 하는 경우도 있을 것이므로, 주머니 사정이 여의치 않으면 수요가 줄어드는 것은 당연한 이치다.

더 큰 문제는 많은 일반 투자자가 이들 기업을 안전한 곳으로 착각해 도피하기 때문에 그 주식을 사고자 하는 사람이 많아지면서 다른 기업들이나 전체 주가지수 대비 고평가된 상황에 놓여있는 경우가 많다는 점이다. 투자자의 성향이나 자금의 성격상 꾸준한 소비를 자랑하고 상대적으로 변동성이 작은 업종을 택하는 행위 자체는 비난받을 일이 아니다. 평소에는 변동성이 크고 손실 위험이 큰 주식들에 한창 투자하다가 그런 주식들이 모두 하락해 손실을 본 다음에 안전해 '보이는' 주식으로 갈아타 또 한 번 손실을 보는 것이 안타까울 뿐이다.

전문 투자자가 경기침체기에 방어주에 투자하는 이유

쉽게 말하면 쩐주(전주錢主를 거센 발음으로 말하는 속된 표현)가 그렇게 시켰기 때문이다. 국민연금 등 많은 돈을 굴리는 기관 투자자나 일반 투자자들이 십시일반 모은 대형 공모 펀드의 목적은,

비교지수를 이기는 것이다. 여기에서 비교지수는 보통 종합주가지수다("내가 언제 비교지수를 이기라고 했나? 비교지수와 관계없이 안정적으로 돈을 벌어다오" 한다면 투자하는 펀드의 투자 설명서를 다시 읽어보시면 좋겠다). 그들은 플러스 수익률을 기록해도 종합주가지수보다 낮으면 못한 것이요, 손실을 봤더라도 종합주가지수 손실률보다 준수하면 잘한 것이 된다. 돈의 주인이 이르기를 "나는 이미 부동산, 채권 등 다양한 자산에 분산투자하고 있으니 너희에게 맡기는 돈은 대한민국 주식시장과 유사한 수익률을 내면 된다"는 셈이다.

그러므로 아주 많이 오를 것 같은 주식만 골라 살 필요도, 하락장이 예측된다고 해서 모든 주식을 팔고 많은 현금을 가지고 있을 필요도 없다. 기본적으로 종합주가지수와 비슷하게 포트폴리오를 구성해야 하고 펀드매니저들마다의 색깔은 그 안에서 업종 간 조금의 비중 조절이나 몇몇의 톱픽top pick(최선호주) 종목으로 알맞게 드러내는 것이다. 경기순환에 대한 대응도 마찬가지다. 어느 정도의 주식 편입 비중을 유지하면서 종합주가지수 대비 또는 타 비교군의 펀드들 대비 높은 상대성과를 내는 방법은 '덜 떨어질' 방어주들에 투자하는 것이다.

우리의 자금은 그렇지 않다. 잃어서는 안 된다. **경기침체가 예상되고 주식시장이 차갑게 식을 것 같다면 방어주에 투자하는 것이 아니라 주식을 팔아야 한다.** 설령 전문 투자자들이 유튜브에서 필수 소비재나 럭셔리 기업을 추천하더라도 그리해서는 안 된다. 그리고 2024년 경기 확장기를 기대하는 지금은 미리 준비해 두었던 현금을 경기민감주(경기 변동에 민감하게 반응하는 주식. 기업이 만드는 제품이 경기 확장기에 더 많이 팔리거나 가격이 오를 수 있는 것)에 투자해야 한다. 경기민감주의 가장 앞에 있는 것은 원자재다. 원유나 철근, 메모리 반도체 같은 것은 제품의 차별성이 없기 때문에 수요와 공급에 따라 가격이 변동된다. 불황기엔 손해를, 호황기엔 이익을 많이 얻는 것이다. 이를 이용해 제품을 만드는 기업이 돈을 벌게 된다. 그리고 나서 경기가 정점에 도달하면 경기소비재 또는 필수 소비재 쪽으로 가게 된다. 원자재를 이용하는 기업인 건설이나 반도체를 지나 사람들이 직접 소비하는 소비재, 대표적으로 자동차와 같은 산업으로 가게 되는 것이다.

잘될 수밖에 없는
기업 찾는 요령

기업을 찾는 루틴을 하나 소개한다. 뉴스와 인터넷 커뮤니티의 글을 정말 많이 읽

는 것이다. 지금 이 세상에 어떤 일이 일어나는지 파악하는 것이다. 틈틈이 『배런스

Barron's』나 『월 스트리트 저널Wall Street Journal』 같은 외국의 투자 잡지도 챙겨본다.

누구에게는 귀찮을 법한 소셜 미디어의 광고들도 눈여겨본다. 다양한 프로필을 가지

고 있는 사람들과 온, 오프라인을 가리지 않고 이야기를 나눈다. 업계에 속하면 여의

도 사람들끼리 모여서 은밀한 정보를 주고받는다고 생각할지 모르겠지만, 여의도 사

람들의 얘기보다 오히려 주식과 거리가 멀어 보이는 예술, 수학 같이 잘 모르는 산업

에 일하는 사람들에게서 듣는 이야기로 힌트를 얻기도 한다.

모든 일이 투자 아이디어를 찾기 위한 방편이다. 소비자들의 관심과 지갑이 어디로

쏠리는지, 기업가나 부자들의 돈이 어떤 재화로 교환되는지를 지켜본다. 일종의 '접점

넓히기'라고 할 수 있다. 어릴 때 했던 탐구생활 실험을 생각해보자. 큰 생수병 안에

자갈을 채우려고 하면 들어가는 양이 한정적이다. 그런데 자갈이 가득 찬 병 안에 모래를 넣으면 얼마간은 또 들어간다. 거기에 다시 물을 넣으면 또 졸졸 들어간다. 자갈보다 모래가, 모래보다 물이 서로 닿는 표면적이 넓기 때문이다. 투자도 같다. 돈을 벌 수 있는 눈을 기른 다음에는 접점을 넓혀야 한다. 특히 자신이 가지지 못한 쪽으로 의식적으로 넓혀야 한다. 어느 신문 기자나 온라인 커뮤니티의 글쓴이, 혹은 나와 전혀 다른 일을 하는 친구에겐 아무 정보도 아닌 일이 투자자의 눈으로 바라보면 돈이 되는 것이다.

한쪽이 어려워지면
한쪽은 반드시 잘된다

이제 리쇼어링re-shoring(생산비와 인건비, 세제 혜택 등을 이유로 해외에 진출한 기업이 자국으로 돌아오는 현상)은 낯선 용어가 아니다. 미국과 중국의 무역 분쟁은 미국의 대통령이 바뀌었음에도, 종식될 기미가 보이지 않고 설상가상으로 러시아와 우크라이나는 1년이 넘도록 전쟁을 벌이고 있다. 얼마 전만 해도, 코로나19로 각국이 국경을 틀어막자 많은 산업들의 공급망이 붕괴됐다. 우리가 소비하는 많은 물건들이 원재료, 임가공, 최종 소비까지 알게 모르게 여러 국가를 거친다는 것을 새삼 깨닫게 된 계기였다.

2015년에도 비슷한 일이 있었다. 중동 지역에서 메르스 바이러스가 유입됐고, 중국은 무역수지 개선을 위해 자국 통화인 위안화를 절하했다. 여기에 기름을 끼얹은 사건이 발생했다. 미군이 경상북도 성주군에 사드 미사일을 배치하는 것이 자국 방위권에 위협을 가한다며 중국 정부가 크게 반발한 것이다. 이후 중국은 한국의 제품과 서비스를 불매하는 한한령限韓令을 내렸다.

당시 한국은 경제의 많은 부분을 중국에 기대고 있었으므로 큰 위기가 아닐 수 없었다. 경제의 거울과도 같은 주식시장도 시름시름 앓게 되었다. 하지만 위기는 기회의 다른 말이라고 했다. 콜럼버스의 달걀처럼 상황을 뒤집어 생각해보니 큰 문제가 아니었다. 중국 사람들이 한국에 여행을 오건 안 오건 그들의 소득수준이 높아져 해외여행을 가고 싶어 한다는 것은 바뀌지 않는 사실이었다. 한국 사람이라 한국에만 투자해야 한다면 문제가 심각해지지만, 해외 기업으로 눈을 돌리니 시야가 환해졌다. 그래서 일본의 면세점, 태국의 공항, 중국의 저비용 항공사에 투자했더니 속칭 대박이 났다.

여기서 **경제는 상호작용이므로 한쪽이 어려워진다면 반드시 다른 한쪽은 기회를 얻게 된다**는 교훈을 얻을 수 있다. 탈중국화, 지역화, 리쇼어링도 마찬가지다.

탈중국화, 지역화, 리쇼어링 관련 산업과 국가

1. 미국

리쇼어링이라는 말을 만들어 낼 정도로 가장 수혜를 받고 있는 국가다. 미국의 번영 요인은 이렇게 정의할 수 있다. 산업혁명 시대에는 달러화와 영어, 정보혁명 시대에는 적은 규제와 폭넓은 이민정책 때문이었다고. 미국은 가장 똑똑한 인재와 막대한 자금을 가지고 있다. 다만 산업혁명과 정보혁명의 중간 지점에서 세계화가 진행되면서 신흥국 대비 높은 지대와 임금 때문에 전통적인 제조업을 빼앗겼던 것뿐이다. 하지만 이제는 그마저도 다시 가져가고 있다. 트럼프 대통령이 실각하고 민주당으로 정권이 넘어가면서 그들의 자국 우선주의가 다소 약화되리라고 기대했던 투자자들도 있었으나, 보수든 진보든 국익 앞에서는 대동단결하는 나라가 미국이었다.

2. 베트남

중국의 시진핑 정부가 자국 우선주의를 강화하면서 빠르게 성장하고 있는 국가가 베트남이다. 제아무리 리쇼어링이 이루어진다 하더라도 상대적으로 저부가가치인 경공업이나 조립 등의 임가공 분야는 선진국이 개발도상국의 비용우위를 따라잡기가 어렵다.

이는 한국의 주력 산업 변화를 살펴보면 여실히 알 수 있다. 처음에는 가발이나 신발을 만드는 경공업에서 비료와 같은 화학제품을 만드는 중공업으로 바뀌었다. 인건비 따먹기 비즈니스에서 정부 주도의 육성 산업이 대를 이은 것이다. 그리고 나서 기술력으로 승부하는 조선이나 반도체가 경제를 이끌었다. 이렇게 보면 하나도 빠짐없이 일본이 하던 일을 한국이 가져왔고, 한국이 하던 것은 중국이 배턴을 넘겨받았다. 그래서 당시 풋내기 펀드매니저였던 내가 고민한 것도 '지금 일본이 잘하는 것이 뭐지?'였다. 바로 자동차였다. 그 이후 한국 주식시장에 '차·화·정(자동차, 화학, 정유)'이라는 용어가 생긴 것이다. 중국 다음이 베트남이라면 베트남을 지켜볼 수밖에 없다.

베트남은 1억 명의 총인구와 그중 70%에 달하는 생산 가능 인구를 보유하고 있고, 1인당 GDP는 3,000달러 대로 한국의 십분의 일에 불과하다. 그러면서도 성실하고 학구열이 높기로 유명하다. 베트남 전쟁 당시 미군을 몰아냈다는 국가적 자부심도 있다.

그 때문에 지금은 삼성전자, LG전자 등 제조업 기반의 글로벌 기업들은 너 나 할 것 없이 베트남으로 뛰어들고 있다. 그리고 이 트렌드는 베트남의 소득 수준을 높이면서 내수 시장도 폭발적으로 성장하게 만들고 있다. 산업생산을 맡은 제조업이나 그 기반을 담당하는 공항, 항만 등의 인프라, 또 소득 수준 향상에 따른 생활 습관의 변화에 주목할 만하다. 다만 베트남 또한 중국과 같은 사회주의 국가라는 점은 해결해야 할 과제일 것이다.

3. 싱가포르

시진핑 정부가 지대한 관심을 두는 것이 '하나의 중국'이라는 과업이다. 사회주의는 인민을 통솔하는 것이 최우선 과제인데 구소련의 붕괴를 겪으면서 그들과 같은 전철을 밟지 않기 위해 시장 경제를 일종의 당근책으로 제시했다는 이론도 있을 정도다. 그래서 티베트, 대만, 홍콩 등의 자치나 독립 문제에 대해 아주 예민하게 반응한다.

문제는 그중 홍콩이 아시아의 금융 허브였다는 점이다. 세제 혜택 등을 이유로 각종 글로벌 금융기관이 모이고 중국 본토의 돈도 많이 몰려 있었다. 그러나 우산 혁명(2014년 당시 홍콩 행정장관 선거의 완전 직선제를 요구하며 약 79일간 이어진 민주화 시위) 이후 홍콩이 정치적으로 중국 중앙 정부에 완전히 예속되면서 자유를 갈망하는 기업과 자금들이 새로운 피난처로써 싱가포르를 선택하고 있다고 한다.

4. 소재, 부품, 장비(소부장)

문재인 정부 시절, 일본과의 정치적 갈등이 커지면서 반도체나 디스플레이 산업의 주권을 지켜야 한다는 여론이 높아졌다. 완제품은 일본을 제친 지 오래되었으나 속내를 보면 일본 등 외산 소재, 부품, 장비에 의존하는 경우가 많았다는 것인데, 이를 국산 기업으로 대체하자는 것이었다. 이 흐름은 코로나19를 겪으면서 강화되고 있다. 최근에는 화이트 리스트(긍정적인 이유로 선별한 개체의 목록. 선별 대상에게 이익을 주거나 권리를 허용할 목적으로 작성한다. 대상을 감시하거나 권리를 제한하기 위한 목록인 블랙 리스트의 반대 의미로 사용)가 복구되는 등 양국 간의 관계가 개선되는 모습을 보이고 있으나, 투자자로서 개별 기업들을 보면 다시 과거처럼 돌아갈 것 같지는 않다. 특히 반도체나 디스플레이 소재 기업들은 구매자나 공급자 모두 우리끼리도 충분히 할 수 있다는 자신감이 붙은 것처럼 느껴진다.

5. 조선

지역화, 블록화가 이루어지는 와중에 대륙 간 운송을 담당하는 조선이 웬 말이냐고 묻는 사람도 있을 수 있다. 하지만 러시아와 우크라이나 전쟁을 보면, 독일이나 프랑스를 위시한 EU 국가들은 더 이상 러시아의 원유나 천연가스를 사용하고 싶어 하지 않는다. 이번 사태를 통해 러시아의 에너지를 항상 같은 대륙 내 파이프라인으로 연결되어 손쉽고 값싸게 쓸 수 있는 것이 아니라 무기화될 수 있다는 것을 깨달았기 때문이다. 유럽 국가들은 부랴부랴 자국으로 에너지를 운반할 수 있는 선박을 주문하고 자국 내 에너지를 저장할 수 있는 설비를 급격히 늘리고 있다. 시간이 걸리고 투자비용이 들더라도 추운 겨울을 보일러 없이 지내고 싶지는 않기 때문이다. 재미있는 것은 배를 만드는 데 쓰이는 금속가공 기술들이 연료나 곡물을 저장하는 데 필요한 설비를 만드는 기술과 대동소이하다는 점이다. 예를 들어 부산 녹산공단에서 파이프를 만드는 기업들은 배를 만드는 조선소에도 납품하지만, 울산 등에 위치한 화학 공장 단지에도 납품한다. 그리고 이러한 설비

제작이나 국가적인 에너지 투자는 짧아도 수년 이상 소요되는 큰 비즈니스다.

6. 철도

워런 버핏이 벌링턴 노던 산타페Burlington Northern Santa Fe에 투자할 때 많은 사람이 '드디어 이 할아버지가 노망들었구나'라고 생각했다. 독점이라는 망령을 좇다 올드한 비즈니스에 투자하는 것이라고 말이다. 리쇼어링이라는 말이 있었는지도 모를, 그리고 트럼프 대통령 당선 7년도 더 전인 2009년이었다. 그런데 미국으로 제조업이 돌아오면서 원재료 수입이나 완제품 수출로 교역량이 늘어났다. 당연히 그 물동량은 선박을 통해 항구로 드나들었다(리쇼어링의 쇼어shore는 해안이라는 뜻이다). 그런데 모든 공장과 가정집이 해안에만 있는가? 내륙으로 이동시켜야 한다. 국가 간 교역에 배를 쓰는 이유는 항공기나 자동차에 비해 싸고 안전하기 때문이다. 내륙 이동에서 그 역할은 기차가 한다. 워런 버핏은 올드 비즈니스에 투자한 것이 아니라 미국 경제의 부흥에 베팅했던 것이다.

첨단 산업과
주식시장의 판도 변화

반도체, AI, 양자 컴퓨터, 이차전지, 바이오 의약품 등 첨단 분야가 주목받고 있다. 주식시장의 판도는 어떻게 바뀔까? 인공지능의 사례로 살펴보자. 2023년 상반기 엔비디아Nvidia의 주가가 천정부지로 치솟았다. 특히 5~6월경 큰 화제가 되었는데, 회사에서 자사의 GPUGraphic Processing Unit(그래픽 처리를 위한 고성능의 처리 장치로 그래픽 카드의 핵심)가 인공지능용 서버에 많이 사용된다고 발표하면서부터였다. 주식시장에는 인공지능 바람이 세게 불었다. 삼성전자, SK하이닉스와 같은 우리나라 대표 반도체 기업들 주가도 덩달아 뛰었다.

하지만 우리가 인공지능으로 깜짝 놀란 것은 그보다 훨씬 전인 2022년 12월쯤이다. 챗GPT가 일반에게 공개된 날이기 때문이다. 그때 엔비디아의 주가는 속된 말로 사경을 헤매고 있었다. 2021년의 정점 대비 절반 수준에 불과했다.

챗GPT가 공개된 이후 주식시장에서는 관련주, 수혜주 찾기에 혈안이었다. 회사에 AI라는 단어가 들어가 있거나 인공지능과 관련된 신규 사업을 검토한다는 뉴스만 나와도 상한가를 치곤 했다. 하지만 실제로 인공지능이나 챗GPT를 통해 의미 있는 매출액을 기록하는 기업이 없자 금세 인기가 시들해졌다. 2020년의 메타버스나 2021년의 P2E_{Play To Earn}(게임을 하면서 돈을 번다는 개념으로, 사용자가 게임을 하며 획득한 재화나 아이템이 블록체인 생태계에서 자산으로 활용되는 모델), 2022년의 태조이방원(태양광, 조선, 이차전지, 방위산업, 원자력)과 같은 한때의 테마로 치부됐다. 그리고 주식시장의 관심은 이차전지로 옮겨갔다.

그리고 6개월쯤 지나 엔비디아가 인공지능계의 '찐'으로 떠오른 것이다. 많은 기업들이 너도나도 인공지능 투자에 뛰어들면 많은 서버가 필요할 것인데, 인공지능은 그 서버들을 병렬로 연결하여 동시에 연산하는 능력이 중요하고, 이 병렬연산은 PC나 스마트폰에 쓰이는 CPUCentral Processing Unit(중앙처리장치. 프로그램의 명령어를 해석하여 실행하는 역할을 한다), APAapplication Processor(스마트폰 중앙처리장치)보다 GPU가 더 강점이 있다는 것이다. 엔비디아는 2023년 1분기 기준 전 세계 GPU의 84%를 점유하고 있다니 열광할 만하다.

그렇다면 주식시장 참여자들은 왜 챗GPT 출시 이후 6개월 동안 엔비디아를 찾아내지 못했을까? 아마 적은 시간을 투입하고 싶고, 즉각적인 수익을 얻고 싶었기 때문일 것이다. 몇 차례 인공지능 수혜주를 매매한 이후 다른 쪽을 찾아 떠난 것이다. 아마 그동안 인공지능에 대해서 찬찬히 공부해본 투자자라면 '그때 엔비디아 살 걸', '엔비디아처럼 인공지능과 직접적인 관계는 아니지만 곁다리로 삼성전자라도 살까?' 하는 고민을 하지 않았을 것이다.

주식시장은 이처럼 변화무쌍하다. 여기에서 변동과 변화를 구분해내는 것이 중요하다. 단기적인 주가나 시장 참여자들의 심리 변동은 무시할 줄 알고, 장기적인 사회 구조적 변화는 기민하게 눈치 채고 뚝심 있게 공부해서 투자해야 한다. 피셔 인베스트먼트의 회장이자 필립 피셔Philip A. Fisher의 아들로도 유명한 케네스 피셔Kenneth L. Fisher는 저서 『슈퍼 스톡스Super Stocks』에서 일시적 결함에 대해 설명한다.

　어떠한 경우든 새로운 산업이 생겨나거나 기업이 신사업을 시작할 때는 그 사실만으로 주식시장에서 열광한다고 한다. 그러나 실제 큰 성장이 일어나기 전까지 반드시 일시적 결함이 생긴다고 한다. 기술적 문제일 수도 있고, 일시적인 자금난일 수도 있다. 또는 생산능력을 확충하는 데 계획보다 오랜 시간이 걸리기도 한다. 이때 주식시장은 그 산업이나 기업에 대한 관심을 빠르게 잃게 되는데 오히려 그때야말로 진정한 투자자들이 기회를 얻을 수 있다고 한다. 초기보다 훨씬 깊이 있게 해당 테마나 기업의 변화에 대해 공부할 수 있고 확신을 얻었다면 더 많은 수량의 주식을 더 낮은 주가에 살 수 있기 때문이다.

　더퍼블릭자산운용도 마찬가지였다. 챗GPT를 알게 되고 인공지능과 관련된 많은 회사를 살펴보았다. 기술적으로 별로 준비가 되어있지 않는데 홍보에만 열을 올리거나, 인공지능과 관련된 일을 하지만 전체 기업가치에서 차지하는 비중이 낮은 기업들을 걸러냈다. 그리고 찾은 기업이 세계 최대 언어 학습 애플리케이션 듀오링고Duolingo였다. 학부모이거나 스스로 자기계발에 열중인 이들이라면 공부에는 돈을 아끼지 않는다는 점을 잘 알고 있을 것이다. OTT나 게임 결제하는 것과는 느낌이 다르다. 이것을 가격 전가력이 있다고 하는 것이다.

듀오링고는 챗GPT를 도입하면서 맥스라는 신규 요금제를 만들었다. 기존의 슈퍼 요금제보다 비싼데, 맥스 요금제를 쓰면 인공지능과 좀 더 현실감 있게 대화할 수 있다. 우리는 이를 고급 학습자를 듀오링고의 고객으로 잡아 두는 한편 평균 판매단가를 높이는 일거양득의 전략이라고 판단했다. 인공지능이 실제 기업의 매출액과 이익의 증가를 가져다주는 사례가 되는 것이다. 미리 준비하는 투자자, 일희일비하지 않는 투자자이기에 가능했던 경험이다.

필진: 김현준

3장

부동산의 위기를
새로운 적기로 만들다

REBOUND AND RISKS OF THE MARKET

오늘만 사는
경제의 내일

부동산 측면에서 바라본 2023년 한국 경제는 한마디로 '오늘만 사는 경제'였다. 2023년 1월 말부터 시행된 특례보금자리론의 여파로 미래의 수요를 당겨 쓴 것과 다름없기 때문이다. 특례보금 자리론은 간단히 말해 소득에 상관 없이 9억 원 이하의 주택을 최대 5억 원까지 대출받아 살 수 있는 특별 제도다. 비싼 집값 때문에 고민하는 서민과 실수요층을 위한 상품이다. 또, 대출 조건 중 DSR(총부채원리금상환비율. 대출자의 대출 상환 능력을 평가하는 데 사용되는 지표이며, 전체 금융 부채의 연간 원리금 상환액을 대출자의 연 소득으로 나눠 계산)을 적용하지 않고, 고정금리로 운영하기 때문에 대출받는 데 다른 제도보다 더 자유롭다.

7월 말부터는 특례역전세론을 공급하면서 다시 DSR 규제를 피해갔는데, 이러한 정책들은 미래의 소득 증가가 만들어낼 대출 증가를 오늘 다 당겨 쓰는 것과 같다. 더군다나 특례론은 1년 동안 운영되는 한시적인 제도이기 때문에 **특례론이 종료된다면 그 소멸 효과가 나타나면서 다시 주택 수요가 떨어질 가능성이 높아 보인다.** 여기서 특례보금자리론의 종료를 말하는 이유는, 이 제도가 수요 문제를 해결하기 위해 등장했기 때문에 궁극적으로는 언젠가 사라지는 것이 맞기 때문이다. 기본적으로 특례보금자리론이 등장한 배경을 먼저 설명하면 좋을 것 같다. 가계부채가 GDP 100%를 넘는 국면에 DSR 기준을 2021년부터 도입했더니, 우리나라 가계가 돈을 더 이상 빌리기 어려운 상태가 되었다. 결국 2022년 하반기에는 주택 수요를 더 일으킬 수 없는 상태가 되었는데, DSR 기준을 완화해줄 수도 없으니 기준을 한시적으로 유보하기 위해서 등장한 것이 바로 특례보금자리론이다.

이 제도를 이용해서 증발해버린 주택 수요를 조금 채울 목적으로 한시적으로 도입하고자 했고, 실제로 사람들이 활발히 이용했다. 2023년 상반기에는 주택담보대출 대부분이 특례보금자리론

서울 아파트 실거래 지수

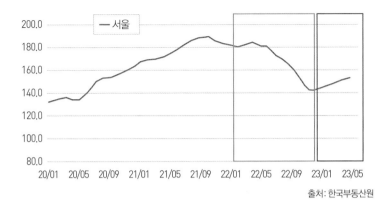

출처: 한국부동산원

이었고, 6~7월부터는 일반 시중 은행 주택담보대출도 약간 올라오는 국면이다. 그렇기 때문에 특례보금자리론은 역할을 다했고, 2024년에도 수요가 증발되는 상황이 벌어지지 않는다면 사라지는 것이 맞지 않을까 예상한다. 그런데 특례보금자리론이 끝났는데 수요가 또 증발하는 상황이 벌어진다면, 그때 다시 제도를 쓸 수 있다고 본다.

이런 메시지가 중요한 이유는, 특례보금자리론뿐만 아니라 현재의 부동산 정책이 거시적인 금리 정책보다 미시적인 프로그램으로 문제를 해결하려는 경향이 있기 때문이다. 한도까지 돈을 최대한 다 끌어 써 대출이 너무 많은 상태에서 이런 제도를 계속

1년씩 연장해봤자, 올해 안 터진 문제를 내년에 터뜨리는 격이기 때문에 괜찮다고 말하기는 어려운 상황이다.

2022년 하반기에 우리가 봤던 것처럼, 시장의 주택 수요가 사라지면 자연스럽게 가격 하락이 나타나게 될 것이다. 사람들의 심리가 얼어붙었을 때 그것을 돌려세운 것이 특례보금자리론이었기 때문에, 2024년도에 이것이 연장된다면 집값이 계속 떨어지지 않을 수도 있다. 주택 가격과 대출의 상관관계 때문에 주택 시장이 초과 강세일 때는 가계 대출이 항상 폭증했고 역사적으로 가계 대출을 열어줄 때 부동산이 상승했다. 실제로 2021~2022년에 가계 대출이 역대급으로 증가했고 이때 주택 가격 역시 엄청나게 상승했다. 2022년부터 가계 대출 증가율을 둔화시키려고 노력하고 있다 보니 특례보금자리론으로 인해 대출 사이클이 열렸고 그 덕분에 2023년 상반기 시장이 좋았던 것이다.

2024년 한국 부동산 시장의 3가지 변화

첫째, 수요가 떨어질 수 있다. 2022년 1월부터 2023년 1월까지 주택 수요는 이른바 급랭했고, 이에 따라 집값도 급락했다. 서울의 경우 2022년 1월~2023년 1월은 아파트 실거래 지수가 181.5에서 141.8로 하락했고 하락률은 21%를 기록했다. 같은 기간, 수도권은 166.3에서 129.4로 22.2% 하락했다. 지방의 경우도 119.5에서 105.6으로 11.6% 하락했다. 이후 특례보금자리론처럼 주택 매수 수요를 늘리려는 정책이 등장했으며, 이 대책이 존재하는 기간에 6% 반등했다. **관건은 특례론이 2024년에도 진행될지 여부다.** 특례론 기간을 연장하면 할수록 미래의 수요를 미리 사용하는 개념이다 보니 그 이후 더욱 수요 공백이 찾아올 것이라 예상한다.

두 번째 변화는 총선과 선거용 부동산 포퓰리즘이다. 현 정부의 지지층이 바라는 부동산 시장의 모습은 '시장 안정화'와 '시장 활성화'로 양분되어있다. 통상적으로 부동산 자산을 보유한 계층이 보유하지 않은 계층보다 수적 측면에서 더 많기 때문에(6:4), 선거를 앞두고 지역 개발 계획을 발표한다거나, 부동산의 세금 부담을 경감시키는 정책을 펼치는 모습이 번갈아 나타난다. **2024년 선거 역시 부동산 시장의 변화가 선거의 쟁점이 될 수밖에 없으며, 특히 현 정부 핵심 지지 기반이라 할 수 있는 서울 강남권 등에서 바라는 부양 정책과 규제 완화 정책이 발표될 가능성이 높다.** 그러나

2024 총선은 부동산 관련 정책에 포커스가 많이 맞춰진다 해도 투자적인 관점에서 실현 가능성이 높지 않을 수 있기에 정책에 너무 몰입하기보다 경계하기를 권한다.

마지막 변화는 중금리 시대로의 전환이다. 미국 중앙은행인 연준은 2022년에 기준금리를 1년도 안 되는 기간에 5%대까지 유례없이 가장 빠른 속도로 인상시켰고, 2023년 하반기를 기준으로 금리 상단에 도달하고 있다. 이후의 흐름은 높이보다 기간Higher for longer이 되며, 얼마나 긴 기간 동안 높은 금리 수준이 유지될 것인지의 여부다.

한국은행 역시 2021년부터 미리 금리를 인상시켰지만 2022년에 3%대 중반까지 올렸다. 이후 상당 기간 동결하는 흐름을 지켜보았지만 여전히 높은 금리 수준이 장기화될 가능성을 열어두고 있다. 자산 시장은 2010~2017년에 제로금리를 경제의 새로운 표준으로 인식할 정도로 제로금리에 길들어있다. 또한 2020년 코로나19 기간에 막대한 부양 정책으로 인해 자산 시장이 조정받을 때마다, 중앙정부가 개입해서 시장을 부양한다는 '정부 떠받치기'에 익숙해져 있다.

그러나 이러한 정책은 물가 상승이 발생하지 않고, 물가가 하락하는 것이 두려웠던 환경에서 펼쳐진 고도의 유동성 공급 정책들이었다. 현재는 물가 상승의 부담을 전 세계가 지켜보고 있기 때문에 제로금리의 시대로 다시 돌아가지 못할 가능성이 커졌다. 한국도 1%대 금리가 아니라 높은 수준의 금리가 지속될 수 있다는 점을 인지하고 부동산 시장을 살펴봐야 한다.

서울과 지방의 온도 차, 2024 주택 가격

2022년 5월 출범한 현 정부는 시장 지수가 하락하는데도 불구하고 자산가격이 조정되는 것은 자연스러운 현상이라고 한 적이 있다. 국무위원들이 언론을 통해 여러 차례 이런 관점을 밝혀왔는데, 이러한 입장은 2022년 9월 전국 미분양 주택이 4만 호를 넘어간 순간부터 바뀌었다. 이때부터 부동산 문제가 자산 시장 증감만의 이슈가 아니라 국민 경제에 직접적인 영향을 주기 시작했기 때문이다. 특히 금리 인상으로 인해 이전 대출자들이 높은 금리에 이자를 상환해야 하는 부담에 놓였고, 정부가 부동산을 담보로 하는 대출 중 안심전환대출을 운용하면서 부담을 줄이려고 했다.

그러나 안심전환대출의 등장에도 고금리로 인한 주택 수요의 감소를 막지 못하게 되자, 2023년 1월 말에 특례보금자리론을 시행하게 된 것이다. 그리고 이 과정에서 분양의 수요를 회복하기 위해 '무주택 세대주'에게만 부여되던 청약 자격이 '무주택 세대 구성원 전체'로 확대되었다가 차후에는 다주택자에게도 확대되었으며, 또 분양권의 전매도 허용하는 형태로 개정되었다. 이어 청약 제도는 가점제에서 추첨제로 변경되었고, 소형 주택의 추첨제 비중이 높아지기도 했다.

이러한 변화들로 인해 2022년 9월에서 2023년 1월 사이 지방에서의 미분양은 더욱 늘어나는 아이러니한 상황이 발생했다. **청약 규제를 완화하고, 규제 지역을 해제하기 시작한 2022년 9월부터 2023년 1월까지 전국 주택 미분양은 4만 2천 호에서 7만 5천 호로 증가했다.**

미분양 지역을 보면 7만 5천 호 중에서 수도권이 1만 2천 호, 지방이 6만 3천 호로 미분양의 80%가 지방이었다(2023년 1월 기준). 미분양이 가장 낮았던 시기인 2021년 12월 1만 7천 호에 비해 수도권은 1만 500호, 지방은 4만 7천 호가 미분양이 된 것이었다.

미분양뿐 아니라 주택 지표의 회복세를 봐도 지방과 서울의 간극

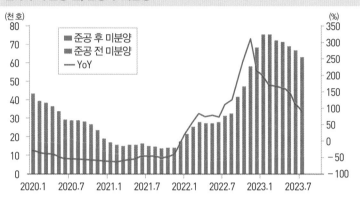

전국 주택 준공 전, 준공 후 미분양

범례:
- 준공 후 미분양
- 준공 전 미분양
- YoY

(천 호) / (%)

출처: 국토부

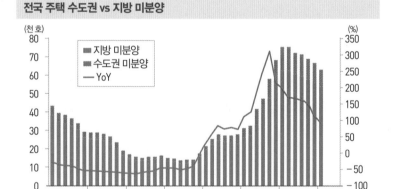

전국 주택 수도권 vs 지방 미분양

범례:
- 지방 미분양
- 수도권 미분양
- YoY

(천 호) / (%)

출처: 국토부

은 점점 커지고 있다. 부동산원에서 실거래가 이뤄진 것을 보면
2022년 서울, 경기, 인천 모두 22% 하락했는데, 2023년 상반기

에 서울은 7%, 경기는 5%, 인천은 3% 상승했다. 광역시의 경우 부산, 대구, 울산, 광주, 대전이 모두 12~17% 하락했는데 대구는 상반기까지 하락세가 이어졌고, 다른 광역시들도 회복이 2%에 불과했다. 이는 하락 기준으로는 지방 광역시가 더 커지는 구간에 진입했다는 것을 의미한다.

외지인이 서울의 집을 구입하는 비중도 25%가 넘을 정도로 확대되면서, **지방의 수요가 감소되고 서울에 수요가 몰리는 양극화 현상이 2024년에도 유지될 것으로 전망한다.**

금리와 부동산의 상관관계

2022년 부동산 시장은 유례없는 하락을 기록했고, 이것이 금리로 인한 현상임을 이젠 잘 알기 때문에 2024년에도 금리의 추이에 가장 관심이 클 것이다. 금리는 국내의 거시경제 지표들에 의해 결정되지만, 사실 한국 경제는 글로벌 경제 지표에 영향을 받기 때문에 미국의 금리가 어떻게 될지 지켜볼 수밖에 없다.

2023년 부동산 시장은 원래 있어야 할 주택 수요의 감소(가계대출증가 축소)와 집값이 더 떨어질 것을 감안해 미래의 수요를 당겨

쓰며(특례보금자리론 시행으로 소득 초과대출을 허용) 하락세를 막으려고 했다. 또 역전세에 대응하기 위해 특례역전세론(역전세 반환대출 규제 완화)을 만들기도 했다. 이 때문에 2023년에는 바닥에서 반등된 것처럼 보일 수 있지만 **근본적으로 가계소득을 초과하는 대출을 받는 것이기 때문에**(매매는 특례보금자리론, 전세는 특례역전세론) **이런 정책이 종료되는 시점에는 수요가 다시 감소할 수 있고, 이는 집값이 떨어지는 이유가 될 수 있다.**

금리의 경우에도 금리의 고점에 대해서는 시장에서 견해의 차이가 크지 않지만, 금리의 저점에 대해서는 견해 차이가 매우 클 것으로 생각된다. 금리 저점에 대한 시장의 인식이 제로금리 시기(2010~2017년, 2020~2021년)에 맞춰져 있느냐, 높은 수준의 제약적 금리(2022~2023년)에 맞춰져 있느냐에 따라서 결과는 달라질 것이다.

부동산 가격은 금리와 역상관 관계이므로, 금리 인하는 기본적으로 부동산 가격 상승의 큰 동력이 될 수 있다. 이때 금리는 기준금리와 시장금리, 또 부동산에서 사용되는 전월세전환율 등 여러 이름으로 불리고 있는데 **현재 부동산 가격에 밀접한 전월세전환율의 경우는 기준금리 3~6개월 이후에 행해지는 성격이 있다.** 이 때문에 기준금리가 인하함에도 불구하고 전월세전환율의 절대적 레벨은 2023년 6월 기준 서울 4.8%에서 2024년 이후에는 5~5.5% 수준으로 상승할 것으로 예상한다. 서울의 전월세전환율은 2022년 6월 4.0% 수준이었으며 역사적으로 기준금리 1.75~2.25% 사이일 때 5~5.5% 수준이었기 때문에, 향후 한국은행의 기준금리 인하 규모에 맞는 전월세전환율을 전망했을 때 해당 지표로 금리의 상승을 예상할 수 있다.

2024년 전반적인 부동산 가격

먼저 매매는 하향 안정화로 전망한다. 기준이 되는 전세가격이 시장 금리 상승의 영향을 받은 월세 상승에도 불구하고 하락할 것이고, 전세가 하락으로 매매가 역시 하락될 것으로 예상한다. 앞서 말했듯, 특례론 정책이 종료되고 총선 효과도 떨어지면 주택 수요도 2024년 하반기부터 감소될 것으로 전망한다.

다음으로 전세는 약보합(시세가 변동하지 않거나 변동의 폭이 극히 작은 상태) 및 약하락세일 것으로 보인다. 월세는 소폭 상승하겠지만 전월세전환율이 상승하여 시장 전세가격은 약보합세를 유지할 것이다.

마지막으로 월세는 약간 오를 것으로 보인다. **국내 경기가 명목으로는 3%대 성장세를 보이고(실질 1%대), 이러한 성장을 반영하여 소득 대비 주거 비용의 지출 비중이 유지된다고 가정하더라도 기본적으로 성장이 예상된다.** 추가로 전세 비선호 등에 따라 월세 선호 역시 작용할 것이어서 한 자릿수 범위 안에서 월세 집값이 오를 것이라 전망한다.

2023년에 전세가가 하락한 것은 월세가 내려서 하락한 것이 아니라 금리가 튀어서이다. 2024년에는 월세가 오르더라도 전세가 빠지는 이유는, 월세는 성장률 때문에 오르지만 전세는 금리 상승에 시차를 둔 영향으로 시중금리가 상승해서 빠지기 때문이다. 2023년도 1분기 때 시장 금리 하락의 영향으로 전셋값이 다소 상승하는 경향을 보였다. 마찬가지로 2022년 하반기에 전셋값이 하락한 것은 월세가 내려서가 아니라 금리가 오르는 바람에 그런 것이다. 미국도 그렇지만 한국도 시장 금리가 높은 수준을 이어가게 된다면 이 영향으로 전세가가 내려갈 수 있다고 본다.

2023년에 금리가 다소 오르는 상황에 이미 대출이 너무 많아서 추가 대출을 일으킬 수 없는 모습이 한국 가계의 민낯이라고 볼 수 있다. 소득 대비 가계 대출이 과도하다는 것은 자명한 사실이고 따라서 이에 대해 정부에서 아주 우호적인 입장을 취하기는 어렵다. 특례보금자리론이라는 제도 덕분에 자신감을 보였지만 이 정책이 끝났을 때 시장이 어떻게 움직이는지를 보고 잘 대응해야 한다. 다만, 모든 시장 전망 논의에서 빠질 수 없는 부분이 있다. 또 다른 특례론이 등장해 금리나 DSR 같은 시스템이 우회될 수 있는지 여부가 가장 중요해졌다. 시스템이 우회되고 자산시장에 조정이 가해지는 것은 장기적으로 시장이 왜곡되는 것이지만 단기적으로는 사람들이 원하는 방향으로 조정한다는 점에서 미국 연준도 이를 10년 넘게 해왔다. 한국도 본격적으로 시장 조정이 시작되었을 뿐이다.

빌딩 투자의 방향

대형 오피스 빌딩의 경우, 미국과 우리나라가 정반대의 상황을 맞이하고 있다. 테크 기업들이 재택근무를 많이 하기 때문에 미국 역사상 주택 공실률이 현재 2023년 8월 기준으로 최저인 상황으로, 빅테크 기업들이 성장하면서 해당 지역 부동산값이 폭등하게 됐다. 자연히 사업용 건물들의 공실이 폭증하여 붕괴가 임박한 듯 보인다.

한국은 정반대다. 엔데믹 상황을 맞이하며 아무리 테크 기업이라도 회사에서 사무실로의 출퇴근을 원하기 때문에 사무실 공실률이 1% 미만으로 가고 있고 임차료가 올라가게 됐다. 금리가 상승하는데도 불구하고 공실률이 떨어짐에 따라 임차료가 올라가는 속도 때문에 대형 빌딩들은 오히려 초호황기를 맞게 된 셈이다.

다만 소위 투자 목적으로 샀던 꼬마 빌딩 시장은 초토화가 되었다. 높은 금리에 높은 상가 공실을 유지하기 어렵다 보니 근린생활권 상권들은 온라인 활성화 영향과 함께 많이 몰락했다. 이러한 현상은 2024년에도 이어질 것으로 보이므로 투자 관점에서는 우선 관망하는 것이 좋겠다. 차라리 리츠REITs로 빌딩에 투자하는 쪽이 나쁘지 않아 보인다.

청약이 답이다

2024년에도 매매가가 하락할 전망이라면, 집을 사면 안 되는 걸까? 그렇다면 부동산

투자 계획을 어떻게 잡아야 할까?

사실 2023년에 이어 2024년 역시 집을 구매하기에 썩 좋은 시기는 아닌 것으로 보이

는 와중에, 청약이 유일한 투자처가 될 수 있다. 분양가상한제(아파트 등 공동주택을 분

양할 때 일정 기준으로 산정한 분양가 이하로 분양하도록 한 제도) 적용을 받는 공공분양 주

택이나 민영주택 중에서 분양가상한제를 받는 청약은 무조건 시도해보면 좋다. 2023

년도에는 사전청약 때문에 물량이 많지 않았지만 2024년부터는 사전청약 물량도 더

늘어날 것이기 때문에 공공분양 청약과 분양가상한제를 적용받는 주택 청약을 계속

도전해야 될 것 같다. 다만 종전에는 분양가상한제 적용을 받지 않는 민영주택도 좀

저렴했는데, 2023년 7~8월부터 분양가가 너무 올라가기 시작해서 민영주택의 일반

분양은 받기가 많이 어려워졌다. 아무튼 2024년만 놓고 보면, 똑같이 분양가상한제가

적용되는 규제 지역의 청약과 공공택지의 청약은 항상 받아볼 것을 권한다.

올해 주택 인허가가 없으니 공급은 자연히 줄어들 것이다. 그런데 2023년 3분기부터 수도권 청약 시장이 너무 호황으로 넘어가고 있기 때문에 공급 물량이 적진 않을 것이다. 서울시 같은 경우에는 2023년도에 건설 시공사 선정 시기를 앞당겨주는 등 정비사업 규제를 대폭 완화했기 때문에 2024년 인가는 대폭증할 것으로 예상된다. 상식적으로 청약 시장이 호조면 분양이 위축될 리는 없다. 반대로 지방 같은 경우에는 2023년 공급이 예상했던 것의 3분의 1 정도밖에 안 되는 상황이라, 지나친 쏠림 현상을 경계했으면 좋겠다. 자산 가격이라는 게 시차를 두고 찾아오는 것이다 보니 이럴 때일수록 역발상적인 사고를 통해 지방 주택의 공급 부족이 심화될 수 있다고 바라보는 눈도 필요하다. 2022년 분양권 전매 제한 허용 및 다주택자 참여 허용 등의 대책으로 청약이 과열되는 상황이 벌어졌고, 오히려 2023년 하반기 이후 규제 지역이 늘어날 수 있으며 그에 따라 분양 가격은 좀 내려갈 가능성이 있다고 본다. 그러니 너무 급하게 생각하지 않아도 될 것 같다.

무주택자가 청약에 관심을 기울이는 동안 1주택자는 어떻게 투자의 방향을 잡으면 좋을까? 윤석열 정부의 세법이 2주택까지는 보유세 부담을 완화시켜줬기 때문에 추가 1주택까지는 괜찮을 듯 보인다. 다만 부동산은 전체 자산의 절반 수준의 규모로 운용하기를 권한다. 특히 2024년은 자산을 배분해야 한다고 본다. 왜냐하면 금리 인하 시점이 더 길어질 수도 있으며 부동산이 금리에 너무나 예민한 자산이기 때문이다.

한국 부동산 가격 자체가 너무 비싸져서 초과 성과를 내기 어려운 국면에 진입했기에

좋은 자산이 아닐 수도, 오히려 위험한 자산이기도 하다는 점을 기억해야 한다.

전세 대란,
전세가의 방향을 살펴라

2023년 한 해 전세 사기 문제는 사회적 재난 수준이었다. 전세 제도가 존재하는 한, 그리고 보증금의 규모가 지속해서 확대되는 한 끊임없이 발생할 문제일 것이다. 다만 평소에 전세 사기가 잘 보이지 않는 것은, 전셋값이 계속 오르는 시기에는 임대인이 본인의 현금을 임차인에게 돌려주기보다, 다음 임차인의 보증금으로 이전 임차인에게 전세금을 돌려주는 게 가능하기 때문이다. 이것이 2022년 하반기부터 빌라를 중심으로 역전세가 확대되면서 전세 사기 사건이 표면에 드러나게 되는 과정이라고 할 수 있다.

따라서, 전세가의 방향을 보면 전세 사기가 추가로 더 드러나는

지 아닌지 가를 기준이 될 수 있다. 다만 **전세가격의 급격한 상승과 하락은 2020~2024년 상반기에 어느 정도 일단락될 것으로 보인**다. 이는 코로나19 때문에 기준금리가 드라마틱하게 낮아졌다가 다시 물가가 상승하며 기준금리 역시 급상승하는 변화를 보였기 때문이다.

통상적으로 월세를 전월세전환율로 나누면 시장에서의 전셋값이 된다. 전월세전환율은 기준금리의 영향을 받고 또 수급 상황의 영향을 받아서 결정되는데, 2017년부터 4.0% 수준이던 서울시 전월세전환율이 4.8% 수준까지 상승한 것은 같은 월세라 하더라도 전세가격이 12% 이상 하락하는 것을 의미한다. 이처럼 기준금리와 시장금리, 전월세전환율의 급격한 변화는 2024년 이후부터 어느 정도 소강상태에 진입할 것으로 보인다.

역전세와 깡통 전세

역전세는 2년 전 전세가 대비 낮은 가격의 기술적 현상이고, 금리 상승의 결과로 할인율이 올라가면서 전세가 낮아지는 것은 다소 구조적인 현상이다. 역전세나 깡통전세 환경이 되면 임대인은 임차인에게 지급할 현금이 부족해지고, 이에 따라 자산을 처분해야 하는 상황이 발생하게 된다. 특히 2023년부터 DSR(총부채원리금상환비율. 대출자의 대출 상환 능력을 평가하는 데 사용되는 지표)이 적용되면서 신규 대출을 받기 어려워졌고(특례보금자리론 제외) 2022년 말부터 시작된 역전세가 빌라 시장을 초토화시켰던 것과 유사한 흐름이 아파트에서도 발생할 수 있다.

그러나 정부는 아파트 시장의 역전세가 자칫 시장의 경색 및 자산가격의 급격한 하락으로 이어질 수 있다고 판단해 특례역전세론을 발표했다. 이에 따라 역전세의 미래가 어떻게 펼쳐질지는 현재로선 정확히 진단하기 어렵다. 폭락보다 서서히 하강하기를 기대하고 추진하는 정책이지만 이 역시 부채를 통해 연장하는 제도인 만큼, 2023년에 문제가 되지 않았다면 2024년 이후에 문제가 될 가능성이 높다.

역전세는 2023년 6월에서 2024년 6월을 전후로 마무리될 것으로 보인다. 이후 할인율(전월세전환율)의 변화에 따라 전세가격이 달라질 것이다. 매매와 전세는 같이 가는 구조이기에 전세가격의 방향성이 중요하다. 월세가 일부 상승했지만 할인율 증가 폭이 더 커지면서 전세가 하락하는 현상이 나타날 수도 있다.

한국의 전세 제도가 사라질 가능성이 있을까?

전세 제도를 인위적으로 없애기에는 이미 너무 광범위하게 퍼져 있을 뿐 아니라 전세보증금 총액이 1000조 원 수준에 이르므로 이를 임대인의 부채로 처리하기 위해서는 가계부채가 800조 원 이상 실질적으로 증가해야 한다. 이런 대출 증가를 감당할 당장의 소득 증가가 없는 상태이므로 전세가 사라질 수는 없다.

또 전세가 임대인과 임차인이 서로 합의한 제도라는 것이 중요하다. 임대인은 월세 대비 전세소득이 적지만 공실 리스크를 없앴고, 임차인은 월세보다 저렴한 주거라고 서로 합의했기 때문이다. 그러나 2023~2024년 역전세 대란 속에서 전세금을 제때 돌려받지 못하는 보증금 미반환 리스크를 경험하게 된다면, 순전세보다 준전세, 준월세 등으로 환경이 변화할 수도 있다. 다만, 전세금을 순전세에서 준전세, 준월세 등으로 옮겨가면서 전세시장의 규모 팽창은 일단락될 가능성이 높다.

시기별 뜨는 지역과
반세권

부동산의 가치는 '입지 가치'와 '상품 가치'로 나뉘며, 입지 가치는 교통, 교육, 편의시설, 자연 환경적 요인으로 구성된다. 이 중 교통은 '일자리'로의 교통을 말하며, 업무 시설 밀집 지역이 가까울수록 교통이 좋다고 평가할 수 있다. 또 임차료는 소득에 비례하는데, 소득 증가율이 높은 일자리에 종사하는 경우 해당 지역에서는 임차료 상승률이 가파르게 나타나고, 이것이 매매가 상승으로 이어지는 경우가 반복되어왔다.

2010년대 전국 부동산 시장에서 가장 주목받았던 지역이 경기도 성남시 판교다. 판교는 네이버와 카카오를 포함한 NC소프트, 위메이드 등 국내 주요 IT, 게임 기업들이 밀집해있다. 이들 산업이 2010년대 중후반부터 개화하기 시작하면서 구매력이 높은 직장인들이 주변 부동산을 매입할 수 있게 되었고, 그 과정에서 임차료 상승과 매매가 상승이 나타난 것이다.

이런 뜨는 산업에 맞춰 부동산 시장이 활성화된 사례는 매우 다양한데, 2006~2008

년에 부울경(부산, 울산, 경남) 지역에 현대차-기아차 성장세, 또 조선기자재 업체가 밀집한 창원 및 김해의 부상, 2010년대 초에는 동대문의 화장품, 뷰티, 의류 산업 성장세에 맞춰서 서울 성동구 및 동대문구의 주택가격이 급등했던 사례가 있다.

2020년대에 주목받을 산업은 한국을 대표하는 반도체 산업이고, 반도체 산업이 주로 위치한 지역들은 수원시, 화성시, 용인시, 평택시 등으로 서울을 기준으로 남쪽으로 배치되어있다. 이들은 거대한 도시 단위의 클러스터를 형성하고 있으며 이에 따라 2020년대 부동산의 축은 이들 남부를 중심으로 형성될 것으로 전망한다.

한국의 역사에서 가장 먼저 등장했던 부동산 및 도시개발의 축은 경인선으로 대표되는 서울과 인천을 연결하는 라인이었다. 이 라인이 이후 경부고속도로의 등장과 함께 경부 축으로 옮겨갔고, 여러 산업의 흥망성쇠에 따라 부동산 시장도 움직였다. 미래에는 반도체를 중심으로 하는 지역에서의 산업 성장과 수요 확대가 나타날 것으로 기대된다.

용인은 삼성전자의 시스템반도체 공장 건설계획 발표와, SK하이닉스의 용인팹 건설 등을 호재로 상당한 일자리 수요를 만들어내는 도시가 되고 있다. 그러나 용인시는 주거를 위한 아파트 밀집 지역이 여러 군데에 분산 배치되어 외부에서 용인시로 통근 및 통학을 할 인구가 증가할 것으로 기대된다. 용인으로의 통근 및 통학은 가장 먼저 동탄으로 대표되는 화성시에서, 또 오산시에서, 또 경기 광주 등에서 할 수 있을 것으로 판단되고, 이들 지역에 주목할 필요가 있다.

특히 삼성전자 용인 반도체 클러스터의 부지 바로 앞에는 'e편한세상용인한숲시티'

단지가 있는데 이 단지는 반도체공장과 매우 인접할 것으로 기대되면서 주택가격 상

승률이 2023년 상반기 높게 나타난 단지 중 하나가 되었다. 게다가 '반세권'이라는 신

조어까지 만들 정도로 큰 영향력을 행사했다.

한편, 경기도의 경우 2030년대까지 지속해서 인구 및 가구가 증가할 것으로 기대되

며, 이는 서울에서의 이탈 인구, 지방에서의 상경 인구가 경기도에서 만나기 때문에

발생하는 현상이다. 서울을 포함한 국내 주요 광역시에서는 거의 예외 없이 인구감소

가 나타나지만, 일자리를 포함한 도시들에서는 인구증가가 나타나고 그것이 현재는

경기도 중 남부권역이라고 할 수 있다. 향후 10여 년은 이러한 현상이 지속될 것으로

예상된다.

이제 생활권 개념으로 부동산을 바라보아야 한다. 행정구역은 관리를 위한 것일 뿐,

결국 사람이 생활하는 공간으로서의 부동산의 의미를 따져봐야 한다. 그래서 서울의

인구가 감소하더라도 서울의 생활 인구가 늘어나게 되면 결국 서울 인구가 늘어나는

개념으로 바라봐야 한다. GTX와 같은 광역교통망의 건설이 항상 생활권 인구를 늘려

왔다는 점도 눈여겨보면 좋겠다.

건설업계는 빚더미?

서울 둔촌주공 재건축 사태는 정비 사업의 조합과 건설사 간에 갈등이 발생했을 때, 거의 예외 없이 건설사가 이긴다는 것을 보여주었다. 건설사는 공사비 상승분을 여과 없이 정비 사업 조합에 청구할 수 있게 되었으며, 정비 사업 조합은 일반 분양가를 높이지 않고서는 비용 상승분에 대한 추가 분담금을 더 내야만 하는 상황이 되었다.

둔촌주공 사태 이후로 전국 각지의 정비 사업에서는 건설사들이 공사비 인상 요구를 조합에 발송하고 있으며, 조합은 이러한 건설사의 요구를 거절할 방법이 사실상 전무한 상태다. 견적서와

서류로 무장된 건설사와 달리, 조합은 소유주들의 집합이기에 전문성 측면에서 건설사 대비 불리하기 때문이다.

따라서, 조합 차원에서는 건설사와의 협상력을 높이려는 여러 가지 시도가 존재할 수 있으며, 특히 신탁회사를 활용해서 사업을 진행하는 등 여러 형태가 나타날 가능성이 높다고 보인다.

건설업, 위기 vs 기회?

현재 외적으로 보이는 건설업계 지표들은 사실 건설업이 위기라는 것을 보여주고 있지 못하다. 수주산업인 건설업의 경우, 국내 건설 수주액은 2020년에 194조 원을 기록하고, 2021년에 211조 원, 2022년에도 229조 원을 기록하면서 사실상 최대 수치를 지속해서 갱신하고 있기 때문이다. 2023년부터 건설 수주액이 감소했는데 전년 대비 약 −15%선에서 수주 감소가 있을 것으로 예상하나, 이 정도 감소라 하더라도 **2014년까지 국내 건설 수주가 최대 120조 원대였음을 고려한다면 국내 건설 시장의 규모 자체는 계속해서 커지는 중이다.** 이는 건축비의 인상 등이 반영된 결과다.

건설에서 빼놓을 수 없는 PF도 살펴봐야 한다. PF_{Project financing}

(건설이나 택지 개발 사업에 필요한 자금을 위해 이뤄지는 대출 등의 금융 수단. 사업주의 신용이 아닌 건설 프로젝트 자체의 사업성을 판단해 제1금융권에서 대출을 실행) 위기로 대표되는 시행사의 위기도 곧 건설업종의 위기라 할 수 있다. 즉 자금을 확보하지 못한 시행사들의 위기는 미분양으로 이어지고 **미분양은 PF 브릿지론(제2금융권 차입금) 또는 본 PF(인허가 후 시공, 개발 비용 조달)의 위기로 이어질 수 있기 때문이다.** 비은행 금융기관의 PF 위험 노출만 115조 원을 넘길 정도로 높고, 2023년에 새마을금고 사태를 경험한 이상 이 위기는 현재진행형이다.

다만 정부는 2023년 4월부터 시행사들의 자금 위기를 완화하기 위해 20조 원 이상의 자금 원천을 활용하여 문제가 되는 사업장을 지원하는 제도를 돌리고 있다. 핵심은 만기 조달 및 현금 흐름 문제가 발생하는 건설 사업장들을 지원한다는 계획이다. 그러나 현재의 주택 정책들이 서울과 지방의 수요 양극화를 초래하고 있다는 점에서, 이런 개별 제도들이 **근본적으로 지방 미분양 사업장들의 성과까지 개선하기는 어려운 형국이다.** 즉, 주택 시장에 나타난 자연스러운 가격 조정을 미시적 제도로 극복하려는 시도는 전 부문에서 나타나고 있는데, 이것이 선진 시스템으로 보일 수는 있지만 다른 의미로는 위기를 뒤로 미뤄놓는 것일 수도 있다.

시장의 평가는 주가로 확인된다. 2023년 2분기부터 나타난 주택 시장의 반등에도 건설업종 지수는 철저히 저평가받고 있다. 왜냐하면 주가는 '성장'을 반영하고 있으며, 국내 시장의 성장에는 한계가 있다고 판단하기 때문이다. 실제로 건설업 주가가 양호했던 시기는 국내외 부문에서 성장 동력이 있었던 시점이었다.

2003년부터 2007년까지 건설업종의 대 상승이 있었고 이 기간에 건설업종의 성장 동력은 국내 부동산 시장의 강력한 상승세였다. 2008년 금융위기 이후 2009~2013년 건설업종 지수가 강세였고, 이 기간은 중동으로 대표되는 해외 건설 시장의 성장이었다. 그리고 2015~2016년에도 성장세가 강했는데, 이 기간 역시 박근혜 정부에서 문재인 정부로 진입하는 기간에 나타난 부동산 강세의 영향이었다. 2018년에 일시 강세는 트럼프 체제에서 북한과의 경협 기대감으로 소위 북풍이 불었던 시점이다.

현재는 건설업이 국내외에서 추가적인 성장 동력을 확보하기 어려운 여건이라고 할 수 있다. 다만, 2023년부터 서울시에서 재건축 및 재개발 시공사 선정 시기를 종전 '사업시행인가 후'에서 '조합설립인가 후'로 앞당기게 되면서, 수주 규모가 확대될 수 있다는 점에서는 다시 국내 주택 시장의 수주 확대 기대감이 발생할 수 있다고 본다.

더욱 긴 시계열 상에서 건설업은 2015년부터 국내 주택 시장을 중심으로 이익이 급증하는 구간에 진입했다. 그러나 건설사들은 이 기간에 차후의 성장 동력을 완전히 확보하지 못하고, 오히려 국내 건설 여건 등도 종전보다 더 타이트해지는 구간에 진입했다고 볼 수 있다. 결국 건설업 역시 성장을 위한 투자가 필요한 시점이고, 성장원을 찾아내는지 여부가 주가의 방향을 가를 것으로 보인다.

한국 경제는
끓는 물 속 개구리

개구리를 펄펄 끓는 물에 집어넣으면 뛰쳐나오지만, 서서히 끓이면 위험한 줄 모르고 결국 죽는다. 한국 경제가 끓는 물 속에 들어앉은 개구리와 같다는 지적은 이창용 한국은행 총재가 2023년 5월 금융통화위원회 이후의 회의에서 발언하면서 등장한 메시지다.

한국의 경우 출산율의 감소 속도가 전 세계에 유래가 없을 정도로 가파르다. 산아제한 정책을 펼쳤던 1980년대 중반부터 2.0명 이하로 내려간 합계출산율은, 2018년부터는 1명 아래로 내려가서 0.98명을 기록, 2023년에는 0.78명까지 낮아졌다. 주요 선진국이 합계출산율을 1.6명대로 유지하는 것과 달리, 한국은 40여 년 만에 주요 국가 대비 절반에 해당하는 출산율 국가로 내려앉았다.

한편, 한국의 노인 빈곤 비중은 주요 국가들 대비 3배 이상 높으며, 노인 자살률 역시 3배 이상 높다. 한국의 경우 노인 빈곤 비중이 높은 이유는 국민연금이나 노인기초연금을 포함한 연금소득의 규모가 예상보다 적기 때문이다. 은퇴 전에 부동산을 구입했다 하더라도 이를 처분하려고 하기보다는 오히려 더 취득하면서 부족한 현금 흐름을 메우려고 하는 성향을 보이게 된다. 따라서 은퇴가 임박할수록 더 부동산을 편입해야 하는 상황으로 가는 것이다.

국내 부동산 정책도 노인들이 은퇴 이후 경제생활을 영위할 수 있도록 부동산 가격의 하락을 용인하기보다 서서히 안정적으로 지속해서 상승하는 정책들을 펼쳐왔다. 즉, 정부와 시장이 한 편이라고 할 수 있는데 **자산가격의 건강한 조정은 노후 파산으로 이어질 수 있기에, 부동산만큼은 지켜야 하는 일방향의 정책들을 펼칠 유인이 많다고 할 것이다.**

이런 과정은 수도권 집중화 정책과 맞물려 수도권을 중심으로 더욱 공고해지고 있으며, 이 과정에서 수도권에서 새롭게 경제 활동에 참여해야 하는 젊은 세대들에게 과도하게 높은 주택가격으로 인한 상당한 절망감을 줄 수밖에 없다. 특히 자산 시장이 호황일수록 이러한 문제가 심화된다. 소득과 자산이 적은 젊은 세대들은 일을 하지 않으면서도 자산가격 상승을 통해 경제활동을 영위하는 세대를 보며 더욱 절망할 수밖에 없기 때문이다.

'똘똘한 두 채'와
'뉴스테이'가 의미하는 것

정부 정책의 기본 줄기는 대선 때 이미 구체화되었다. 먼저 공급 측면에서 정부는 280만 호 공급 정책을 기획했고, 구도심과 신도시 모두 확장적 공급 계획을 수립 시행할 계획이다. 이는 문재인 정부가 구도심 공급을 억제하고 신도시 중심으로 공급하려던 것이나, 박근혜 정부가 신도시는 중단하고 구도심 중심으로만 공급하려던 것과도 다르다. 즉, 이전 정부 때의 부동산 가격 상승 원인이 공급 부족에 있다고 생각하고 구도심과 신도심 모두 공급을 늘린다는 것이 요지다.

수요 측면에서도 현 정부는 확장적이다. 먼저 지역 중심의 대출 규제 정책을 지역 무관 1주택까지는 LTV(집값 시세 대비 몇 프로까지 대출받을 수 있는지) 70%를 허용하는 형태로 풀었다. 또 생애 최초의 경우 LTV 80%를 허용했다.

세금도 취득, 보유, 양도 전 과정에서 한시적 완화 혹은 영구적 완화를 밝혔는데, 문재인 정부와 가장 큰 세법상의 차이는 보유세를 다루는 기준에 있다. 이전 정부는 1주택 실수요를 제외한 모든 수요에 대해서 투자 수요라고 규정하고, 2주택부터 중과세율을 적용했다. 그래서 '똑똑한 한 채'라는 신조어가 만들어졌다. **현 정부는 2주택까지는 보유세 부담이 없도록 야당과 합의해 2022년 말 통과시켰기 때문에, 이대로라면 '똑똑한 두 채'가 최적의 전략이 된다.**

아울러 임대차 시장의 선진화를 위해 기업형 임대주택인 '뉴스테이'의 부활을 예고한 것도 특징적이다. 이러한 정책들은 사실 큰 틀에서 '규제를 무리하게 도입하기보다는 시장의 자율 기능에 맡긴다'는 철학 아래 이뤄지는 것이다. 다만 구도심 정비 사업은 시장 활성화 혹은 안정화를 위해서 규제 강화 및 완화의 형태로 수십 년간 사용되어 왔던 바, 큰 틀에서 보면 시장을 부양하려는 의지가 더 크다는 것을 확인할 수 있다.

즉, 전 정부의 부동산 정책 실패가 부동산 가격의 급등에 있었다고 하지만 현 정부 역시 여전히 부동산에 대해서만큼은 하락보다는 상승을 원하는 형태로 정책을 수립하고 운영하고 있다고 할 수 있다.

2024년 총선의 영향

2024년 총선을 전후로 국내 부동산 시장은 호재보다는 악재에 대비해야 할 필요가 있다. 특히 2023년 1월부터 현 정부는 주택 시장의 수요 위축에 대응하기 위해서 특례론 등 다양한 정책을 펼치고 있다.

또 분양권 전매 허용을 포함한 다양한 분양 관련 규제 완화로 인해서 청약 시장의 양극화가 심화되고 있는데, 이러한 양극화가 1년 넘게 이어지게 되면 결국 미분양주택과 관련된 여러 문제점이 재점화될 가능성이 있다.

특히 특례보금자리론이나 특례역전세론의 경우, 소득을 초과하는 수준의 대출을 허용해주는 것인 만큼, 매우 완화적인 대출 제도라 할 수 있는데 장기적으로 보면 가계부채가 증가할 가능성이 높다. 이들은 모두 단기적인 제도며, 종료 이후엔 다시 수요가 감소될 것이고 그 시점은 2024년 총선 전후가 될 것이다.

따라서 총선 전까지는 정부와 여당이 시장을 부양하기 위한, 혹은 시장의 충격을 완화하기 위한 다양한 노력을 할 가능성이 높지만 반대로 총선 결과에 무방하게 총선 이후에는 이러한 정책에서 한 발 물러날 가능성이 있다고 보인다.

덮어놓고 사다 보면
거지꼴을 못 면한다

주택은 기본적으로 매우 비싸다. 2023년 6월 기준 서울의 주택 가격은 전세 평균의 2배에 거래되고 있다. 전국적으로도 이 비율이 1.6배 정도 된다. 전세가 1년치 임차료의 20배에 해당하므로 약 20년치 임차료라 할 수 있는데, 매매가 이것의 2배라는 것은 40년치 임차료를 일시불로 지급해서 지금 주택을 구매한다는 것과 같다.

이는 어마어마한 규모의 돈이며, 결코 허투루 투자되어서도 안 되고 모으기도 쉽지 않다. 사회생활 몇 년 만에 주택을 구입해야 한다는 생각이나 혹은 부자가 되기 위해서 부동산을 반드시 사야 한다는 생각 등은 말 그대로 단순히 생각일 뿐, 이것이 실현되기 위해서는 타이밍이나 가격을 잘 결정하는 실력이 필요한 것이 냉정한 현실이다.

2022년 초중반만 하더라도 그 누구도 2022년 하반기에 두 자릿수의 급락이 펼쳐질지 예상하기 어려웠고, 반대로 2023년 초만 하더라도 상반기에 상승하리라 전망한 사람은 극소수에 가까울 것이다.

부동산이 금리의 변화에 더욱 높은 영향을 받는다는 것은, 부동산을 취득할 때 혹은 매각할 때 등 선택에 있어서 상당한 수준의 안전마진을 확보해야 한다는 것과 같다. 즉, 타이밍과 가격을 판단하는 데 있어서 낮은 가격에 잘 사거나 좋은 시점에 잘 사는 것이 필요한데, 그것을 위해서 공부하고 실력을 쌓는 것이 우선이다.

2024년은 투자자들이 금리가 얼마나 '높게' 유지될 수 있느냐가 아니라, 얼마나 제약적 금리가 '오래' 지속될 수 있을지 배우는 한 해가 될 수 있다. 2010년부터 시작된 미국 중앙은행(연준)의 제로금리와, 시중에 유통되는 돈의 양을 늘리는 양적완화로 대표되는 정책들은 장기 안전자산을 매입시켜 시중의 돈이 위험자산으로 가도록 만들었다. 이 과정에서 주식, 주택, 코인, 상업용 건물 등 전 자산의 급상승이 나타났다.

한국도 2014년부터 2021년까지 금리가 지속해서 우하향하는 추세 속에 금리의 부담을 느끼기보다는 대출을 누구보다 더 많이 받는 방법들이 발전했다. 법인을 만들고 개인사업자를 내면서 차주를 달리하여 최대까지 대출하는 추세는, 2022년 고금리 환경 속에 심각한 경색을 만들어냈다.

2023년에 금리 인상이 일단락되는 흐름을 보이면서 시장은 안도감을 느끼고 있지만, **앞으로의 매크로 환경은 금리의 수준이 아니라 높은 금리가 유지되는 기간에 포커스가 맞춰질 것이다.** 그간 각국의 중앙은행들이 낮은 수준의 금리를 유지할 수 있었던 유일한 면죄부는 물가 상승이 나타나지 않았다는 점이다. 그러나 2022년부터 물가 상승이 나타나기 시작했다는 점에서 이제부터의 중앙은행의 행보는 금리에 대해서 더 조심스러울 수밖에 없다. 2010년에 전 세계적으로 '물가 하락(디플레이션)의 망령'과 싸웠다면, 이제는 '물가 상승(인플레이션) 우려'와 싸워야 하기 때문이다.

한국 부동산 시장에서는 여전히 시장 참여자들의 높은 금리에 대한 우려감보다는 다시 낮아질 금리를 더 기대하는 경향이 커

보인다. 이는 전월세전환율의 추세나 시중금리의 흐름에서도 드러나는데, 현재는 금리가 낮아질 것만 기대하고 중금리 이상이 유지될 수 있는 환경에 대해서는 충분히 고려하지 않는 것으로 보인다.

시장의 예상과 다르게 통화정책이 펼쳐질 때 자산 경착륙의 가능성이 있는 만큼, 이를 미리미리 대비할 필요가 있다. 과도한 포지션 구축보다는, **적당한 포지션 구축과 국내와 해외자산으로 자산 배분을 미리 수행**하는 것이 필요하다.

부동산은
대출을 먹고 자란다

주택 시장의 역사는 '신축 대단지'의 역사라고 해도 과언이 아닐 정도로 신축 대단지 조성은 시장의 화두였다. 1990년대에는 1기 신도시가 신축 대단지였으며, 2000년대에는 강남권 재건축이 신축 대단지였다, 2010년대에는 강북 재개발이 신축 대단지였고, 2020년대에는 경기도 및 광역시 도심재개발 및 재건축이 신축 대단지를 조성하며 시세를 선도하는 지역이 되고 있다.

미래에도 재건축, 재개발 등 신축 대단지를 도심 내 만들 수 있는 사업모델에 관심이 많을 것이다. 다만 현재 재건축 및 재개발은 공사비 상승, 재건축 초과이익환수제의 지속 등으로 인해서,

그리고 분양과 관련한 혹은 사업 추진과 관련한 여러 가지 비용 상승 요인이 등장함에 따라 종전처럼 빠른 속도로 진행되기가 어려울 것으로 예상한다.

청약의 경우 구도심 정비 사업보다는 신도시 청약 등이 매우 활기를 띨 것으로 기대된다. 특히 공공택지 내 청약은 분양가상한제 적용이므로, 가장 낮은 가격대로 분양할 것이고 이에 따라 과거보다 높은 청약경쟁률이 기대된다.

부동산은 대출을 먹고 자란다. 지난 25년간의 주택 시장 추세와 대출 추세에 확연히 파악되는 패턴은, 부동산 가격과 대출은 정상 관계이며 매우 높은 상관성을 갖는다는 것이다. 실제 주택을 구입하는 데 필요한 돈을 소득과 대출로 조달하는 가계 입장에서, 부동산 시장이 활황세로 진입할 것이 기대되면 대출을 늘리는 것이 당연하므로 대출은 항상 가격과 동행해왔다.

가계가 대출을 대하려는 태도와 별개로, 정부가 대출 정책을 어떻게 펼쳐나가는지 역시 매우 중요하다. 우리나라 정부는 지난 25년간 크게 두 번에 걸쳐 가계의 대출을 전폭적으로 확대하는 정책을 펼친 바 있다. 첫 번째가 1998년 IMF를 극복하는 과정에서 도입한 대출 확대 정책들이었고, 두 번째가 2014년에 '빚을 내서 집

사라'를 할 때의 대출 확대 정책이었다. 그리고 대출 확대 정책은 당연하게도 당시에 또 시차를 두고 지속해서 주택가격의 초과 상승으로 이어졌다.

2021년부터 우리나라 정부가 가계대출의 급증세를 막고자 DSR(대출 상환 능력을 평가하는 지표)을 도입한 것은 한국 가계대출 역사의 일종의 분수령이라 할 수 있다. 비록 2023년에 DSR을 피할 수 있는 특례론을 도입했기 때문에 DSR을 대하는 정부의 기준이 다소 누그러진 것은 사실이지만, 많은 연구에서 GDP의 80%를 넘는 가계대출이 이어질 시, 10년의 장기간에 걸쳐 최대 2%p의 경제성장률 저하가 나타날 수 있다고 보는 것이 최근의 연구다. 이는 한국처럼 100%를 넘는 가계부채를 유지하는 국가들이 매우 소수라는 점에서 우리의 잠재성장률 저하로 연결될 수 있는 부분이다. 따라서 **구조적으로 우리 가계는 대출을 추세적으로 늘리기 어려운 환경**임을 깨닫고, 되는 대로 포지션을 줄여나가는 것이 현시점에서의 올바른 투자 전략이지 않을까 한다.

필진: 채상욱

4장

일상의 디테일에서 돈이 보인다

EVERYDAY DETAILS MATTER

돈이 흐르는 곳, 의식주

돈은 늘 우리의 일상 가까이에 있다. 사람들이 사고 싶어서 안달하는 물건이 있다면 누군가는 그걸 사려고 애쓰기보다 그것에 투자하려 애쓰고, 또 다른 누군가는 그 물건을 팔려고 애쓴다. 가령, 테니스가 2030대 여성에게 유행하면 테니스 관련 수혜주가 누가 될지 투자의 관점으로 찾아보는 것도 방법이 되고, 테니스 실내 연습장을 차리거나, 테니스복을 파는 것도 돈을 가까이 만드는 방법이다. 다이어트와 테니스를 연결해 새로운 타깃 고객을 만들거나, 테니스와 사교 모임을 연결하는 것도 방법일 수 있다.

한 아이템을 둘러싼 다양한 영역에서 변화를 포착하고 방향성을 찾아내는 것이 트렌드 분석이다. 새로운 변화와 욕망을 해석해 비즈니스 기회와 연결한다. 트렌드 분석가는 이를 위해서 의식주를 중심으로 하는 라이프 트렌드와 함께, 산업과 기술, 정책과 사회, 소비까지 연결해 해석한다.

인간이 살아가는 데 필수 항목인 의, 식, 주는 누군가가 계속 돈을 벌 영역이다. 여기에 현대인은 하나를 더한다. 바로 동動Mobility이다. 자동차를 비롯한 이동 수단과 여행, 교통 등이 여기에 해당한다. 입고, 먹고, 쉬고(거주하고), 이동하는 4가지가 욕망의 근간이 되고, 우리가 소비하는 중심이다. 기업이 파는 서비스와 상품도, 기술 개발이 지향하는 결과도, 사람들이 투자에서 가장 많이 관심을 두는 주식, 부동산 등도 결국은 4가지와 연결된다. 당신이 돈을 벌려고 하면서도, 라이프와 의식주에 대한 이해가 없다면 위험한 일일 것이다. 그 어떤 투자의 기회도 우리가 살아가는 현실, 우리의 욕망에서 동떨어져 있지 않기 때문이다.

트렌드에 민감하다는 말은 뜨는 유행을 잘 받아들이거나 세련되고 멋지다는 것만을 의미하는 게 아니라, 트렌드가 만들어내는 기회 포착에 민감하다는 의미다. 트렌드가 빨리 뜨고 지는 이유도 가격의 갭 차이 때문이다. 비교적 저렴한 아이템은 빨리 뜨고 지지만, 럭셔리 브랜드의 유행은 오래 가는 것처럼 말이다. 돈의 흐름이 시작되는 곳, 모든 트렌드가 시작되는 곳은 바로 당신의 일상 가까이다. 거창하고 어려운 기술 산업 분야만 돈이 되는 게 아니다. 당신이 습관처럼 먹는 것, 당신이 갖고 싶어 하는 물건 등 당신의 일상에서 돈의 단서가 얼마든지 있다. 2024년, 일상의 트렌드를 통해서 보는 돈의 기회는 어디에 있을까?

정신 건강에 대한 화두는 지속된다. 우리 사회가 멘탈 헬스케어 Mental Healthcare(정신 건강관리)가 필요할 만큼 문제가 많아져서일까, 아니면 남의 불행이나 갈등을 지켜보는 관음의 카타르시스를 여타 방송이 잘 이용하고 있어서일까? 둘 다 맞다. 자녀가 1명이고 과잉보호하며 키우는 데다 부모는 맞벌이하고 바쁘다. 아이들의 문제나 갈등을 겪는 이들이 그만큼 많아질 수밖에 없는 상황이다. 부부 관계에서도 참는 것이 더 이상 미덕도 아니고, 맞벌이를 하며 자신의 성장과 미래도 적극적으로 고민하는 시대다. 또한 부동산이나 주식, 코인 등으로 큰돈을 번 사람들 얘기가 주위에서 계속 들리며 투자도 적극적으로 하는 시대다. 이런 상황이 모두 갈등이 될 수 있다. 사소한 것에도 갈등을 쌓고, 투자 실패(투자를 안 해도 상대적 박탈감이 생기고)도 갈등을 만든다.

멘탈 케어 방송 프로그램이 늘어나는 이유

결혼 생활이 만드는 부부, 자녀 간 갈등만큼 연인, 지인과의 인간관계, 직장 내에서의 동료 관계에서도 갈등은 더 많아졌다. 이런 상황에서 멘탈 케어 방송 프로그램은 제작비도 적고, 자극적인 갈등이나 문제점을 통해 시청률을 확보하기 좋다. 오은영 신드롬의 영향으로 방송, 출판, 유튜브 등 모든 콘텐츠 영역에서 멘탈 헬스케어, 심리 상담, 명상(마인드풀니스) 등은 '잘 팔리는' 주제가 되었다. SBS 〈우리 아이가 달라졌어요〉는 최고 시청률 12.1%에 2006년부터 2015년까지 10년간 방송된 장수 프로그램이었다. 하지만 한국인의 심리상담, 멘탈 케어에 대한 관심이 전방위적으로 확대된 건 2020년대부터다. 채널A에서 2020년 5월부터 방영된 〈요즘 육아 금쪽같은 내 새끼〉가 히트하면서, 2021년 5월에 〈요즘 가족 금쪽 수업〉을 파일럿으로, 2021년 9월부터 〈오은영의 금쪽 상담소〉를 방송하며 '금쪽'이란 제목이 들어가고 오은영이 진행하는 소아청소년 상담 프로그램이 수년째 인기를 누리는 중이다. 여기에 MBC는 2022년 5월부터 〈오은영 리포트—결혼 지옥〉을 통해 부부 상담 프로그램을 방영하고 있다.

의사 오은영은 유튜브 채널 구독자 약 51만, 인스타그램 팔로워 약 10만 명(2023년 9월 기준)의 인플루언서이며, 방송인이자 베스트셀러 작가, 광고 모델이고, 수년째 한국사회에 가장 영향력 있는 의사로 손꼽힌다. 방송 특성상 전문성과 흥미성을 한정된 시간 내에 풀어야 하기에, 방송식 상담 프로그램에 대한 찬반 논쟁은 계속 있지만, 분명한 건 한국사회가 정신건강의학과에서 상담받는 것에 대해 과거보다 훨씬 관대해졌고, 사람들의 심리적 장벽이 무너지는 데 이런 방송이 일조한 것도 사실이다. 최근 수년간 출판 시장의 베스트셀러를 살펴보면, 우울하거나 외롭고 불안한 이들을 위한 정서적 공감과 심리 상담을 다룬 책 특히 에세이가 많았다. 한국인은 지금 외롭고, 우울하고, 불안하다. 관계에 대해서도 서툴고, 갈등도 스트레스도 많다.

과거에도 한국인은 갈등과 스트레스가 있었다. 화병이라는 한국적 질병인 괜히 나온 게 아니다. 다만, 그 시절엔 심리적, 정신적 문제에 대해서 적극적으로 치료받고 대응하는 데 인색했다. '정신과'라는 말 자체에 대한 거부감도 컸다. **정신 건강은 갑자기 한국사회에서 대두된 게 아니라 예나 지금이나 문제는 늘 있었지만, 지금은 적극적으로 풀어가려는 것이 달라진 점이다.** 〈오은영 리포트―결혼 지옥〉의 다른 버전이 1999년부터 2014년까지 방영된 〈부부클리닉―사랑과 전쟁〉이었다. 과거엔 다큐멘터리나 교양 프로그램이 아니라, 흥미 위주의 드라마였다. 물론 그때나 지금이나 소재와 상황이 자극적인 것은 비슷하다. 우린 남의 상황을 보며 훔쳐보는 관음의 욕구도 채우고, 반면교사의 카타르시스도 얻는다. 〈부부클리닉―사랑과 전쟁〉은 문제 해결보다는 흥미 위주였지만, 그래도 마지막엔 전문가가 개입하는 듯한 내용으로 교훈이나 해결책이 될 것을 전하려 했다. 구색만 갖춘 수준인데 그 이상을 사회와 시청자들이 원했다면 오은영 신드롬 같은 현상이 그때 일어났을 거다. 시간이 지나 2020년대 한국사회는 드라마 속에서의 두루뭉술하고 간단한 해결책보다는 실제 전문가가 좀 더 구체적, 실질적, 전문적으로 해결해주는 것을 원한다. 이런 태도는 방송을 보는 것에서 그치지 않고, 자신이 처한 상황을 해결하기 위해 정신건강의학과를 찾는 이들이 늘어나는 데 영향을 줬다.

마음 건강이 간절한 사람들

정신건강의학과를 찾는 사람들은 더 늘어날 것이다. 네이버 트렌드에서 '정신건강의학과'에 대한 검색 추이를 보면 증가세가 확연히 보인다. 모든 연령대가 비슷한 증가세를 보이고, 특히 4050대에서 더 증가세가 컸다. 건강보험심사평가원에 따르면, 우울증 환자는 2017년 69만 1164명에서 2021년 93만 3481명으로 4년 새 35.1% 증가했다.

최근 성인 ADHD에 대한 관심이 증가하면서 환자도 크게 늘었는데, 건강보험심사평가원의 'ADHD 진단 현황'에 따르면,

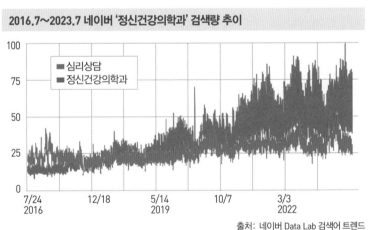

2016.7~2023.7 네이버 '정신건강의학과' 검색량 추이

출처: 네이버 Data Lab 검색어 트렌드

ADHD 진단을 받은 성인(20~80대)이 2017년 7748명에서 2022년 9월까지 3만 9913명으로 6년간 5배 이상 증가했다. 특히 중장년에서 진단이 급증하는데, 노화로 병이 생긴 게 아니라 원래 내재된 상태를 소아청소년기에 간과하고 넘어갔던 것을 이후 병원에 갔다가 진단받은 것이다. 즉 정신건강의학과에 대한 한국인의 심리적 문턱이 낮아지면서 중장년마저도 자신의 문제를 적극 파악하고, 이를 해결하려고 나서면서 생긴 결과다. 멘탈 헬스케어 관련 산업, 즉 의료와 제약, 각종 상담 서비스와 콘텐츠 서비스는 장래가 밝다. 이런 현상이 사회에선 부담스러운 일이겠지만 비즈니스로써는 다르다. 국내뿐 아니라 전 세계적으로도 시장은 성장세다. 육체 건강만큼 정신 건강에 대해서도 돈을 적극적으로 쓴다.

한국은 2003년 10만 명당 자살률이 22.6명, 총 자살자 수는 1만 898명으로, OECD 국가 중 자살률 1위가 되었다. 처음으로 자살률 20명대를 넘고, 자살자 수 1만 명대를 넘은 해다. 2003년에 신용불량자만 372만 명이었는데, 그중 60%인 239만 명이 신용카드로 인한 신용불량자였다. 카드 대란이 일어난 시기다. 2003년 이후 13년 연속 OECD 자살률 1위를 비롯해, OECD에서 자살률 최상위권을 지키고 있다. 10만 명당 자살률은 2011년 31.7

명으로 정점을 찍었고, 2009~2011년 3년간은 매년 자살률 31명 이상에 자살자 수 1만 5천 명 이상을 기록했다. 2008년 글로벌 금융위기 이후 한국에선 부동산 침체가 이어진 2009~2011년에 하우스푸어 이슈가 부각되었을 정도로 심각했다. IMF 사태를 겪은 1998년의 자살률은 18.4명으로 1997년의 13.1명보다 많이 증가했고, 자살자 수는 43%나 증가했다. 대량 해고와 파산, 신용불량 등 경제적 위기가 한국사회 자살률 증가의 주요 배경이다. 최근 10년간 자살률은 매년 24~27명 정도이고, 매년 1만 2~3천 명이 자살해서 여전히 OECD 자살률 1~2위를 다툰다.

그렇다면 1970~80년대는 자살률이 낮았을까? 아니다. 군부 독재 시기(1965~1988년) 치안 본부가 집계한 자살 기록을 분석한 연세대학교 신경정신과 이호영 교수팀의 연구 논문에 따르면, 1965년 10만 명당 자살률 29.81명을 비롯해 박정희 정부 때 자살률은 20명대 중후반(1975년에 자살률 31.87로 정점을 찍기도)이었다. 당시 정부 공식 기록은 이보다 훨씬 낮지만, 자살 통계를 축소하려던 시대였기 때문에 신뢰도가 떨어진다.

결과적으로 최근이나 수십 년 전이나 한국사회의 자살률은 높았다. 고도성장기, 압축성장기라고 불리던 1970~90년대도 한국의 자살률은 높았고, 지난 20년간 국민소득이 1만 달러를 지나, 2만 달러, 3만 달러를 넘으며 국민들의 소득과 구매력이 계속 증가했음에도 자살률은 높았고, 세계 경제 순위 10위권에, 개발도상국이 아닌 선진국으로 지위가 바뀐 상황인데도 자살률이 세계 최고 수준이다. 유엔 SDSN이 발표하는 '세계행복보고서 2023'에서 한국의 행복 지수는 137개국 중 57위다. OECD 38개국 중에선 35위다.

글로벌 조사기관 IPSOS의 'GLOBAL HAPPINESS 2023'에 따르면, '필요할 때 의지할 수 있는 친한 친구나 친척이 한 명 또는 여러 명 있다고 답한 비율'이 한국은 61%다. 즉 39%의 사람은 필요할 때 의지할 사람이 한 명조차도 없다는 얘기다. 32개국을 대상으로 한 조사였는데, 한국은 30번째다. 32번째가 일본으로 54%였다. 한국보다 더 외롭고 고립된 사회가 되어가는 일본. 그들은 생애미혼율도 높고, 히키코모리도 많다. 사회적으로 단절된 이들이 저지르는 사회 문제나 묻지 마 범죄도 일본의 문제로 꼽혔는데, 이제 한국이 그 걱정을 하게 되었다. OECD의 'BETTER LIFE INDEX' 중 '공동체' 항목에 한국은 41개국에서 38위였고, '삶의 만족도'에선 35위였다. 이런 사회에서 살아가는 사람들이 불안하고, 우울하고, 외로운 건 당연하지 않을까?

한국의 자살률, 우울증은 예전부터 심각했고, 앞으로도 바로 해소되기 어렵다. 한국사회가 타인과의 비교를 아주 많이 하는 데다, 승자 독식 사회라고 할 정도로 양극화도 심하다. 단기간에 고도의 경제성장을 이뤄 잘살게 되었지만 정신적, 문화적으로는 피폐함이 많은 사회다. **멘탈 헬스케어는 이제 시작이다. 지금은 한국인이 가진 갈등과 스트레스 중 극히 일부만 드러났을 뿐이다.** 남의 불행이 누군가의 돈이 되는 것이 아니라, 남의 불행과 갈등을 해결하고 해소하는 것이 누군가의 돈이 되는 것이다.

구해줘 홈즈, 모듈러 주택

EBS 〈건축탐구 집〉은 "당신은 어떤 집에 살고 있나요?"라는 질문을 통해 집을 짓고, 그 집에 사는 사람의 이야기를 다룬다. 투자하는 집이 아니라, 사는 공간의 집에 대한 다큐멘터리 프로그램이다. 매주 두 군데 집을 소개하는데, 자신만의 개성을 담아 특별한 단독주택을 짓고 싶어 하는 이들에게 욕망의 불을 지핀다. 2019년 4월에 시작해 시즌3까지 이어지며 4년 넘게 방영 중이다. 교양 다큐가 시즌제로 이어졌다는 건 시청률도 좋다는 얘기다. 네이버 트렌드에서 '건축탐구집'에 대한 검색 추이를 봤더니, 최근 관심이 더 늘었다. '모듈러 주택' 검색량도 마찬가지로 점점 많아지는 추세다.

왜 요즘 단독주택에 대한 욕망을 키워갈까? 사실 사람들의 이상은 유능한 건축가에게 맡겨서 설계하고 지은 멋진 단독주택이지만, **현실은 모듈러(조립식) 주택에서 타협하게 된다.** 사실 모듈러 주택도 디자인, 기능성이 충분히 좋다. 오히려 모듈러 주택이 더 친환경적이다. 자신만의 단독주택을 가지는 가장 합리적 방법 중 하나인 것이다. 대도시의 아파트를 버리지 못한다면, 세컨드하우스로 모듈러 주택을 생각해볼 만하다.

아파트 공화국이라 불리는 **한국사회에서 단독주택에 대한 관심이 최근 몇 년 동안 증폭되고 있다는 사실에 주목해야 한다. 특히 베이비붐 세대에서 이 현상이 잘 나타난다.** 이미 은퇴한 베이비부머(1955~1967년생)와 은퇴가 다가오는 후기 베이비부머(1968~1974년생)가 2024년에 50~69세가 되고, 이들만 해도 1700만 명이다. 한국은 서울, 경기, 인천의 수도권 거주 비율이 절반이 넘으니 1700만 명 중 800만 명 정도가 집값 비싼 수도권에 산다고 짐작된다. 광역시와 대도시에 사는 사람까지 포함하면 최소 1000만 명이 넘을 것이다. 애초에 노후 자금이 풍족하면 걱정이 없겠지만, 평균수명도 늘어나고 있어 노후 자금에 대한 걱정은 누구나 생길 수 있다. 가령, 투자를 통해 노후에 풍족하게 쓰겠다는 건 계획이지 실제로 투자가 좋은 결과만 보장해주는 건 아니다.

결국 집이 가장 큰 자산인 5060대 한국인에게, 그 집으로 노후 자금을 확보하는 방법이 모색된다. 단독주택을 갖고 싶은 사람들, 대도시의 비싼 아파트를 팔아서 그 돈의 일부는 지방에 단독주택을 짓고, 남은 일부는 노후 자금으로 보태려는 사람들이 얼마나 될까? 앞서 말한 1000만 명, 그들 중 10%가 이런 생각을 실행으로 옮긴다면 100만 명을 위한 단독주택을 지으려는 수요가 생긴다. 집짓기는 변수도 많고 건축비도 상승세라 부담이지만, 모듈러 주택은 조금 다르다. 기존 건설 방식보다 비용도 적게 들고, 공사 기간도 짧고, 변수도 적다.

기존 단독주택과 모듈러 주택은 맞춤옷과 기성복의 차이다. 맞춤옷의 장단점이 있는 것처럼 기성복도 장단점이 있다. 럭셔리 브랜드의 기성복은 맞춤옷보다 비싸기도 하고, 기성복을 토대로 맞춤 서비스를 해주기도 한다. 어떤 집이 더 우위라고 할 문제가 아니다. 개성과 합리성의 차이일 뿐이다.

모듈러 주택 사업에 뛰어든 대기업

흥미롭게도 2023년 상반기, 모듈러 주택 사업에 뛰어든 대기업이 유독 많다.

2023년 3월, LG전자는 모듈러 주택 사업 출사표를 던졌다. 고효율 프리미엄 가전 일체형 조립식 소형주택 'LG스마트코티지' 시제품(콘셉트)을 공개한 것이다. 공장에서 벽과 지붕, 창문, 출입문 등 주요 구조물을 제작하고, 이를 현장에서 조립 설치하는 프리패브Pre-fab 방식이다. 복층 원룸 구조로 31.4㎡(약 9.5평) 크기이고, 지붕에는 4kW급 태양광 패널이 설치되었고, 집에서 사용하는 전기 일부를 생산한다. 가전제품은 집과 뗄 수 없는 상품이다. 빌트인 제품도 많은데, 아예 집과 가전제품을 다 팔겠다는 궁리를 가전회사가 한 것이다. 세컨드하우스 시장의 성장, 단독주택에 대한 관심 증폭, 베이비부머의 은퇴, 원격근무 활성화라는 4가지가 결합된 기회가 열리기 때문이다.

2023년 4월, 아파트 브랜드 자이의 GS건설은 목조 모듈러 주택 전문 자회사인 '자이가이스트XiGEIST'를 통한 국내 단독주택 시장에 진출을 발표했다. 이것도 프리패브 방식이다. 현장 근로자의 숙련도에 따라 품질 차이를 보이는 일반 단독주택과 달리 균일한 품질을 확보할 수 있는데, 설계와 건축 인허가 기간을 제외하면 빠르면 2개월 안에 집을 짓는 특징이 있다. 건축비는 3.3㎡당 600만~700만 원 선으로 기존 단독주택 건축비보다 낮다. 크기는 20평부터 소비자가 원한다면 아주 큰 사이즈까지 가능하다. 자이가이스트는 5년 내 연매출 2000억 원 달성이 목표다.

2023년 4월, 포스코이앤씨(구 포스코건설)의 자회사 포스코에이엔씨가 특허청에 이동식 모듈러 주택의 새로운 디자인 특허를 출원 완료했다. 네모의 반듯한 직육면체 형식이 아닌 오각형 전면부와 후면부로 구성됐으며 상단부 천장은 삼각 구조로 돼있다. 해당 건축물은 금속, 유리, 합성수지 등으로 제작할 수 있다. 포스코에이엔씨는 이미 철강 소재를 이용한 모듈러 건축을 기숙사, 창고 등 대형 건물에 적용해왔다. 하지만 소형 주택의 모듈러 디자인 특허를 낸다는 건, 단독주택으로도 사업을 확장한다는 의미다.

2023년 5월, 현대리바트는 모듈러 주택 사업으로의 확장을 드러냈다. 2019년 설립된 스페이스웨이비는 모듈러주택 사업을 하는 건설 분야의 스타트업인데, 35억 원 규모의 시리즈 A 투자 유치(2023.5)에서 주도적으로 현대리바트가 참여했다. 가구회사로 시작한 현대리바트는 현재 빌트인 가구, 리모델링 중심으로 사업을 하고 있는데, 모듈러 주택으로도 사업을 확장한다. 현대리바트는 모듈러 주택 전문 회사에 비용만 투자한 게 아니라, 관련 기술과 경험도 내재화하려는 것이다.

이는 시장이 커지고 있다는 신호다. 대기업의 파이만 커지는 게 아니라 지방의 중소 건설회사도 더 싸게 시장을 공략할 여지도 있다. 대도시 아파트에서 소도시 단독주택으로 대이동이 생기면 주택업자, 건설회사만 돈을 버는 게 아니라 가전, 가구 업계 다 돈을 번다. 건축할 때 넷제로를 고려해 태양광 패널을 지붕에 설치하는 이들도 늘 것이기에 태양광 패널 수요도 증가하고, 전기차와 트럭이나 SUV 수요도 증가한다. 집이 바뀌면, 의식주 모두에 연쇄적 변화가 생기기 때문이다.

모듈러 주택이 대세인 결정적 이유

국내에서 모듈러 주택 시장은 오래전부터 시작되었지만, 싸고 빨리 짓는, 기능적인 장점 외는 없었다. 미국이나 유럽의 사례를 보면 모듈러 주택 시장은 크게 성장했지만, 국내에선 시장이 성장하지 못하고 초기 상태에서 오래 정체되었다. 하지만 한국도 소득수준이 높아지며 단독주택에 대한 수요도 증가하고, 모듈러 주택의 공간 디자인도 점점 세련되고, 다양하게 진화했다는 점을 감안하면 나만의 주택에 대한 욕구를 충족시켜주는 모듈러 주택 시장의 미래 가치를 긍정적으로 보는 견해가 많다. 시기의 문제였지 시장이 성장하는 건 당연했다.

한국의 대표적인 건축사무소 간삼건축은 오피스 빌딩, 병원, 학교, 데이터센터, 미술관 등 대형 건축 프로젝트를 하는데, 개인의 라이프스타일을 담은 모듈형 소형주택 ODM 사업을 위해 2018년 간삼생활디자인이라는 자회사를 만들었다. ODM은 'Off-site Domicile Module'로 어디든 설치할 수 있는 집이란 의미다. 공장에서 완제품으로 만든 주택을 원하는 장소에 배달해 설치한다. 다락이 있는 복층형과 단층의 원룸형 구조 두 가지 제품이 있다. 수요에 따른 것이다. 한국의 국민소득이 3만 달러대에 진입하고, 주 5일에 따라 5도 2촌(5일은 도시, 2일은 전원생활) 욕구가 늘어나며 세컨드 하우스로 모듈러 주택에 대한 관심이 커졌다. 2023년 세컨드하우스는 중요 트렌드로 부각되기 시작했고, 2024년에도 그 흐름은 이어진다. 단독주택에 대한 관심과 세컨드하우스에 대한 관심에서 모듈러 주택은 수혜자가 된다. 모듈러 주택은 이동성도 있는데, 이사 갈 때 집을 해체해서 가져갈 수도 있다. 몇 년 주기로 삶의 공간을 옮기려는 이들에게도 선택지가 된다.

또한 모듈러 주택은 친환경적이다. 3R$_{Recycle,\ Reuse,\ Reduce}$로도 부른다. 기존 건축 방식 대비 최대 50% 공기(건설 기간) 단축과 소음, 분진, 폐기물 발생량도 적고 철거 작업도 용이해 기존 건축 방식보다 친환경, 지속 가능성에 부합한다. 국토교통부에 따르면 모듈러 주택은 90% 이상 재활용 가능한 철골 구조를 활용하기 때문에 기존의 건설방식보다 탄소 배출량이 44% 정도 줄어든다. 탄소 감축과 친환경이 대세인 시대, 모듈러 주택은 성장의 날개를 달 수밖에 없다.

일본은 매년 전체 주택 공급의 15%에 해당하는 약 15만 가구가 모듈러 주택 형태로 지어지고, 미국은 미국 인구 중 10% 정도 되는 1000만 가구가 모듈러 주택에 산다. 한국은 모듈러 주택이 단독주택 시장에서 아직 1% 정도다. 국내 시장에선 초기 단계라 기업들이 해외시장 공략도 하고 있었다. 하지만 2023년에 보여준 대기업의 액션, 그리고 **한국인의 집에 대한 태도 변화, 건축비 급상**

승과 친환경에 대한 인식 강화 등이 맞물려 2024년에는 모듈러 주택 시장의 본격적 상승세가 시작될 가능성이 크다.

아이콘이 된 F&B,
당신도 스타일을 먹는다

네이버 트렌드에서 최근 7년간 '맛집'과 '카페'에 대한 검색 추이를 살펴보면, 한국인이 얼마나 맛집과 카페에 진심인지 알 수 있다. 미식가나, 커피 애호가가 되었다는 의미가 아니라 한국인의 욕망에서 인스타그래머블한 '맛집'과 '카페'를 점점 빼놓을 수 없게 되었다는 의미다. 사람들은 당연하게 자신의 일상을 드러내며 과시한다.

F&B food and beverage는 맛집 오픈런 아이콘이 되었다. 사람들은 SNS에 맛집과 핫플레이스 카페, 그날의 패션인 OOTDOutfit Of The Day, 고가의 시계와 명품 가방, 수입차 로고를 찍고, 집 인테리어와 비

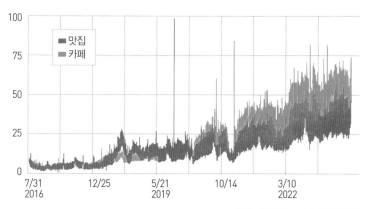

2016.7~2023.7 네이버 '맛집', '카페' 검색량 추이

- 맛집
- 카페

출처: 네이버 Data Lab 검색어 트렌드

싼 브랜드의 아파트 단지를 잘 보이게 찍거나 여행하는 모습을 찍어서 잘 사는 모습을 드러낸다. 그중 가장 적은 비용으로 과시할 수 있는 것이 맛집과 카페다. 유명한 맛집과 카페에 직접 가야 할 욕망이 커지다 보니 명품을 사겠다고 줄 서는 것보다 오히려 맛집에 들어가기 위한 오픈런이 더 일상적인 대세가 되었다. 커피와 베이글을 먹는 전형적인 아침 식사를 서울 계동의 런던베이글뮤지엄에서 하려면 아침에 느긋하게 가선 안 된다. 영업 전부터 한두 시간 이상 줄 설 각오를 해야 먹을 수 있다. 점심에 여는 삼각지의 몽탄에서 갈비를 먹기 위해서는 역시나 아침부터 줄 서야 한다. 2019년 개업한 몽탄은 삼각지와 용리단길, 2021년 개업한 런던베이글뮤지엄은 계동과 원서동, 가회동이 핫플레이스가 되는 데 일조한 랜드마크다.

과거엔 유행의 아이콘이 패션이었다면, 지금은 F&B다. 먹고 마시는 게 아이콘이 된 시대, 새롭게 뜨는 핫플레이스의 중심에는 오픈런을 해야만 먹을 수 있는 식당과 카페가 꼭 있다. 운 좋게 오픈런 맛집이 되는 게 아니라, 철저하게 계획하고 마케팅하여 과감히 투자해서 만든, 유니크하고 감성적인 인테리어와 음식과 음료까지 모두 스타일링된 곳들이다.

대도시의 핫플레이스는 디테일이 중요하다. 반면 외곽의 핫플레이스는 스케일까지 잡고 있다. 오래된 대형교회를 리모델링해 핫플레이스가 된 카페부터, 억대의 고가 스피커와 대규모의 음악 감상 공간을 가진 음악감상실이자 카페, 대도시 도심에선 짓기 어려운 초대형 카페가 최근 수년간 계속 만들어진다. 영세 자영업자의 느낌이 아니다. 카페를 만드는 데 수십억, 수백억 대가 들어가기도 한다. 카페가 최종 목적이 아니라, 이를 기반으로 F&B 사업으로 확장하려는 목적을 가진 곳도 많다.

네이버 트렌드에서 봤을 때, 모든 연령에서 맛집과 카페에 대한 관심도가 계속 커진 추이는 비슷했다. 다만 연령대가 높을수록 카페보단 맛집에 대한 관심도가 더 높고, 나이가 어릴수록 맛집보다 카페에 대한 관심도가 높았다. 예를 들어, 20대면서 여성이면 카페에 대한 관심이 아주 크다. 밥을 먹고 후식을 먹기 위해 카페에 가는 게 아니라, 카페가 메인이다. 심지어 카페에 갔다가 다른 카페로 가기도 한다. 하루에 카페 몇 군데를 투어하는 경우도 낯설지 않다. '그 카페에 갔다'는 것이 중요하기 때문이다.

네이버 트렌드에서 검색어로 카페, 맛집, 술집, 회식까지 넣고 비교해보면 카페, 맛집, 술집 모두 최근 수년간 관심도가 계속 증가했는데 회식만 예외다. 회식하기 좋은 넓은 공간을 가진 식당과 술집이 위기를 맞는 건 안타깝지만 어쩔 수 없는 일이다. 회식에 대한 관심도는 20대뿐 아니라 4050대를 봐도 크지 않다. 이제 회식 문화는 예전과 달라졌다. 횟수가 줄어들거나 점심에 짧게 회식하기도 하고, 많이 먹고 마시는 분위기가 아닌 경우가 많아졌다. 회식의 종말, 맛집과 카페의 전성시대가 공존하는 게 지금 한국이다.

식품 사업에 올인하는 백화점 빅3

 이렇기 때문에 3대 백화점이 F&B에 공들이는 것은 당연하다. 롯데, 신세계, 현대백화점에서 2023년 기존 점포 리뉴얼과 신규 점포 투자에 투입한 금액이 1조 2357억 원이다. 2022년에 9302억 원을 썼으니, 32.8%나 늘어난 것이다. 명품관을 강화하고, 2030대 소비자를 더 공략하는 데에도 쓰지만, 비용을 가장 크게 쓴 곳은 식품관 리뉴얼이다. 성수동, 연남동 등 2030대가 좋아하는 핫플레이스에 있는 유명 F&B 매장을 유치하고, 인테리어도 고급스럽고 인스타그래머블하게 꾸민다.

 백화점 식품관은 쇼핑하러 왔다가 배고프면 밥을 먹는 곳이 아니게 되었다. 일부러 밥 먹으러 찾아왔다가 온 김에 쇼핑하는 곳이 요즘의 백화점이다. 백화점에서 식품관이 중요해진 건 어제오늘 일이 아니다. 인기 있는 F&B 브랜드를 식품관에 잘 들여오고, 식품관의 서비스와 만족도를 얼마나 높이냐에 따라 백화점 유입 인구가 늘고, 쇼핑에도 돈을 더 쓰기 때문이다. 2010년대 이후 백화점은 F&B에 공들이기 시작했는데, 코로나19 팬데믹을 지나면서 F&B의 중요성이 더 커졌다. 일본은 유명한 대형 F&B 중심으로 입점한다면, 한국은 오래되고 유명한 F&B와 함께, 최근에 뜨는 핫 플레이스(신생 브랜드, 작은 브랜드여도) F&B가 수시로 반영되어 입점된다는 점이다. F&B에서는 확실히 한국의 백화점이 트렌디하다.

일본 도쿄의 최고 번화가 시부야의 상징 같던 도큐백화점은 개점 55년 만인 2023년 초에 폐업했다. 도쿄 다카시마야백화점도, 홋카이도의 122년 된 후지마루백화점도 비슷한 시기 폐업했다. 한때 일본은 백화점 왕국이었다. 하지만 최근 20년간 백화점 수는 37% 정도 줄었고, 매출도 반토막 났다. 미국 럭셔리 백화점의 대명사인 니만마커스는 2020년 113년 만에 파산 신청을 했다. 미국 최초의 백화점 로드앤테일러도 194년 만에 파산 신청했다. 미국의 대표 백화점 시어스, JC페니도 같은 신세. 2020년에 벌어진 일이다. 팬데믹이 결정타가 되었지만 사실 온라인 쇼핑이 대세가 되며 미국 백화점 업계는 계속 사양세였다. 지금 시대 백화점은 전 세계적으로 사양세가 맞다.

그런데 놀랍게도 세계적 흐름과 다른 양상을 보이는 곳이 한국이다. 2022년 국내 백화점 전체의 판매액은 37조 7674억 원이다. 2015년에 29조 원이었으니 7년 새 18조 원 정도 늘어난 것이다.

특히 전체 백화점 매출 중 빅3가 34조 6474억 원으로 92% 정도 차지했다. 빅3(롯데, 신세계, 현대)는 역대 최고 매출이었으며, 매출 신장률이 두 자릿수(신세계는 전년 대비 20.1%, 롯데는 16.1%, 현대는 10.8%)였다. 단일 점포의 매출이 1조 원이 넘는 곳이 11곳이었는데, 2조 원이 넘는 매장도 2곳(신세계 강남점 2조 8398억 원, 롯데 잠실점 2조 5982억 원)이 되고, 2조 원 진입을 넘보는 곳도 2곳(롯데백화점 본점 1조 9343억 원, 신세계 센텀시티점 1조 8449억 원)이다. 2023년엔 매출 1조 원 이상 매장이 12개가 되고, 3조 원 매출 매장도 가시권에 왔다. 심지어 현대백화점 압구정 본점은 1조 원 클럽에 36년 만에 진입했는데, 일명 '에루샤(에르메스, 루이비통, 샤넬)' 매장이 없는 더현대서울(여의도)은 3년 만에 진입(2021년 6637억 원, 2022년 9509억 원, 2023년 1조 원 이상)했다. 에루샤를 비롯해 고가 명품 브랜드가 많이 입점하면 매출에 유리하지만, 2030대 소비자 비중이 높은 더현대서울은 F&B와 대형 실내 정원을 비롯한 공간 경쟁력 등으로 1조 원 클럽을 이뤘다.

전 세계적으로 백화점의 매출이 하락하고, 오래된 유명 백화점임에도 고전하며 문을 닫는데, 유독 한국 백화점만 매출이 계속 오르는 건 한국의 백화점이 소비자의 욕망에 잘 대응해서다. 가장 대표적인 것이 백화점의 F&B 전략의 성공이다. 전 세계 어느 유명한 백화점에 가보라. 한국의 백화점만큼 F&B를 잘해놓은 곳이 있는가?

물건만 파는 게 유통이 아니다. 오프라인 유통은 경험이 중요하다. 그중 F&B는 가장 기본이 되는 경험이다. 이건 유통뿐만 아니라 모든 오프라인 채널이 주목할 방향이다. 무엇을 팔든, 이제 물건 자체도 중요하지만 **어떤 '경험'을 주고, 어떤 '취향'을 만들어줄 것인지가 마케팅의 필수가 되었다.** 2030대뿐 아니라, 4050대도 맛집 오픈런, 카페에서 인스타그래머블한 사진을 찍는다. 스타일을 먹는 시대, 트렌디한 F&B 사업의 시도는 더 많아질 수밖에 없다.

Next 핫플레이스,
2024년 ○○○○이 뜬다

어떤 동네가 핫플레이스가 된다는 건 랜드마크가 되는 한두 곳만 가치가 급등하는 게 아니라, 그 동네 전반적으로 가치가 올라간다는 뜻이다. 유동 인구가 늘어나고, 그곳에 있는 매장의 매출 규모도 올라가고, 임대료도 오르고, 건물의 가격도 오른다. 뜨는 동네가 된다는 건 돈이 몰린다는 얘기다. 누군가는 부동산의 관점으로, 누군가는 상권이자 장사의 관점으로 이를 바라볼 것이다. 과연 당신이 살고 있는 동네, 혹은 출퇴근길에 지나가는 동네가 뜨는 동네가 될 수 있을까?

지금 핫플레이스들을 보면 Next 핫플레이스가 보인다. 서울 핫플

광화문 거점

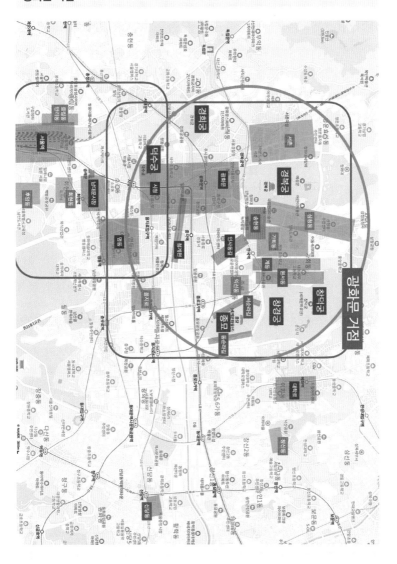

레이스는 크게 4개의 거점(권역)으로 볼 수 있다. **광화문, 홍대, 압구정/청담, 이태원이다.** 지도를 살펴보자. 긴 설명 없이 지도만 보면 바로 이해될 수도 있을 것이다. 남색으로 표시된 지역이 뜬 지 오래된 지역(아직 가치가 유효한 곳도 있고 쇠락한 곳도 있지만 주변에 영향을 주는 중요 지역), 분홍색으로 표시된 지역이 2000년대 초중반에서 2010년대 중반에 뜬 지역(뜬 지 10여 년 된 지역으로, 일부는 아직도 계속 확장 중), 빨간색으로 표시된 지역이 2010년대 후반에서 2020년대에 뜬 지역(뜨기 시작한 초기로 아직 확장, 성장할 기회가 많은)이다.

개별 동네가 아닌 4개의 거점으로 그룹핑한 이유는 **새로운 핫플레이스가 기존의 핫플레이스와 가까운 동네에서 만들어지기 때문이다.** 뜬금없는 동네가 등장하지 않는다. 핫플레이스는 일부러 시간 내서 찾아가는 곳이고 물리적 이동을 해야 하기에 기존 핫플레이스와 가까이 있는 게 찾아갈 때 유리하다. 가령, 삼청동에 간 김에 가회동도 갔다가, 계동, 원서동도 같이 둘러보는 이들이 많다.

먼저 광화문 거점부터 보자. 광화문은 조선 시대에도 핫플레이스였을 것이다. 경복궁을 중심으로 형성된 서촌, 북촌은 조선 시대 때도 유동 인구가 많았고, 상권이 발달했다. 핫플레이스에서 가장 중요한 건 유동 인구다. 궁궐이 행정, 경제의 중심이었으니 사람과 돈도 이쪽으로 몰렸을 수밖에 없다. 현대가 되어서도 궁궐은 중요하다. 도심의 가장 좋은 위치에 있으면서 궁궐로 인해 주변이 개발 제한되고, 낡은 구도심으로 보존될 수 있었다. 광화문 거점에서 인사동길은 가장 먼저 뜬 동네지만 지금은 쇠락했다. 삼청동은 2010년대 정점을 누리고 잠시 식는 듯하다가 최근에 다시 뜨겁다.

2020년대 들어 핫플레이스로 주목받는 원서동, 계동의 영향도 있고, 수십 년간 개발을 못 하고 숨겨진 땅이었던 송현동에 이건희 미술관이 들어서는 것도 삼청동에는 호재이고, 가회동도 뜨겁다. 경복궁과 창경궁 사이 지역은 다 뜨는 셈인데, 이곳과 바로 연결된 지역이 종묘를 둘러싼 서순라길, 동순라길, 2010년대부터 뜨기 시작해 여전히 가치 있는 익선동이다. 여기서 조금 더 가면 힙지로라 불리는 을지로가 나온다. 을지로는 전통적 상권이자 일제 강점기에도 핫플레이스였던 명동과도 연결된다. 명동은 남대문시장, 서울역으로 이어지는 전통 거점 라인과도 연결된다. 이곳에 2010년대 이후 뜬 동네가 회현동, 만리동, 중림동이고, 여기서 연결되는 곳이 후암동이다. 후암동은 자연스럽게 이태원 거점과 연결된다. 후암동은 남산, 용산공원과 연결되며 핫플레이스로 가치가 오래 유지될 가능성이 크다. 광화문 거점 바깥에 대학로가 있고, 그 옆에 창신동, 아래쪽으로 내려오면 요즘 힙당동으로 불리는 신당동이 있다. 창신동은 뷰 좋은 카페들이 낙산공원, 대학로와 연결되며 주목받고 있긴 하지만 확장성은 제한된다. 신당동도 황학동, 동묘 등과 연결되긴 하지만, 확장성에는 한계가 있다. 거점 라인 안쪽에 있는 것과 바깥에 고립된 것은 차이가 있다. 새로운 핫플레이스는 늘 기존 핫플레이스 가까이에 있을 때 오래 갔다.

압구정/청담 거점은 1990년대 가장 강력했던 상권이자 핫플레이스였고, 지금도 여전히 유효하다. 이곳은 확장성이 가장 좋다. 가로수길과 성수동은 엄밀히 압구정/청담동이 만든 산물이다. 핫플레이스로써 가로수길은 압구정 때문에 만들어졌다. 압구정, 청담으로 진입하고 싶지만 임대료가 너무 비싸서 진입이 힘들었던 디자이너, 아티스트, 새로운 콘텐츠로 창업할 도전자들이 2000년대 초중반 가로수길로 모였다. 가로수길은 압구정역에서 직선거리로 1km 거리다. 가로수길에서 새로운 상품과 콘텐츠가 쏟아지자 사람들이 몰려들었고, 압구정의 위상은 급격히 떨어졌다.

이태원, 압구정/청담 거점

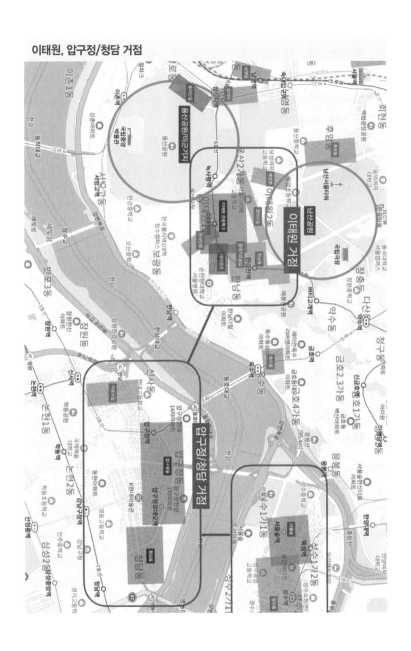

먹고 마시는 유흥가로썬 한계가 크다. 새로운 핫플레이스에 밀릴 수밖에 없다. 가로수길은 2010년대 전성기를 누리고, 지금은 살짝 열기가 식었지만 여전히 주목할 동네다.

가로수길이 정점을 찍으며 가장 비쌀 때, 성수동이 기회를 잡았다. 압구정이 비싸 가로수길이 기회를 잡은 것과 같다. 성수동은 2010년대 초중반 본격적으로 뜨기 시작해 2020년대 들어서 더 크게 성장하고 뚝섬역과 서울숲 쪽으로 확장하며 더욱 강력한 상권이 되고 있다. 압구정, 청담, 가로수길로 이어지는 강남의 주요 핫플레이스에서 연예기획사, 명품 브랜드, F&B 사업가, 예술가와 힙스터들이 성수동으로 많이 옮겼다. 성수동, 서울숲, 옥수동 등은 압구정/청담에서 다리 하나만 건너면 되는 지역이다. 구는 다르지만 지리적으로 보면 인접한다. 가로수길이 비싸지며 수혜를 본 것은 성수동만이 아니다. 한남동도 마찬가지다. 한남동은 가로수길에서 다리 하나만 건너면 되는 곳이다. 의류 브랜드 꼼데가르송 매장이 있는 '꼼데가르송길', 대사관로 등이 대표적인데, 이태원 거점 중에서도 상대적으로 비싼 상권이다. 한남동의 한남더힐, 나인원한남, 유엔빌리지 등 고급 주거단지가 영향을 주는 상권이면서, 고가 아파트 단지가 많은 압구정/청담 거점과도 연결된 상권이다.

　이태원은 2010년대 새로운 핫플레이스를 다수 만들어낸 지역이다. 외국인 유흥가의 이미지가 강했던 이 지역이 2000년대 들어 달라지기 시작했다. 용산 미군기지와 가까워 개발 제한 구역에 묶였던 이 지역이 미군기지의 평택 이전이 진행되면서 급속도로 카페, 식당 등 새로운 개발과 투자가 이어지며 경리단길이 핫플레이스로 부상했다. 연이어 해방촌, 우사단로가 핫플레이스로 떠올랐다. 이태원 거점은 남산공원과 용산공원 사이에서 점점 더 확장해간다. 용산 미군기지 이전으로 용리단길을 비롯 삼각지, 남영동, 후암동은 핫플레이스로 위상도, 확장성도 더 높아진다. 광화문 거점과 이태원 거점에서 새로운 핫플레이스가 되는 동네는 모두 개발 제한으로 묶여 개발이 덜 된 구도심이다. 낡은 주택가와 골목길이 많다. 압구정/청담 거점이 만들어낸 가로수길과 성수동도 오래된 주택가, 창고와 공장 부지 등이 있어 새로운 핫플레이스를 만들어낼 수 있었다. 이미 예전에 재개발을 마쳐 아파트 단지로 만들어놓은 동네였다면 새로운 핫플레이스가 생길 수 있었을까?

　홍대 거점도 2010년대 새로운 핫플레이스를 만들어냈다. 홍대의 임대료가 상승하고 젠트리피케이션이 발생하자 홍대를 중심으로 활동하고 장사하던 이들이 일부 합정동으로 옮겨가며 확장되었고, 2010년대 들어 망원동, 연남동, 상수동, 연희동으로 계속 커졌다. 이들을 모두 범홍대권으로 부를 수 있다. 홍대가 애초에 핫플레이스가 아니었다면 근처에 있는 이런 낡고, 주택가 중심이던 동네들이 핫플레이스가 되긴 어려웠을 것이다.

최근 10~20년 동안 뜬 서울 동네 대부분이 '거점'이 되는 동네 근처에 있다. 결국 다음에 뜰 Next 핫플레이스도 마찬가지일 가능성이 높다. 서울의 4개 거점에는 비어있는 곳이 많다. 새롭게 개발하고 띄울 잠재력 있는 후보도 여전히 있고, 최근 뜨기 시작한 동네는 성장성, 확장성도 충분히 있다. 전혀 뜬금없는 완전히 낯선 동네보다는 이들 거점 중심으로 탐색하는 게 유리할 수밖에 없다. 2024년, 최근에 뜨고 있는 동네를 중심으로 그 인접권의 확장성을 주목해서 살펴보라. 그리고 구경만 백 번 하는 사람보다 직접 실행하는 사람에게만 돈은 다가온다.

※ 지면 관계상 'Next 핫플레이스'는 본론이자 결론 부분만 싣고, 핫플레이스가 되는 조건이나 배경 등 부가 설명은 다 싣지 않았다. 추가 내용은 『라이프 트렌드 2024』에서 다루고 있다.

타임 퍼포먼스,
시간 효율성과 쇼츠

일본의 사전 출판사 산세이도Sanseido는 매년 올해의 신조어들을 뽑는데, 2022년 일본의 '올해의 신조어' 1위가 타이파タイパ, Taipa 다. 타임 퍼포먼스Time Performance를 일본식으로 줄여서 부른 말로, 가격(비용) 대비 성과(성능)를 뜻하는 코스트 퍼포먼스Cost Performance에서 따온 단어다. 한국에선 코스트 퍼포먼스를 가성비라고 번역하고 있는데, 이는 마케팅 용어에서 그치지 않고 소비트렌드에서 소비 심리, 소비 욕망을 대변하는 말로 쓰인다. 또한 가성비에 빗대 가심비라는 말로도 확장되었는데, 중요한 기준은 가격(비용)이다. 돈 쓴 만큼 성과와 실질적 만족을 주거나, 심리적

만족을 준다면 소비자는 돈을 기꺼이 지불한다는 의미로 써왔다. 소비자를 공략하기 위해 싸고 만족스럽게 해주든가, 적어도 심리적 만족이라도 확실히 충족시켜줘야 한다는 것이다. 여기에 반응하는 소비자가 2030대다. 우리식 표현으로 하면, 가성비가 아닌 시성비가 되는 셈이다. 돈 만큼 중요한 자원이 시간이다. 시간을 아낄 수 있다면 기꺼이 돈을 지불하겠다는 의미도 되고, 시간을 효율적으로 써서 더 많은 것을 접하겠다는 의미도 된다.

요약 콘텐츠 시장의 확산

타임 퍼포먼스의 대표적 예가 동영상 시청 방식이다. 넷플릭스나 유튜브에서 영상을 볼 때 속도를 2배속으로 본다거나, 2시간짜리 영화를 직접 보는 대신 그것을 10분으로 요약한 유튜브 영상을 보는 식이다. 특히 시즌제로 운영되는 드라마는 한번 보기 시작하면 꽤 많은 시간을 투자해야 한다. 일부 시청자는 이 시간을 아깝다고 여긴 것이다. 그렇다고 안 보겠다는 게 아니다. 보긴 보는데 시간을 줄여서 볼 방법을 찾는 것이다.

그렇게 영화나 드라마의 '요약 콘텐츠'가 전성기를 맞았고, 넷플릭스나 디즈니 등 오리지널 콘텐츠 회사에서도 유튜버들이 자사의 콘텐츠를 활용하는 것에 대해 저작권을 문제 삼지 않는다. 요약 콘텐츠를 본 사람들이 오리지널 콘텐츠를 볼 가능성도 있다고 여겨, 재가공을 암묵적으로 허용하는 것이다. 아예 직접 요약용 콘텐츠를 만들기도 한다. OTT나 방송사들이 유튜브 채널에서 직접 요약 영상을 업로드하여 수익 창출도 도모한다. 긴 콘텐츠를 아주 짧게 줄이다 보니 스토리 중심으로 요약할 수밖에 없고, 내용의 디테일이나 감정 표현은 생략된다. 원문을 찾아보지 않은 사람은 핵심 스토리만 보고 마는 것이다. 원문은 대사와 지문을 통해 스토리와 모든 상황을 보여주지만 요약본은 그러기 어려워 자막을 적극 활용하게 된다. 즉 학원에서 시험 대비로 나눠주는 핵심 요약 정리인 셈이다.

또한, 2시간가량의 영화를 2배속으로 본다는 건 시간은 줄이는 대신 연기자의 연기력은 제한적으로 접하게 되므로 모든 대사에 관한 자막을 넣는다. 오디오를 끄고 봐도 충분히 이해할 수 있다. 이건 영상을 소비하는 방식뿐만 아니라 영상 제작 방식에도 영향을 줄 수밖에 없다. 현재까진 2시간가량의 영화를 만드는 일이 관성이 되었지만 이젠 원문을 만들 이유가 상실되어 영화나 드라마의 상영시간 기준이 짧아지게 되고, 세밀한 표정 연기나 심리 묘사가 제작 단계에서부터 점점 배제될 가능성도 있다. 소비 방식의 변화가 영상 제작 방식의 변화를 주도할 수 있는 것이다. 일본에서 이를 다룬 책이 출간되어 한국에 번역되기도 했다(이나다 도요시, 『영화를 빨리 감기로 보는 사람들』). 요약 콘텐츠를 보는 건 일본만의 얘기가 아니라 한국도 마찬가지로, 1020대가 가장 많이 소비하지만 3040대로도 확장되고 있다.

교육적 측면도 영향을 줄 것이다. 수많은 책이 출간되고 긴 콘텐츠가 존재하지만, 사람들은 자발적으로 짧은 콘텐츠를 찾는다. 깊이 있는 지식보다 겉핥기식 정보를 수용하고 자극적인 가짜 뉴스 소비량은 더욱 늘어날 것이다.

유명 유튜버들의 광고 수입이 2021년 대비 2022년에 크게 줄었다. 틱톡TikTok이 1020대의 압도적 지지를 받자, 인스타그램은 릴스, 유튜브는 쇼츠를 서비스하며 짧은 영상 콘텐츠가 대세가 되는 상황을 만들었다. 동영상 광고 시장은 더 커질 수밖에 없다. 하지만 유튜버에겐 과도기가 발생했다. 유튜브에서 영상 시청의 중심축이 쇼츠로 단기간에 옮겨갔지만, 쇼츠는 광고 수익이 창출되지 않았기 때문이다. 이런 점을 해결하려고 2023년 2월부터 유튜브는 쇼츠에도 광고 수익 창출을 허용(90일간 쇼츠 조회수 1000만 회 이상. 2023년 6월, 300만 회로 하향 조정)했다. 결과적으로 유튜버들이 쇼츠에 더 집중하게 되었다. **이제 긴 영상은 비용과 시간의 투자 대비 효과가 떨어진다.** 완성도 높고 진지하게 길게 만들어 봤자, 짧고 재미있고 가볍게 만든 영상보다 투자 대비 성과가 떨어진다면 누가 계속 긴 영상을 만들까? 재테크, 예능 등 유튜브 분야에 따라 수익 창출은 제각기겠지만 이제까지의 포맷에서 다른 포맷으로의 고민이 필요한 시점이다.

미국의 MCN 콜랩COLLAB의 자회사인 콜랩아시아가 보유한 1500여 개의 유튜브 채널에 대한 시청자 데이터 분석이 담긴 '2023 쇼츠 콘텐츠 트렌드'에 따르면, 동영상 시청의 88.2%가 쇼츠에서 발생했다. 채널로 유입되는 10명 중 7명이 쇼츠를 통해서 들어왔다. 쇼츠 수익 창출 이전에도 이런 압도적 비중인데, 수익 창출 이후에는 더 높아질 것이다. 유튜브에서 쇼츠가 활성화되기 전에 비해 영상 하나를 시청하는 시간은 평균 2분에서 1분으로 절반 줄었는데, 전체 채널별 시청 시간은 오히려 2.3배 증가했다. 즉 짧은 영상을 잦은 빈도로 보니 전체 시청 시간이 늘어난 것이다. 이런 상황에서 쇼츠 수익 창출까지 가능해졌으니, 2024년에도 쇼츠는 대세일 것이며 플랫폼도 여전히 유튜브, 메타가 중심일 것이다. 그들은 구독과 광고 생태계를 지속해서 변화시키며 경쟁자를 허용하지 않기 때문이다.

숏 콘텐츠의 영향력

타임 퍼포먼스는 영상 콘텐츠를 볼 때만 요구되는 게 아니다. 짧고, 자극적이고, 재미 위주의 쇼츠가 양산되는 건 당연하고, 동영상으로 정보를 검색하고, 동영상으로 새로운 것을 배우고 접하는 경우가 많은 Z세대에겐 지식의 깊이나 논리, 사고방식에 영향을 줄 가능성도 크다. 온라인 수업에서도 비슷한 태도가 된다. 원격 교육은 점점 확대되는데, 과거의 교육 방식이자 수업 시간 개념은 1020대 학생들에겐 지루하고 시간 효율성이 떨어진다고 느껴질 수 있다. 더 압축적이고 요약 정리된 교육 콘텐츠에 대한 수요가 늘어난다. 지식도 빌드업하면서 점층적으로 답을 찾아가는 과정이 필요할 때가 있는데, 타임 퍼포먼스가 교육에서 중요해질수록 기승전결이 아니라 결론부터 얘기해야 한다. 암기, 족집게 과외 교육 방식이 더 많아질 수 있으며 이건 여러모로 문제를 발생시킨다. 커뮤니케이션 방식에서도 줄임말이 더 확산하고, 말로 주고받는 것보다 텍스트로 주고받는 것을 더 효율적으로 여기기도 한다.

아울러 인간관계에서도 상대를 파악하고, 상대와 갈등을 겪지 않기 위해 MBTI를 활용하는 것도 시간 효율성과 연관이 있다. 연애든 친구 관계든, 사회생활이든 쉽게 관계가 형성되었다가, 빨리 관계가 끝나기도 한다. 필요할 때 연결되고, 필요성이 사라지면 단절되는 것도 효율성 측면으로 보면 합리적이긴 하다. 물론 이로 인해 발생할 관계에서의 문제와 사회 이슈는 감수할 수밖에 없다.

시간, 운동,
모임 비즈니스

시간을 이용한 산업은 앞으로도 더욱 주목받을 것이다. 일례로 'F45'가 있다. 기능성 운동Functional Training을 45분간 한다는 의미의 프로그램이다. 수천 개 운동 동작을 매일 다르게 구성해 45분간 몰입도를 높여 운동하면서 평균 750칼로리를 소모한다. 아주 고강도의 운동이고 타임 퍼포먼스에선 좋은 답이다. 2013년 호주 시드니에서 시작되어, 2023년 4월 기준 74개 이상의 국가에서 3680여 개의 스튜디오가 글로벌 프랜차이즈 형태로 운영되고 있다. 국내에는 2019년 강남을 시작으로 수도권과 세종, 대구, 울산 등 32개 스튜디오가 있다. 미국, 캐나다, 영국, 호주에서만 개최되었던 F45 트랙 이벤트가 한국에서도 개최될 정도로 저변이 확대되고, 2030대 사이에서 소위 인싸들의 운동으로 바람이 불고 있다. 물론 F45도 비즈니스이기에 2023년 3월, F45 본사가 9,000만 달러의 신규 자금을 확보해 사업을 더 적극적으로 펼치며 마케팅에 힘을 기울이고 있다.

F45 홈페이지 접속 화면

출처 : https://f45training.kr

밀레니얼 세대가 20대가 되었을 때 역대 가장 운동을 열심히 하고 자기관리를 잘하는 20대가 등장했다고 분석됐다. Z세대가 20대가 되었을 때도 이 흐름은 이어졌다. 지금 2030대에게 운동은 필수고, 다이어트나 보디 프로필 촬영은 보편적 문화가 되었다. 누가 시켜서 하는 게 아니라, 스스로 멋진 스타일이 되기 위해 운동에 투자하는 것이다. 골프는 돈과 시간이 많이 드는 것에 비해 운동 효과가 별로 없어서 2030대에게 우선순위가 되지는 않았다. 그래서 밀레니얼 세대가 20대가 되었을 때부터 골프 산업에서는 이를 걱정했는데 아직 이렇다 할 해결을 못했다. 가성비든 타임 퍼포먼스든 골프는 2030대를 확실하게 사로잡지 못한다. 2030대가 골프에 관심을 잠시 둔 건 팬데믹 효과 때문이었는데, 요즘은 테니스로 관심이 대거 옮겨가는 추세다. 럭셔리 스포츠인 데다 패션을 뽐내기도 좋아서 인스타그래머블한 것도 장점이고, 쉼 없이 뛰다 보면 열량 소모도 크다. 그런 점에서 테니스에 대한 2030대의 관심은 오래갈 가능성이 크다.

2030대가 가장 많이 선택하는 운동은 피트니스다. 가장 효과적이고 다이어트와 몸매 관리라는 목적에 충실하다. 하지만 지속해서 하기 쉽지 않다. 돈을 더 투자해 PT를 받는 것도 혼자서 의지만으로 운동 효과를 보기 어려운 게 피트니스이기 때문이다. 그 점에서 고강도 피트니스인 F45는 이미 비싼 비용을 들여 PT를 받던 이용자에게도 가성비가 좋다. 시간 효율성마저 있는 데다, 뜨는 운동으로 바이럴되는 중이라 '난 F45를 하고 있어'라는 SNS 자랑 효과도 누릴 수 있다.

또한 운동과 사교도 계속 결합하고 있다. 우린 어디서든 사람과 어울린다. 이젠 온라인, 오프라인 친구의 구분과 경계도 사라지고 있다. 자기관리하고 운동을 열심히 하는 사람들과의 교류도 운동 효과만큼이나 유인 효과가 있다. F45는 극단적 효율성이 되는 운동인 셈인데, F45 말고도 짧은 시간 내 고강도 운동을 지속해서 하는 프로그램의 수요는 증가할 가능성이 크다. 누군가는 새롭게 만들어낼 것이다. 기능과 스타일, 재미를 담고, 공간마저 멋지다면 유리하다.

중고 프리미엄과
그 미래

미국 최대의 중고 의류 리세일 온라인 플랫폼 ThredUp이 발표한 'Resale Report 2023'에 따르면, 전 세계 중고 의류 판매 시장은 2022년 1770억 달러였는데, 2027년 3500억 달러(약 460조 원)가 될 것으로 전망했다. 5년간 2배 성장하는 것이다. 이중 미국 시장은 2022년 390억 달러에서 2023년 440억 달러(전년 대비 26% 증가), 2024년 520억 달러(전년 대비 33% 증가)로 가파른 상승세를 이어가며 2027년 700억 달러가 될 것으로 봤다. 중고 의류 쇼핑 경험은 미국에서 평균적으로 75%가 있는데, Z세대는 83%가 있다고 답했다. 확실히 요즘 중고 의류 시장은 Z세대가 주도하고 있고, 밀레니얼 세대도 중요한 조력자다. 10~30대가 패션 시장의 중심을 중고 의류로 옮겨놓는 데 일등공신인 것이다. 2024년 전 세계 의류 시장의 10%가 중고 의류 시장이 차지할 정도이며 북미, 유럽의 성장세만큼 아시아 시장의 성장세도 크다. 중고 의류 시장이 커지는 것과 달리, 중저가 의류나 패스트패션 시장은 반대로 감소세다. 둘의 차이에 가치 소비, 지속 가능성, 자원 순환, 환경 등이 작용하는 것이다.

세계적 백화점들이 중고 매장 운영에 뛰어들었다. 프랑스의 유명 백화점 쁘렝땅은 2021년부터 중고 명품을 판매하는 공간인 세컨 쁘렝땅을 운영하고, 파리 백화점의 대명사인 갤러리 라파예트도 2021년부터 중고 패션 매장을 운영한다. 미국의 삭스피프스 애비뉴도 명품 시계와 주얼리 판매 매장을 운영한다. 영국 런던의 셀프리지백화점은 2019년부터 명품 중고 매장을 운영하는데, 중고 제품뿐 아니라 수선과 대여, 되팔기 등 다양한 시도를 하고 있다. 신상품 판매가 중점이던 백화점이 바뀌고 있다. 심지어 셀프리지는 향후 10년간 전체 거래의 45%를 중고 거래로 하겠다는 계획도 있다. 독일 카르슈타트백화점도 2020년부터 패션을 비롯, 가구, 주방용품까지 중고로 파는 전문관을 운영하고 있다. 이들 모두 중고 매장이 정식 매장이다.

프리미엄 자동차 브랜드들이 인증 중고차 시장으로 큰돈을 벌 듯 럭셔리 패션 브랜드, 유명 패션 브랜드들도 중고 시장에 진출하고 있다. **고급 백화점이 중고를 팔고, 명품 패션 브랜드가 중고를 파는 건 이벤트가 아니라 비즈니스다.** 명분이나 지속 가능성 때문이 아니라, 진짜 돈이 되기 때문에 나서는 것이다. 새것도, 중고도 모두 판다. 중고를 산 소비자가 새것을 살 때 다시 연결될 수 있고 새것을 산 소비자의 물건은 나중에 되사서 중고로 판다. 이런 순환 과정에서 돈을 버는 것이다. 소비자의 소비 방향이 바뀌니, 기업도 파는 방향을 바꾼다. 미국과 유럽에선 오래전부터 중고 패션 시장이 주목받았고, 전체 패션 산업에서도 가장 성장세 높은 미래 시장으로 중고 패션이 꼽히고 있다.

신세계백화점 본점은 2022년 6월, 1층에 해외 명품 브랜드의 중고 제품을 파는 편집숍을 한시적으로 운영했다. 백화점에서 가장 중요하고 첫인상을 결정하는 1층에서 중고를 판 것이다. 기간제인 팝업 매장이었지만, 향후 정식 매장이 들어설 가능성이 크다. 현대백화점 신촌점은 2022년 9월, 2030대를 타깃으로 하는 유플렉스의 4층 전체를 중고 제품을 파는 매장 세컨드 부티크로

재단장했다. 미국, 유럽, 일본의 중고 패션, 중고 명품, 빈티지 럭셔리 시계, 주얼리, 향수 등의 중고 제품을 판다. 의류는 세탁과 살균을 거치고, 명품은 전문가 감정을 통과한 것만 판매한다. 현대백화점은 미아점 1층에도 중고 명품 매장을 운영한다. 국내 백화점들이 2022, 2023년 팝업 형태로 중고 매장을 운영하는 시도를 꽤 했다. 2024년엔 정식 매장이 만들어질 것이고, 본격적으로 중고 시장에 진입할 수 있다. 국내에서도 돈이 되는 시장이 되고 있기 때문이다.

중고 거래 플랫폼 번개장터의 중고 패션 거래액이 2023년 1조 원대에 진입했다. 2021년 7660억 원, 2022년 9770억 원이고, 2023년 1조 2500억 원으로 추정한다. 2023년 1~5월까지 4500억 원으로 전년 대비 11% 증가했는데, 이 추세를 반영하면 1조 원대를 가뿐하게 넘고, 2025년이면 2조 원대에 진입할 것으로 전망한다. 다른 중고 거래 플랫폼 중고나라에서 거래 수 기준 1위는 가전제품이고, 2위는 패션이다. 옷, 가방 등 중고 패션 시장은 2030대를 중심으로 가파른 성장세를 보인다. 미국과 유럽에서 일어난 트렌드가 한국에서도 유효해졌다.

싼 것, 절약의 이미지가 아니라 지속 가능성, 자원 순환, 빈티지, 수

집 등의 이미지가 커지고 있기 때문에 중고는 돈 되는 시장이 되었다. 새것보다 더 비싼 중고가 바로 빈티지 시장이기도 하다. 빈티지 명품 시계, 빈티지 자동차 등은 희소성까지 더해지며 부자들도 욕망하는 시장이 되고 있다.

꺼지지 않는
중고차 시장

2024년은 30조 원 중고차 시장의 새로운 문이 열린다. 국내에서 신차는 연간 170만 대 정도 팔리지만 중고차는 250만 대가 팔린다. 연간 거래 규모도 30조 원 정도다. 현대자동차그룹은 2023년 3월 주주총회에서 중고차 사업 진출을 공식화했다. 제네시스를 포함한 현대자동차, 기아자동차의 국내 신차 시장 점유율은 88.59%다. 당연히 중고차도 절대적 점유율을 가질 수밖에 없다. KG모빌리티도 주주총회에서 인증 중고차 시장 진출을 선언했다. 그동안 대기업이 중고차 시장에 진입하지 못하게 막았지만 2022년 중고차 매매업을 생계형 적합 업종에서 제외하면서 상황이 달라졌다.

2023년에 출사표를 던졌지만, 본격적 시작은 2024년이 될 것이다. 한국에서 국내 자동차 제조사가 인증 중고차 사업을 벌이며 중고차 시장의 지각 변동을 가져올 원년이 되는 것이다. 렌터카 업계 1위인 롯데렌탈도 중고차 판매, 중고차 렌탈 사업에 나선다. 2위인 SK렌터카도 마찬가지다. 제조사뿐 아니라, 여러 대기업이 시장에 들어온다. 대기업이 진출한, 30조 원 시장의 첫해에 과연 어떤 일들이 벌어질까? 영세한 중고차 회사들은 위기에 빠질 수밖에 없지만 중고차 시장에서 만연하던 문제들이 해소되면 소비자로선 긍정적이다. 기존 중고차 매매업계의 반발 때문에 현대차, 기아차는 중고차 판매 대수에 따른 시장 점유율을 2년간 제한을 두기도 했다. 2024년 4월까지 현대차 2.9%, 기아 2.1%, 2025년 4월까지 현대차 4.1%, 기아 2.9%로 제한하는 것이다. 두 회사 합치면 첫해 5%, 이듬해 7%인데, 제한을 둔 2년간 30조 원 시장에서 연간 1조 5천억 원~2조 원인 셈이다. 중고차 시장이 역대급으로 활발해질 해가 2024년인 건 분명하다. 그동안 벤츠, BMW, 포르쉐 등은 인증 중고차 사업을 해왔다. 2011년부터 국내에서 인증 중고차 사업을 한 벤츠는 연간 1만 대 이상을 팔고 있는 것으로 알려졌다. 그중 15~20%가 고가의 고성능 라인인 AMG 모델이라고 한다. 싼 것을 사는 게 중고가 아니다. 벤츠 인증 중고차 판매가 몇 년 사이 3배 정도 증가했는데, 다른 수입차 브랜드도 마찬가지다. 토요타도 인증 중고차 사업에 나서기로 했으니, 2024년 수입차의 인증 중고차 시장은 더 성장세가 커질 것이다. 중고차 시장만 성장하는 게 아니다. 빈티지 자동차나 자동차 애프터 마켓도 성장의 계기가 될 수 있다.

학생은 줄었는데
더 커지는 사교육 시장

저출산에 대한 경고, 위기감은 크다. 하지만 여태까지 수많은 돈을 쏟아부어도 출생률이 세계 최저 수준까지 떨어지는 것을 막지 못했다. 이는 그간 사회보단 개인의 문제로 취급받았다. 그러나 저출산인데 노키즈존이 존재하고, 출산 휴가를 냈다가 돌아오면 자리가 없어지거나 알게 모르게 불이익을 당하는 것도 여전한 사회가 한국이다. 위장 이혼은 있어도 위장 결혼은 없다. 즉 부동산 투자를 위해 위장 이혼으로 이득을 보려는 사람은 있어도 위장 결혼은 불법 이민자가 아니고서야 이득이 없다. 우리 사회가 이렇다. 결혼도 출산도 이득보단 감수해야 할 부담이 되었다. 선진국

중 출생률이 높은 곳은 이 문제를 해결한 곳이다. 개인에게 부담을 더 지우게 되면 결국 한국은 저출산을 해결하지 못한다.

저출산 문제를 볼 때 입장을 명확히 해야 한다. 비즈니스 관점으로 볼지, 정치적 관점으로 볼지 말이다. 가령, 노령화도 그렇다. 한국은 노인 중 빈곤층 비율이 OECD에서 가장 높다. 이는 사회적 문제다. 하지만 이 문제를 푸는 건 정부나 지자체의 역할이다. 비즈니스 관점으로는 모든 노인이 아니라, 상위 10% 노인에게 주목하는 것이다. 재산이 많은 노년층은 과거와 달리 자식에게 모두 물려주겠다는 태도에서 본인이 충분히 쓰고 가겠다는 태도로 넘어가고 있다. 강력한 소비층이 등장하는 셈이다. 정치인이나 공무원이라면 노인 빈곤율에 초점을 맞춰야겠지만, 비즈니스를 하고 돈 버는 데 관심이 있다면 이들의 비즈니스 기회를 잡아야 한다.

마찬가지로 **저출산 국가이지만 유아용품 시장은 커졌다. 저출산으로 학령인구는 줄었지만 사교육 시장은 더욱 커졌다.** 저출산의 부정적 측면을 보며 혀를 찰 때, 누군가는 이 상황에서 돈을 벌고 있다. 관점을 바꾸지 않으면, 돈이 되는 영역에 접근할 기회 자체가 사라진다.

학생은 줄었는데 사교육 시장이 커진 이유

교육부와 통계청 자료에 따르면, 2007년 초중고생 숫자는 776만 명이었고, 총 사교육비는 20조 원이었다. 2022년에 초중고생은 528만 명이고, 총 사교육비는 26조 원이다. 15년 전에 비해 학생은 248만 명이나 줄었지만 사교육비는 6조 원을 더 썼다. 사교육에 참여한 학생의 1인당 월평균 사교육비가 2007년 28만 8천 원인데, 2022년 52만 4천 원으로 두 배 정도 늘어났기 때문이다. 학생 수는 계속 줄어든다. 2024년 514만, 2026년이면 487만 5천 명으로 500만 선도 무너진다. 하지만 사교육 시장은 한동안 건재할 것이다. 2023년 킬러 문항 이슈로 사교육 시장은 최고로 뜨겁다. 불안해진 수험생과 학부모를 노리고 사교육 시장이 적극적으로 대응 중이기 때문이다.

2023년 수능 지원자는 50만 8천 명으로 2017년 60만 6천 명에 비해 10만 명가량 줄었는데, 그중 재수생 비율은 22.3%에서 28%로 늘었다. 심지어 SKY 자퇴생 숫자가 10년 전에 비해 2배 정도 늘었다. 이미 좋은 학교에 다니면서 왜 자퇴할까? 의대 진학을 위해서, 더 좋은 대학이나 취업에 유리한 전공으로 가기 위해서 자퇴했다. 대학가 편입 시즌은 아주 치열하다. 상위권 대학으로 이동 도미노가 벌어진다. 이러는 이유는 학령인구가 줄어서가 아니라, **심화된 승자 독식 사회이자 더 좁아진 취업 문턱 때문이다.** 상위 명문대로 갈수록 학생의 부모가 가진 소득과 재산이 많다. 소득 1~10분위(숫자가 높을수록 고소득) 중 9~10분위 비율이 SKY가 가장 높고, 의대의 경우엔 절반 정도다. 사교육에 더 투자할 여력이 있는 학생이 좋은 점수를 받는 건 어쩌면 당연한 수순이다.

　학령인구의 감소는 모두의 위기가 아니라 엄밀히 옥석 가리기다. 꽤 많은 학교가 문을 닫고 있다. 명문대 졸업장도 취업에서 압도적인 힘을 발휘하지 못하는 시대다. 대학에 가기만 하면 되는 생각은 구시대적이다. 상위권 학생은 국내를 넘어 해외 대학으로 관심이 쏠린 것도 오래고, 국내에선 의대처럼 일자리가 보장된 자격증이 있는 전공에만 몰린다. 4년간 비싼 등록금을 내고 졸업 학위를 따봤자 종잇조각에 불과한 경우도 많다.

　학생이 오지 않아 망할 듯하자 지방의 수많은 학교가 외국인 유학생을 적극적으로 유치한다. 2022년 교육 기본통계(교육부/한국교육개발원)에 따르면, 2022년 고등교육기관의 외국인 유학생 수가 16만 6900명이다. 한국 대학에 적을 두고 한국에서 머물며 공부하는 외국인 유학생 중 88.3%인 14만 7338명이 아시아 국가 출신이다. 아시아 중에서도 중국 6만 7439명(40.4%), 베트남 3만 7940명(22.7%)이 압도적 비율이다. 한국에 취업하기 위해 학교에 적을 두는 경우가 많은데, 대학이 이걸 알면서도 받아들인다. 수업도 학사관리도 잘 안 되지만 돈이 되니까 받아들이고 있다. 이를 교육적이라 할 수 있을까? 전국의 수많은 대학가는 그 지역의 중요 상권이었다. 하지만 무너지는 상권이 속출한다. 누군가는 이런 상권의 재개발, 혹은 망한 대학 부지의 재활용에도 주목하고 있을 것이다.

달의 뒷면이 있듯, 트렌드에도 뒷면이 있다. 복합적이고, 다각도로 봐야 한다. 이미 알고 있던 트렌드여도 새롭게 봐야 돈이 보인다. 가령, 주 4일제가 직장인을 위한 복지라고 생각한다면 오산이다. 주 4일제에 대한 시뮬레이션이 선진국을 중심으로 활발한데, 공통점은 5일치의 업무를 4일 동안 끝내는 것이다. 4일치의 업무만 했다면 월급 20%를 깎는 것이 주 4일제다. 즉 주 4일제는 노동생산성을 높이는 게 목적이다. 4일 일해서 5일 일하는 것만큼 성과를 낸다면 4일제를 하지 않으려는 경영자가 있겠는가. 국내에서도 여러 대기업이 월 1~2회씩 4일제를 시범 적용하고 있는데, 하루 더 쉰다는 개념이 아니라 그 주에 해야 할 업무량이자 정해진 근무시간을 채웠을 때 가능한 개념이다.

주 4일제는 향후 AI를 비롯한 기술 혁신과 맞물리면서 생산성과 효율성 극대화, 그리고 능력주의 강화로 이어질 것이다. 정부와 상관없이 민간 기업들이 주 4일제를 계속 시도하는 이유가 이것이다. 이런 변화는 다양한 비즈니스 기회를 만든다. 대개 트렌드 이슈가 가진 실체이자 핵심을 잘 모른 채, 피상적인 얘기나 과거의 관점으로 이해하는 경우가 많다. 돈의 흐름을 파악하기 위해서는 이것이 왜 트렌드인지 핵심 목적을 잘 살펴봐야 할 것이다.

올해도 더웠지만 내년도 더울 것이다. 아니 계속 더울 것이다. **그럼 더위는 어떻게 돈이 될까? 폭염과 이상기후, 기후 위기, 탄소 감축 등은 모두 연결된 이슈다. 가장 비즈니스 기회가 많기도 하다.** 폭염이 전 세계적으로 확대되면 에어컨 수요가 급증하고, 에너지 효율이 극대화된 에어컨을 만드는 회사가 돈을 더 많이 버는 건 당연하다. 빌 게이츠가 이끄는 벤처 투자사 브레이크스루 에너지 Breakthrough Energy가 온실가스 배출량과 전기 사용량을 크게 줄인 에어컨을 개발하는 스타트업에 괜히 투자해놓은 건 아니지 않겠나? 돈은 멀리 있지 않고, 우리의 일상 가까이에 있다. 다만 그 단서를 보고 돈으로 연결하는 사람과 그렇지 못한 사람으로 나눠질 뿐이다.

필진: 김용섭

5장

테크의 파도에서
기회를 잡아라

SURVIVING IN THE DIGITAL AGE

반도체, 전기차, 인공지능 3대장

2023년 가장 많이 주목받은 테크의 세 가지 분야는 반도체, 전기차, 인공지능이었다. 한국 경제는 이 '반전인' 덕에 울고 웃으며 한 해를 보냈을 것이다. 2023년 테크 기업들의 성장 기대치가 주가에 많이 반영되었다면, 2024년은 성장의 시작점이라고 볼 수 있다. 반도체, 전기차, 인공지능이 메타버스 생태계와 융합되어 생겨날 많은 산업의 혁신에 주목할 만하다.

2023년 가장 화제였던 주제는 챗GPT로 촉발된 생성형 AI다. 챗GPT는 불과 2개월 만에 사용자 1억 명을 넘기며 센세이션을 일으켰고, 거의 모든 산업과 사회의 변화를 예고했다. 마이크로소

프트의 CEO 사티아 나델라는 챗GPT를 만든 오픈에이아이OpenAI
에 투자하고 지분을 확보하면서 AI 돌풍에 올라탈 수 있었다.
2023년에 마이크로소프트는 모든 솔루션에 챗GPT를 탑재하여
혁신을 선도한다는 내용만을 발표했는데, 이 한 방으로 마이크로
소프트의 시가총액은 3000조 원을 훌쩍 넘겼다.

챗GPT의 놀라운 영향력에 놀란 구글도 급하게 대항마 격인
AI 서비스 바드Bard를 출시했는데, 발표 초기 바드의 성능이 미
흡하다는 지적으로 인해 한때 주가가 30% 가까이 폭락하기도 했
다. 사실상 AI 기술력에서는 가장 앞서 있는 기업으로서 체면을
구긴 셈이다. 그러나 워낙 기술력이 뛰어난 구글이라, UI/UX에

출처: https://openai.com/blog/chatgpt

대한 빠른 개선과 다양한 신규 서비스의 발표가 이어지면서 시장의 반전을 끌어낼 수 있었고 시가총액도 2000조 원의 고지를 넘길 수 있었다.

AI가 발전하려면 가장 필요한 기술이 반도체인데, 특히 AI 학습에 놀라운 속도를 만들어내는 GPUGraphic Processing Unit가 크게 주목받았다. GPU의 대표 기업인 엔비디아는 엄청난 이익을 기록하며 시가총액 1200조 원을 넘겼고 이를 제조하는 파운드리 기업의 대명사인 TSMC도 시총 600조 원을 넘어 약진할 수 있었다. **디지털 대전환에 필요한 가장 핵심 기술이 AI라는 게 분명해지면서, 이를 뒷받침할 3나노급 이하 고성능 반도체의 미래 제조 생태계 확보에 수천조 원의 자본이 투자되고 있다.** 특히 미국은 중국을 고립시키고 이미 제조 실력을 갖춘 대만과 한국에 일본을 추가해 새로운 반도체 공급망 동맹을 만들고자 노력하고 있다. 이에 따라 세계는 반도체 설비 투자에 불이 붙었다.

고성능 반도체의 설계 또한 2023년에 크게 주목받은 기술이다. 어마어마한 데이터 학습을 해야 하는 초거대 AI 서비스를 개발하기 위해서는 3나노 이하의 제조 기술 개발도 중요하지만, 지금의 GPU 성능을 능가하는 새로운 고성능 반도체의 설계도 매우 중요하다. 엔비디아는 GPU를 기반으로 그 역량을 지속적으로 확대하면서 미래 기대치를 더욱 높였고 영국 반도체 설계 전문 기업인 암ARM도 새로운 고성능 칩을 발표하면서 크게 주목받았다. 이외에도 GPU 다음 세대 반도체라는 NPUNeural Process Unit를 만들어내는 스타트업들이 대거 등장했다.

특히 한국은 대만과 함께 파운드리 서비스가 가능한 반도체 제조 생태계가 형성되어 반도체 설계 스타트업들이 성장하기에 좋은 조건을 갖고 있다는 강점이 있다. 2023년 6월 오픈에이아이의 설립자 샘 알트만도 한국에 방문하면서 한국의 AI 생태계와 반도체 파운드리 생태계가 세계에서 찾아보기 어려운 미래 AI 산업 육성을 위한 매우 좋은 환경이라고 언급한 바 있다. **2024년에는 반도체 산업 전반이 반등이 기대되는 만큼 고성능 반도체 개발은 제조업에서는 가장 주목해야 할 분야라고 할 수 있다.**

전기차 기술의 힘

AI와 반도체에 이어 주목받은 분야는 전기차 관련 기술이다. 들쭉날쭉하지만 테슬라 주가도 1000조 원을 넘겼고 자율주행 관련 기업, 이차전지 관련 기업들도 국내외를 막론하고 주가가 폭등했다. 테슬라에 이어 전기차 전환에 성공했다고 평가받는 현대, 기아차의 2024년 실적도 주목할 만하다. 일론 머스크의 뒤를 잇는 테크 기업 리더 20대 CEO 오스틴 러셀이 이끄는 루미나는 자율주행차에 필수 부품인 고성능 라이다 개발에 성공하면서 3조 원이 훌쩍 넘는 기업으로 성장했고, 포브스까지 인수하면서 주목받고 있다.

한국에서는 이차전지 관련 기업들이 급성장 중이다. 전기차 배터리의 핵심 소재인 양극재를 생산하는 에코프로는 주가가 100만 원을 넘어가며 한국 기업 중 황제주로 등극했다. LG에너지솔루션, SK이노베이션, 포스코퓨처엠, 삼성SDI도 이차전지 관련 기술 기업으로 주목받고 있다.

이차전지는 한국이 반도체에 이어 세계적인 기술력을 확보한 것으로 평가받고 있어 앞으로 꾸준한 성장세가 예상된다. 특히 세계 최고라고 평가받는 중국 배터리 산업의 미국 시장 진출이 막히면서 성장할 기회를 맞고 있다. **전기차는 세계 시장에서 이제 막 성장하는 산업인 만큼 많은 기업이 우후죽순 나타나 급성장을 보일 영역이다. 반면, 조심해야 할 것은 그만큼 경쟁도 치열하기 때문에 급**

성장한 기업도 지속적인 실력을 입증하지 못하면 바로 시장에서 사멸될 수 있다. 2024년은 많은 기업들이 실력을 보여줘야 하는 시기고 옥석이 가려지는 때가 될 것이다.

2023년에는 대부분의 테크 기업 주가에 실적보다 성장 기대치가 많이 반영된 것이 사실이다. AI, 고성능 반도체, 전기차 등은 지금의 시작보다 앞으로의 시장 확대가 더욱 기대되는 영역인 만큼 당연한 결과다. 2024년은 이 새로운 기술들이 산업으로 본격적인 성장을 만들어내는 시작점이 될 것으로 보이고, 따라서 관련 기업들이 실제 얼마나 훌륭한 실적을 만들어내는지 주목할 필요가 있다.

또 하나는 이들 세 분야가 기존 산업들과 융합하며 새로운 산업의 성장을 촉발시키는 해가 될 것이라는 점이다. AI, 반도체, 전기차 기술은 산업별로도 거대한 생태계를 갖고 있을 뿐 아니라 융합을 통해 디지털 대전환과 관련된 신산업을 만드는 데도 파급 효과가 매우 크다. 플랫폼 비즈니스는 물론이고 헬스케어, 금융, 게임 등 다양한 산업 분야에서 많은 스타트업이 등장할 것으로 기대된다. 2024년은 테크의 융합에 의한 신산업의 출몰이 마치 캄브리아기처럼 대폭발하는 원년이 될 것이다.

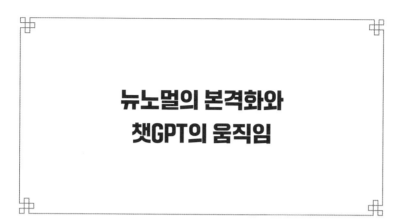

뉴노멀의 본격화와
챗GPT의 움직임

2020년 1월, 코로나19로 전 세계가 봉쇄된 이후 인류는 생존을 위해 강제로 디지털 문명으로 이동하는 변화를 맞이했다. 식당에 가서 밥을 먹기 위해 QR코드 사용법을 익혀야 했고, 은행에 가지 않고 금융 업무를 처리하기 위해 모바일 뱅킹을 배웠다. 학생들은 공부하기 위해 줌Zoom이라는 디지털 도구를 배워야 했고 직장인 역시 디지털을 활용한 원격 회의와 재택근무에 익숙해져야 했다. 처음에는 다들 이 변화를 불편해했다. 언제 코로나19가 끝날까 하는 마음으로 시작했는데, 어느새 적응하여 3년이라는 시간이 훌쩍 지났다.

뉴노멀에 적응하다

팬데믹을 3년간 경험한 인류는 과거로 돌아가기보다 새로운 표준, 즉 뉴노멀을 선택하기 시작했다. 직장인들은 재택근무의 확대를 요구하고, 힘들여 출장을 다니기보다 온라인 회의로 해결하는 걸 더 선호한다. 학교에서도 온라인 교육 콘텐츠에 대한 수요가 폭발하고 있다. 실제로 미네르바 스쿨과 같이 전면 온라인 수업을 하는 대학도 성공적으로 안착했고 이미 2001년부터 수업을 온라인으로 공개했던 MIT, 스탠퍼드 같은 대학들도 온라인 수업을 확대하고 있다. 그야말로 디지털이 더욱 많이 활용되는 새로운 인류 문명의 표준, 뉴노멀이 본격화되었다.

이 변화에 기름을 부은 것이 바로 챗GPT다. 지금까지의 AI와는 차원이 다른 전문적인 서비스가 등장하면서 인류는 경악했다. 특히 학생들은 이 기술을 거의 100%에 가깝게 활용하고 있다. 과제를 대신 해주는 것은 물론이고, 프로젝트를 진행할 때 참고 문헌 조사나 관련 기술 요약에 챗GPT가 기가 막힌 역할을 하기 때문이다. 디지털에 익숙한 세대에게 그야말로 최적의 솔루션이 나타난 것이다.

성균관대학교 학생들의 챗GPT 활용 여부

1. 챗GPT에 대해 듣거나 써본 적이 있습니까?

2. 이번 학기 학습을 위해 챗GPT를 쓴 적이 있거나 쓰고 있습니까?

3. 챗GPT가 대학생에게 유용한 학습 도구가 될 만하다고 봅니까?

아니오, 29명(4%)

예, 771명(96%)

아니오, 371명 (47%)

예, 424명 (53%)

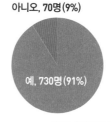

아니오, 70명(9%)

예, 730명(91%)

출처: 성균관대학교

성균관대학교에서 800여 명을 대상으로 챗GPT 활용 여부를 설문한 결과, 무려 96%가 듣거나 사용한 경험이 있다고 답했다. 얼마나 현장에서의 챗GPT 활용도가 높은지 알 수 있다. Z세대라고 불리는 25세 이하 사피엔스의 대부분은 (특히 학생이라면) AI 활용에 익숙해지고 있다고 볼 수 있다.

한편, 챗GPT의 활용 범위가 전문 영역으로 확대되면서 그에 따른 사회 문제도 본격화되고 있다. 이미 할리우드 작가 협회는 챗GPT 사용 금지를 요구하며 파업을 시작했다. 챗GPT에 대한 활용도가 높아질수록 사회에서는 큰 파열음이 발생할 것이 자명하다. 심지어 챗GPT를 만든 오픈에이아이의 창업자 샘 알트만조차 미 의회에 출석해 AI 창궐에 따른 부작용을 미리 점검해야 한다고 실토했을 정도다. 물론 그렇다고 해서 인류가 AI의 개발이나 활용을 멈출 리는 없다. 아니, 오히려 챗GPT가 미래 산업의 게임체인저라는 게 분명해지면서 많은 투자가 쏟아지고, 인재도 몰려들고 있다. 인류 문명의 디지털 전환에 가속이 붙었다.

디지털이 익숙하지 않은 기성세대에게 전환의 급가속은 위기다. 특히 AI 활용 능력이 뛰어난 젊은 세대가 증가한다면 업무 방식의 변화, 업무 효율의 변화가 빠르게 업계를 바꿀 가능성이 높다. 이미 창작을 주업으로 하는 직군에서 AI 활용을 반대하는 운동을 주도하는 것만 봐도, 그 파급력은 다양한 산업 전반에 파괴적일 것이라 예상할 수 있다.

그러나 지나온 역사가 증명하듯 위기는 어떻게 대응하느냐에 따라 기회로 활용할 수 있다. 우리가 **대전환의 시기를 기회로 맞이하려면, 생각의 중심을 디지털 문명으로 전환할 필요가 있다.** 투자는 망해도 학습은 계속해야 한다. 공부가 곧 투자이기 때문이다.

지난 3년간 급성장한 기업들을 열거해보자. 세계 10대 기업으로는 애플, 마이크로소프트, 구글, 아마존, 테슬라, 엔비디아, TSMC 등이 큰 수혜를 입었다. 이외에도 많은 디지털 플랫폼 관

세계 10대 기업 2020년 시가총액

순위	기업	국가	시가총액(원)
1	애플	미국	1501조
2	마이크로소프트	미국	1386조
3	구글	미국	1065조
4	아마존	미국	1058조
5	페이스북	미국	676조
6	알리바바	중국	657조
7	버크셔 해서웨이	미국	637조
8	텐센트	중국	537조
9	JP 모건	미국	505조
10	존슨앤존슨	미국	443조

세계 10대 기업 2023년 시가총액

순위	기업	국가	시가총액(원)
1	애플	미국	3680조
2	마이크로소프트	미국	3136조
3	아람코	사우디아라비아	2713조
4	구글	미국	2008조
5	아마존	미국	1646조
6	엔비디아	미국	1233조
7	버크셔 해서웨이	미국	954조
8	테슬라	미국	954조
9	메타	미국	879조
10	TSMC	대만	613조

출처: 구글

련 기업들이 성장한 건 명확하다. 한국 또한 반도체 관련 기업이 선전했고 배달의민족, 무신사, 에듀테크 기업 등 디지털 서비스 관련 기업이 크게 성장했다. 이 기업들은 창업 초기부터 디지털 신인류를 타깃으로 비즈니스 모델을 개발하고 집중해왔는데, 코로나19 이후 매출이 급성장하며 몸집을 키울 수 있었다. 실제로 데이터를 보면 인류의 문명 이동을 더 명료하게 확인할 수 있다.

디지털 문명 시대가 포착한 부의 기회

디지털 문명 시대에 부자가 되고 싶다면 테크 지식을 꾸준하고 깊게 습득하고 그 역량을 기반으로 사회에 선한 영향력을 만들어가는 데 집중할 필요가 있다. 오픈에이아이 창업자 샘 알트만은 2023년 미 의회 청문회에서 챗GPT 같은 생성형 AI에 규제와 견제가 필요하다고 역설했지만, 메타의 창업자 마크 저커버그는 광고의 알고리즘을 지나치게 기업 이익에 맞춰 변경시키면서 미 의회에서 크게 질타받았다.

소비자가 주도권을 잡는 시대에 휴머니티에 반하는 기업의 이익 추구는 대가를 치르게 되어있다. 샘 알트만 외에도 많은 이들이 기본소득, 월드코인 등 AI로 인한 인류사회 디지털 양극화 문제를 심도 있게 논의하고 의견을 제시하는 중이다. 결국 소비자의 선택을 받지 못하는 기술은 도태된다는 것을 잘 알고 있다는 뜻이다. 이러한 사례는 대부분의 기업 경영에서 나타나는 현상이다.

테크는 중요하다. 특히 인류가 보편적으로 '좋은 경험'이라고 느낄 수 있는 기술이라면 더욱 그렇다. 명심해야 할 것은 그 이후에 나타나는 CEO의 '휴머니티의 실현 의지' 그리고 '대중과의 공감 능력'이다. 대중이 일론 머스크에게 열광하는 것은 그만큼 MZ 세대와의 공감 능력이 뛰어나다는 걸 입증했기 때문이다. 때로는 이해하기 어려운 모습을 보여주기도 하지만 그는 선을 넘어 탐욕적 행동을 하거나 반사회적 기술 개발을 하지 않았다. 그뿐만 아니라 누구보다 열심히 일하면서 성공적인 결과물을 만들어냈다. 테크는 기술력은 기본이고 주력 소비자와의 공감대를 넓혀가는 것도 매우 중요하다. 향후 10년간 권력화된 MZ세대가 시장의 생태계를 바꿀 것이다. MZ는 테크 활용 능력이 뛰어난 세대다. 그들이 열광하는 기술과 그들이 열광하는 CEO와 기업이 있다면 반드시 주목하라. 거기에 부의 기회가 있다.

액정 안의 산업들

오늘날 인류가 어디론가 움직이고 싶을 때, 길가에서 빈 택시를 찾기보다 스마트폰을 열어 우버Uber나 유사 서비스를 활용하는 게 더 보편적인 형태로 정착했다. 이미 뉴욕의 택시 기사들은 모두 우버 서비스에 가입했고 동남아에서는 그랩Grab이라는 앱을 활용해 스쿠터를 불러 탄다. 심지어 우버가 금지된 대한민국에서도 카카오택시를 불러 타는 일상에 익숙해졌다. 여행할 때도 여행사에 전화하기보다는 에어비앤비 같은 숙박 서비스를 활용한다.

이러한 변화 덕분에 우버(2010년 창업)와 에어비앤비(2008년 창업)는 모두 시가총액 120조 원이 넘는 기업으로 성장했다. 어느새 세상은 뱅킹의 표준도 모바일이 되었고, 방송의 표준도 유튜브가 되었다. 설문조사에 따르면, 대한민국 국민 중 60% 이상이 저녁 7시 이후 유튜브를 시청하는 반면 TV 시청 비율은 28% 이하로 떨어졌다. 10년 전인 2013년만 해도 월마트가 세계 7위의 대표 유통 기업이었는데, 이제는 그 자리를 현격한 차이로 아마존이 차지한 것도 상징적이다.

여기서 생각해볼 것은 이 모든 서비스가 땅 위에 존재하지 않는다는 것이다. 스마트폰 대중화가 시작된 2010년 이전에는 이러한 서비스들의 존재감이 그다지 크지 않았다. **불과 십수 년 만에 스마트폰을 쓰기 시작한 인류의 무의식 속에 이 디지털 신대륙의 존재가 당연하게 자리 잡았다.** 말하자면 애플, 구글, 마이크로소프트, 아마존, 메타 같은 기업들은 이 신대륙을 창조하고 '땅 위의' 비즈니스에 묶여있던 사람들을 디지털 신대륙으로 이동시킨 것이다. 이제 사피엔스의 인지 공간, 생활 공간은 디지털 신대륙으로 확장되었다. 그렇다면 사회의 보편적 사고는 그 변화에 잘 적응하고 있을까?

한국은 세계에서 스마트폰 보급과 활용이 가장 빠르게 일어난 나라로 알려져 있다. 그 덕분에 코로나19 초기에 생필품 사재기

같은 사태도 없었고 백신의 접종이나 감염 방지 정책도 더 원활하게 이루어질 수 있었다. 스마트폰을 이용한 교통, 금융, 배달, 쇼핑, 페이먼트에 이르기까지 한국 국민의 디지털 활용 능력은 어느 국가보다 뛰어나다.

그런데 사회적 관점에서 바라보는 디지털 문명은 어떨까? 한마디로 '두려움'이라고 표현할 수 있다. 우리 사회가 디지털 문명에 대해 바라보는 시각을 가장 잘 보여주는 것이 우버 불법, 에어비앤비 불법, 암호화폐 발행 금지 등의 디지털 변화에 대한 규제다. 배달 앱이나 플랫폼들이 영세 사업자들로부터 사용료를 가져가는 것도 대표적인 공격 대상이다. 여전히 사회적 논란이 많지만 대체로 국민의 사회적 정서는 디지털 전환에 대해 부정적이다.

당연한 일이기도 하다. 한국에서 코로나19 이후 디지털 전환에 대한 준비가 잘되어 소위 대박이 난 사람은 과연 몇 퍼센트나 될까? 아마도 5% 미만일 것이다. 대부분의 국민에게 디지털 전환에 따른 변화는 낯설다. 지난 30년간 유지해왔던 사회적 표준이 모두 바뀌는 건 누구에게나 두려운 일이다. 그래서 변하지 않으려는 강력한 사회적 관성이 작동하는 것이다. 국민 95%가 디지털 전환의 속도를 늦추기 원한다면 당연히 막아설 수밖에 없다. 우리가 디지털 전환에 대한 많은 규제를 만들어내는 것도 어찌 보면 사회적 합의에 따른 결과다. 문제는 미래 성장에 대한 기대치다.

서울시 택시 회사 VS 테슬라

특정 기업의 주식을 산다는 것은 그 기업이 앞으로 잘 성장해서 주식 가격이 오를 것이라는 기대가 있기 때문이다. 기업의 시가 총액은 미래 성장에 대한 기대치라 할 수 있다. 만약 여러분에게 1000만 원이 있다면 서울 택시 회사에 투자하고 싶은가, 아니면 전기차 대표 기업 테슬라에 투자하고 싶은가? '우버'와 같은 혁신은 규제로 막아주고 택시 면허는 보호해주며 요금은 적당한 시기마다 올려주기 때문에 택시 회사를 선택할 수도 있다. 규모가 어찌 되었든 성장할 회사다. 이런 것이 사회가 보장해주는 기득권인 것이다.

반면 테슬라를 보자. CEO 일론 머스크는 어떤 사람인가? 기업의 수장답게 과감한 추진력을 보이면서도 한국 사회 기준으로 보면 이상하게 보이기도 하는 인물이다. 어디로 튈지 모르는 CEO가 운영하는 회사에 투자하는 건 그만큼 앞으로를 예측하기 어려운 일이다. 그런데 테슬라의 시가총액은 1000조 원을 넘었다. 현대차와 기아차의 시총 합계가 80조 원 남짓이라는 사실을 고려하면 테슬라의 미래 기대치가 얼마나 압도적인지 가늠할 수 있다. 테슬라, 그리고 일론 머스크는 대체 어떤 존재인가?

일론 머스크는 디지털 문명을 표준으로 살아간다는 게 어떤 것인지 분명하게 보여준다. 그에게 언론은 신문이나 방송이 아니라 SNS다. 언론과는 거의 접촉이 없고, 하루 종일 틈날 때마다 즉흥적으로 트위터(현재 X)를 하더니 결국 60조 원에 트위터를 인수해 버렸다. 트윗 내용도 늘 충격적이다. 도지코인을 구매하자고 부추기고 실제로 비트코인으로는 3000억 원이 넘는 이익을 챙기기도 했다. 그의 세계관은 이미 2030년 이후의 코인 경제와 디지털 문명의 진화에 빠져있는 듯하다.

실물 비즈니스 방식도 마찬가지다. TV에 거의 광고를 하지 않는다. 판매는 오프라인 대리점과 영업 사원 수를 최소화하고 앱으로 고객이 직접 결제하도록 한다. 그러나 자신의 트위터 계정을 통해선 광고 활동을 하는 데 집중한다. 2023년에는 메타의 마크 저커버그와 UFC 결투를 예고하면서 엄청난 광고 효과를 생산했다. 여기에 테슬라를 구매한 고객들이 앞다투어 유튜브에 영상을 올리며 광고를 해준다. 기존 자동차 기업에 비해 광고료와 대리점 운영비만 엄청난 비용 절감 효과를 보고 있다. 그 돈으로 자율주행차, 기가프레스, 기가팩토리 등 기술 혁신을 실현했다. 디지털 표준으로 전환만 한 것이 아니라 기술개발을 통해 실력을 입증한 것이다.

인공위성을 통해 세계를 하나의 인터넷으로 연결한다든가, '스페이스X'라는 회사를 설립해 화성에 식민지를 건설하겠다든가, 인간의 뇌에 칩을 심어 인공지능을 혁신하겠다는 아이디어에 이르기까지 어느 시대에 사는지 알 수 없는 인물이다. **그런 일론 머스크에게 투자가 쏟아지는 건 미래에 대한 기대치가 높기 때문이다.**

그렇다면 나의 미래 기대치는 어느 정도일까? 먼저 내 마음이 디지털 시대와 맞닿아야 한다. 대부분의 사람이 사회적 관성에 의해 디지털 혁신에 대해 부정적으로 생각하고 있어 조금만 노력해도 큰 차이를 만들 수 있다. **새로운 기술은 가능성의 지평을 열어**

준다. 무의식적으로 오랫동안 해왔던 일들이 새롭게 정의될 수 있는 것이다. 무엇이든 직접 경험해야 새로운 판을 짤 수 있다. 데이터를 통해 세상의 변화를 체감하고 믿고 움직이자. 미래 기대치를 올리는 일은 내 마음의 중심, 이곳이 시작점이다. 이곳을 디지털 신대륙으로 이동시켜야 한다.

디지털 CEO,
그들만의 리그를 염탐하라

디지털 문명을 만든 대표적 인물은 누가 뭐래도 애플의 전 CEO 이자 공동 창업자인 스티브 잡스일 것이다. 인류에게 스마트폰을 선사한 그는 디지털 신대륙의 창조자라 할 만하다. 이후 구글, 아마존, 페이스북, 마이크로소프트 등이 디지털 문명을 확대했고 이들이 만든 거대한 성공이 세계 경제의 지형을 바꿨다. 최근에는 테슬라, 엔비디아 등이 세계 10대 기업군에 가세하며 디지털 경제 패권의 차세대 주자로 떠오르고 있다. 챗GPT를 만든 샘 알트만도 빼놓을 수 없다. 도대체 이들은 어떤 성장 과정으로 세계 최고의 반열에 올랐을까?

1985년생인 샘 알트만은 8살 때부터 코딩을 시작했다. 이미 고교 시절부터 프로그램 개발자로 유명했으며 스탠퍼드대학교에 입학하자마자 데이팅 앱을 제작해 스타트업을 창업했다. IT 창업자들이 대부분 그렇듯 대학을 중퇴하고 스타트업을 키우더니 엑시트Exit(투자 후 출구 전략)하며 큰돈을 벌었다. 그 돈을 기반으로 스타트업 투자에 집중하면서 역량을 키워 실리콘밸리 최고의 투자 회사라는 'Y-콤비네이터'의 CEO 자리까지 올랐다. 2015년 포브스가 발표한 30세 이하 세계 최고의 투자자로 선정되기도 했다.

그와 비슷한 이력을 가진 인물이 페이스북 창업자 마크 저커버그다. 1984년생인 저커버그도 11살 때 아버지 병원에서 사용할 프로그램을 개발할 정도로 코딩에 일가견이 있었다. 그 역시 하버드대학교에 입학 후 데이팅 앱을 만들어 스타트업을 창업했고 대학을 중퇴했다. 그 회사를 키운 게 바로 페이스북이다.

샘 알트만은 2015년 오픈에이아이를 창업했는데, 공동 창업자 중 한 명이 일론 머스크다. 1971년생인 일론 머스크는 17살 때까지 남아프리카공화국에서 살았다. 어린 시절에 스스로 비디오 게임을 개발할 만큼 코딩에 관심이 많았다. 이후 캐나다로 이민 갔다가 미국으로 넘어가 와튼스쿨을 졸업했다. 온라인 지불 시스템으로 유명한 페이팔PayPal을 창업해 그 돈을 시드로 스페이스X, 테슬라, 뉴럴링크 등을 창업했다. 머스크 또한 배터리 연구를 위해 스탠퍼드 대학원에 입학했지만 창업을 위해 중퇴했다. 샘 알트만과는 투자로 인연을 맺고 오픈에이아이 창업까지 함께했다.

이들에게 모든 커뮤니케이션의 무대는 SNS다. 경영의 중요한 이슈들도 SNS를 통해 소비자와 직접 소통한다. 광고 전략도 기발하다. 2023년 저커버그는 트위터를 위협할 서비스로 스레드Threads를 내놓았다. 그러자 일론 머스크가 바로 조롱하는 댓글을 달았고 이들의 설전은 UFC 케이지에서 한판 붙자는 수준까지 확대되었다. 심지어 UFC 회장이 나서서 세기의 대결이 될 거라며 부추겼다. 연일 뉴스가 쏟아지며 둘 중 누가 이길 것인지 금세 핫이슈가 되었다. 이 사건이 엄청난 광고 효과를 가져와 메타의 스레드에 관심이 집중되면서 불과 4일 만에 가입자 1억 명을 돌파하게 되었고 회사의 시가총액도 200조 원이나 상승했다. 적게 잡아도 10조 원 이상의 광고 효과를 낸 셈이다. 광고 하나 없이 CEO 간의 설전만으로.

머스크와 저커버그를 보면 디지털 시대의 새로운 경영 기법이라

할 만하다. 팬덤 경제 시대에는 소비자가 곧 왕이다. 이들은 변화된 환경을 적극 활용한다. 세계 10대 기업의 총수들이 치기 어린 싸움을 하나 싶었는데, 이면에는 엄청난 광고가 깔려 있었던 셈이다. 이런 디지털 세계관을 가진 CEO, 또 없을까?

SNS 인맥의 나비 효과

앞서 소개한 M세대 인재를 잇는 Z세대 새로운 인재들도 비슷한 성장 과정을 보여준다. 라이다 등 차량용 센서 제조사인 루미나 Luminar의 창업자 오스틴 러셀은 1995년생인데 이미 2살 때 원소주기율표를 모두 암기했다고 한다. 10살 때는 코딩을 전문적으로 하는 것은 물론 소프트웨어 컨설팅을 했고, 17살 때 아버지의 차고에 차린 연구소에서 스타트업을 창업했다. 그리고 스탠퍼드대학교 입학 후 바로 중퇴하고 자기가 차린 스타트업 루미나의 경영에 집중해 자율주행차의 필수 장비인 라이다 개발에 성공하면서 회사 가치를 3조 3천억 원 규모로 키웠다. 2023년에는 미국 경제

지 포브스_{Forbes}를 인수하면서 유명세를 탔다.

1994년생인 비탈릭 부테린은 암호화폐 이더리움의 창시자다. 11살 때 러시아에서 캐나다로 이민을 간 부테린은 블리자드가 만든 게임에 빠져 있다가 아버지의 권유로 비트코인 코딩에 깊은 관심을 갖기 시작했다. 15살 때는 MIT 수학과 교수의 강의를 참고해 암호화폐 관련 논문을 출간했다. 그리고 19살 캐나다 워털루대학교에 입학하자마자 이더리움을 출시하고 세계적으로 주목받았다. 부테린의 자산은 4조 원이 넘는 것으로 알려져 있으며 2022년에는 암호화폐 기사로 타임지 표지 모델을 장식했다.

디지털 세계를 이끄는 CEO에겐 공통점이 있다. 어려서부터 게임을 즐겼고 거기서 세계관을 키웠으며, 나중에는 재밌는 게임이나 서비스를 스스로 개발하자고 생각했다는 것이다. 그걸 위해 어려서부터 코딩을 배웠고 결국 출중한 실력으로 성공을 거둘 수 있었다. 대부분 창업 후 대학을 중퇴한 것도 비슷하다. 사업도 당연히 디지털 세계를 기반으로 만들어갔다. 코딩이나 사업 아이디어를 배운 것도 인터넷이고 인맥도 SNS로 쌓았다. 경영 방식도 오로지 디지털 기반이다.

여기서 한번 생각해볼 것은 **나는 어떤 문명을 기반으로 살아가고**

있는지다. 유튜브와 커뮤니티를 활용해 학습하고 SNS로 인맥을 맺고 그걸 무기로 새로운 세계에 대한 도전을 준비하고 있는지 체크해보자는 거다. 학교도 일찍 중퇴한 이들에게 지식을 제공하는 곳은 디지털 세상이다. 우리도 끊임없이 새로운 지식을 학습하는 데 익숙해져야 한다. 디지털 세상은 신지식의 보고다. MIT, 스탠퍼드대학교의 모든 강의가 이미 인터넷에 공개되어있다. 그것을 활용하는 데 익숙한 세대들은 이미 새로운 아이디어를 얻고 비즈니스 모델을 만들어 사업화에 도전 중이다. 거기에 새로운 부의 기회가 있다.

M세대들은 디지털 원주민의 첫 세대이자 앞서 언급했듯 디지털 문명을 구축한 세대이기도 하다. M세대의 천재들은 대부분 어려서 게임을 했고 그걸 개발하겠다는 욕망으로 코딩을 배웠다. 결국 어려서부터 열심히 익힌 코딩 지식과 기획력 덕분에 젊은 나이에 스타트업을 만들어 성공할 수 있었다. M세대냐 아니냐는 어려서부터 인터넷 게임에 푹 젖어있었느냐, 아니냐에 의해 구분할 수 있다.

게임은 인간의 세계관을 형성하는 데 중요한 역할을 해왔다. 또래와 함께 게임을 즐기다 보면 인간관계, 사회성, 경쟁심 등 인류

사회에 대한 세계관이 자연스럽게 형성된다. 그래서 어떤 게임을 하느냐에 따라 세계관이 달라질 수밖에 없다. 어려서부터 인터넷 게임을 즐긴 세대는 그 이전 세대와 세계관이 남다를 수밖에 없다. 기성세대인 5060세대는 어릴 때 인터넷을 접할 기회가 없었다. 그들이 즐겼던 게임은 구슬치기, 딱지치기 등 동네에서 몸으로 부대끼며 노는 것들이었다. 컴퓨터 게임이래야 오락실이 전부였다. 동네를 벗어난 적이 없어 그만큼 자기가 속한 지역에 대한 애착이 커질 수밖에 없다. 혈연, 지연, 학연을 이룰 수밖에 없는 세대다. 성공에 대한 세계관도 지역 또는 사회에 인정받는 것이다. 학교에서 좋은 성적을 거두고 좋은 대학에 가서 좋은 직장에 가는 것이 보편적 성공관이었다.

인터넷을 경험한 M세대는 완전히 다른 세계관을 가질 수밖에 없다. 지금은 국민 게임이 되었다는 스타크래프트를 생각해보자. 그 안에만 접속하면 세계의 친구들을 만나 게임을 즐길 수 있다. 갑자기 세계관이 세계로 확대된다. 스케일도 다르다. 구슬치기 동네 챔피언과 달리 스타크래프트 챔피언은 프로 선수가 되고 세계 최고의 스타도 될 수 있다. 스스로 똑똑하다고 생각하는 아이들은 큰물에서 인정받고 싶은 마음에 프로게이머가 되는 꿈을 꾸고 스타크래프트 같은 멋진 게임을 개발하는 꿈도 꾸는 것이다.

디지털 문명을 만든 창업자 대부분이 비슷한 길을 걸은 것도 이런 이유다. 인터넷 문명을 게임으로 즐기면서 세계관이 달라진 것이다. 기획이든, 사업 추진이든 인터넷 기반이 당연해졌다. 그래서 디지털 문명은 게임 문화와 뗄 수 없는 관계를 갖는다. 마크 저커버그도, 샘 알트만도, 비탈릭 부테린도 한국의 카카오 창업자 김범수 의장도 마찬가지다. 게임의 세계관은 다양한 플랫폼으로 확산되면서 디지털 문명의 근간이 되었다. 이처럼 미래 세대에는 체험형 교육이 중요하다. 게임이 무조건 좋다, 나쁘다가 아니라 올바르게 경험하도록 '코칭'해주는 것이 중요하다. 창조적 인재로 성장할 수 있게끔 울타리 안에서 자유롭게 성장하도록 도와줘야 한다.

디지털 문명 시대의 핵심은 '실력이 정의'라는 것이다. 기존 문명에서는 나이, 경험, 직급 등 사회적 배경이 중요한 기준이었지만 게임에서는 그런 것이 없다. 실력이 곧 서열이다. 스타크래프트를 시작하기 전에 '혹시 몇 년생이세요?'라고 묻는 사람은 없다. 이런 게임의 문명은 디지털 문명의 기준이 되었다. 회사에서도 점차 나이나 연공서열보다 실력이 중시되는 경향을 보이고 있다.

디지털 세대가 더 열광하는 마케팅, 콘텐츠, 서비스를 기획할 수 있는 사람은 디지털 문명에 익숙한 사람들이다. 그들이 주도하는 사회가 된 것이다. 요즘 대기업조차 직급 없이 이름으로(심지어 영어로) 부르자고 하는 문화가 퍼지는 것도 MZ세대와의 소통을 위해 시도하는 노력의 일환이다. 기업의 DNA가 디지털 세대의 소비 방식으로 전환해야 성공할 수 있기 때문이다. 기업뿐 아니라 우리의 미래 가치를 올리려면 디지털 세대와 자연스럽게 소통해야 한다.

잘파 세대의 붐은 온다

Z세대는 M세대보다 더욱 디지털 의존도가 높다. Z세대는 일반적으로 1995년 이후 태생, 또는 25세 이하의 세대를 말한다. 이들은 이미 10대 때부터 스마트폰을 쓰기 시작해 디지털 활용 능력도 매우 높다. 최근에는 2010년 이후 태생들이 10대로 성장하며 다른 변화를 보여주기 시작했는데 이들이 바로 알파 세대다. 두 세대를 통칭해 잘파 세대z+Alpha라고 부른다. 이들은 특히 코로나 19를 겪으면서 디지털 의존도가 더욱 높아져 주변 사람에게 묻는 것보다 스스로 검색하고 커뮤니티를 통해 답변을 얻는 것이 훨씬 빠르고 정확하다는 것을 인지한 것이 특징 중 하나이다.

이들이 진화한 디지털 문명을 보여준 곳이 메타버스 놀이터다. 로블록스, 마인크래프트, 제페토 등으로 대표되는 메타버스 플랫폼은 게임을 그냥 플레이하는 것이 아니라 자신을 대신하는 캐릭터(아바타)를 만들고 치장한다. 그뿐만 아니라 자기만의 집을 짓고 게임까지 만들어 여러 사람과 공유하며 즐긴다. 창조는 사피엔스의 가장 강력한 DNA다. 디지털에 익숙해진 세대가 한 차원 더 진화한 것이다.

로블록스에 게임을 개발해 올린 사람만 1000만 명에 이르고 만들어진 게임만 6000만 개에 이른다. 이제는 아디다스, 나이키 같은 대기업도 로블록스 안에서 이벤트를 만들어 마케팅에 활용한다. 2023년 1분기 로블록스 일간 활성 사용자 수는 전년 대비 22%가 늘어 6천 6백만 명에 이르렀다. **코로나19가 끝나면 메타버스 게임판이 사그라들 거라던 예측과 다른 양상이 일어난 것이다.**

네이버가 만든 제페토도 가입자가 3억 6천만 명을 넘었다. 데이터로 보자면 잘파 세대의 80%가 메타버스 게임 환경에서 익숙하게 놀고 있으며 미래 세대 또한 끊임없이 유입되고 있다.

이들은 새로운 경제 시스템도 만들었다. 물건도 구입하고 게임도 플레이하려면 돈을 지불해야 하기에 국경 없는 메타버스 환경

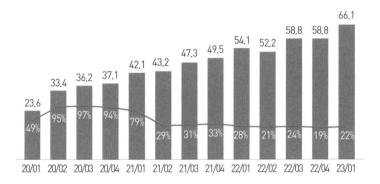

2020년 1분기~2023년 1분기 로블록스 활성 사용자 수

66.1

58.8 58.8

54.1
52.2

47.3 49.5

42.1 43.2

33.4 36.2 37.1

23.6

49% 95% 97% 94% 79% 29% 31% 33% 28% 21% 24% 19% 22%

20/01 20/02 20/03 20/04 21/01 21/02 21/03 21/04 22/01 22/02 22/03 22/04 23/01

(연도/분기)
출처: demandsage

에서는 코인을 활용한다. 많은 게임들이 자신만의 코인을 발행하면서 코인 경제가 Z세대에게는 익숙한 거래 시스템으로 자리 잡았다. 게임에서 획득한 코인은 국가별 코인 거래소에서 현금화할 수 있게 되어 실물 경제와도 연결된다.

모든 국가에서 통용될 수 있는 코인을 개발하고 이를 바탕으로 디지털 아이템을 거래하는 시스템이 이미 있다. 블록체인 기반의 이더리움과 이를 기반으로 하는 유사 암호화폐들이다. 디지털 파일의 크리에이터와 거래 내용을 기록할 시스템도 등장했다. 이미 잘 아는 NFTNon-Fungible Token다.

디지털 아이템을 거래하려면 최초 창조자와 소유자를 기록해야 한다. 그리고 판매가 일어나면 소유자도 변경되어야 한다. 이걸 가능하게 한 것이 블록체인 기반의 NFT다. 예를 들어, 내가 그린 디지털 아트를 NFT에 등록하고 플랫폼을 통해 이더리움으로 판매하면 소유자가 변경된다. 이러한 시스템이 구축되면서 NFT에 자신이 그린 디지털 아트를 등록하고 판매하는 NFT 아트 시장이 형성되었고 이런 NFT를 활용하는 게임들이 대거 등장했다. 강력한 팬덤을 보유한 엔터 기업들은 다양한 디지털 굿즈를 NFT에 등록하고 판매하는 새로운 사업에 도전하기 시작했다. 이렇게 NFT 기반의 코인 경제가 코로나19 발생 이후 급격하게 성장했다. 물론 지금은 기존 제도권과의 갈등으로 인해 숨 고르기에 들어갔지만 시기의 문제일 뿐 다시 크게 성장할 것으로 예상된다.

AI의 침투력, 주객전도된 콘텐츠 산업?

IT 버블이 극에 달했다가 꺼진 2000년대 초반, 많은 기업이 파산하면서 IT의 시대는 끝났다고 생각됐다. 우리는 이미 20년 전 시장에서 유사한 등락을 경험한 바 있다. 그런데 그때 가까스로 살아남았던 기업들이 이제 세계 최고의 기업으로 자리 잡았다. 그 원인에 기술 발전만 있다고 생각하지만 그보다 더 강력한 원인은 인류의 세대교체다. 20년간 지구상에서 사라진 사람은 대부분 디지털과 무관한 사람들이었지만, 그 인구를 채운 새로운 인류는 모두 디지털에 능숙하다. **달라진 소비자가 문명의 표준을 바꾼 것이다.**

디지털이 익숙한 세대는 앞으로도 계속 증가한다. 물론 어느 기업이 파산하고 어느 기업이 크게 성장할지는 누구도 쉽게 예측할 수 없다.

다만 Z세대를 사로잡기 위해 메타버스에 제일 많은 투자를 한 기업인 애플, 구글, 마이크로소프트, 메타 등 빅테크 대표 주자들에 주목해야 할 것이다. 메타가 15조 1천억 원을 투자한 것을 비롯해 2022년에만 실리콘밸리에서 100조 원의 투자가 메타버스 한 분야에 쏟아졌다. 2023년에는 애플도 비전프로라는 실감 미디어 장비를 출시하며 도전장을 냈다. 아직은 과도기인 만큼 페이스북에서 메타로 이름까지 바꾼 저커버그는 호라이즌이라는 플랫폼의 실패로 쓴맛을 봤다. 그러다 보니 많은 사람들이 메타버스 시대는 실패로 끝났다고 이야기한다.

그러나 이면을 보면 신산업을 위한 생태계는 더욱 풍성해졌다. **3년간 메타버스 기술 개발에 투자된 비용만 300조 원에 이른다.** 어려운 기술인 만큼 MIT, 스탠퍼드 출신의 세계 최고의 엔지니어들이 모였다. 그들은 주당 100시간이라도 아낌없이 연구에 쏟아부었다. 그에 따라 엄청난 기술 발전이 일어났다. 물리 엔진 기반의 메타버스 환경 구축 기술, AI로 정밀한 동영상을 만들어내는 기술, 이미지 분석으로 실물 디지털 트윈을 만드는 기술 등 분야별로 핵심 기술들이 개발되어 다양한 산업 분야에 접목되기 시작했다. 더욱 풍성해진 메타버스, AI 기술들이 이미 디지털로 전환한 산업을 또 한 단계 진화시키게 된 것이다. 이것이 메타 인더스트리Meta-industry의 등장이다.

콘텐츠 산업의 확장성

메타 인더스트리로 진화 중인 가장 대표적인 영역은 콘텐츠 산업이다. 콘텐츠 산업의 디지털 전환 과정을 살펴보자. 만화는 대표적인 오프라인 산업으로, 몇몇 유명 작가와 대표 출판사가 주도권을 쥐고 있던 중앙집권형 산업의 표본이었다. 만화가가 되고 싶다면 보조 작가로 시작해 10여 년은 열정페이로 일해야 작가로 데뷔할 기회를 얻을 수 있었다. 그런데 스마트폰에 만화를 탑재하면서 '웹툰'이라는 새 이름이 붙여졌다. 이름뿐 아니라 시스템도 바뀌었다. 웹툰 시장에서는 유명 작가, 기성 작가 등 누구에게도 특혜가 없고 랭킹도, 수익도 조회 수가 결정한다. **광고에 의존하는 플랫폼 시장에서는 오직 조회 수가 실력을 입증하는 기준이다.**

이렇게 되자 많은 신인 작가가 도전하게 되었고 이들의 인기가 전 세계적으로 폭발하면서 시장이 세계로 확장되었다.

이들을 영입한 네이버웹툰, 카카오픽코마는 세계 100개국에서 1위를 차지하는 웹툰 플랫폼으로 성장했다. 2022년 기준 네이버 웹툰의 유료 구독자는 8천 2백만 명을 넘었고 조회 수를 올려 가장 많은 수익을 올린 작가가 124억 원을 받았다고 하니 국경 없이 즐기는 웹툰의 생태계가 얼마나 크게 성장했는지 판단할 수 있다. 무료로 보고 있는 사람들까지 감안하면, 웹툰을 즐기는 소비자는 어림잡아도 10억 명에 이를 것으로 예측할 수 있다. 이것이 바로 디지털 전환의 매력이다. 이 진화는 시장만 커진 것이 아니라 횡으로도 넓게 확산되었다. 시장에서 성공한 웹툰은 어김없이

출처: tvN, 넷플릭스

드라마로 제작된다. 〈여신강림〉, 〈D.P.〉, 〈지옥〉, 〈지금 우리 학교는〉 등은 대표적으로 이렇게 성공한 작품들이다. 그렇게 웹툰 작가는 드라마 저작권료로 수입을 확대한다.

그다음 단계는 무엇일까? 일단 생성형 AI가 웹툰에 적용될 수 있다. 이미 다양한 AI 기술들이 웹툰 제작에 적용되고 있다. 1970~80년대 때부터 활발히 활동 중인 이현세 작가는 지금까지 그린 4천 편의 작품을 AI에게 학습시키고 있다고 한다. 그럼 글만 쓰면서도 빠르게 웹툰을 만들 수 있다. 이렇게 되면 과거 50~100명이 필요했던 프로젝트를 10~20명으로 할 수 있다는 얘기가 되고 또 한 프로젝트에서 300억 이상의 수익이 발생할 수 있다는 얘기가 된다. 캐릭터가 인기를 얻는다면 굿즈를 판매해 부가 이익을 얻을 수 있다. 작가가 직접 그린 캐릭터를 NFT에 등록하면 디지털 거래도 가능하다. 사업 모델이 무궁무진해지는 것이다.

웹툰에 이어 웹소설, 웹드라마 등 여러 장르의 콘텐츠들이 서로 연계하고 융합하면서 확장하고 있다. 또 10억 명이라는 어마어마한 시장에 진출하는 방식도 다양하게 구축할 수 있다. 한번 터진다면 엄청난 수익을 창출할 수 있고 지속적인 비즈니스 확대도 가능하다. 이것이 메타 인더스트리의 진화다.

엔터 산업 역시 이미 상당히 많은 부분이 사업화되고 있다. K-pop은 거대한 글로벌 팬덤이 키운 음악 장르다. 방탄소년단은 방송에 출연하거나 기획사 자본만의 힘으로 성공한 게 아니라 유튜브와 SNS에서 자체 콘텐츠를 방송해 인기가 확산되면서 글로벌 팬덤이 형성된 성공 사례다. 코로나19 이전 방탄소년단의 주 수입원은 오프라인 콘서트 티켓 판매와 앨범 판매 위주였다고 볼 수 있지만 코로나19가 시작되자 소속사가 만든 위버스라는 플랫폼을 통해 팬들을 만나기 시작했다. 하이브 아티스트의 팬들이 모인 위버스에는 1억 명의 가입자가 수시로 드나든다. 이들에게 NFT로 등록한 음원, 사진, 영상 그리고 오프라인 굿즈까지 판매한다면 새로운 비즈니스 모델로 성장하는 것이다. 그래서 방시혁 대표가 두나무와 손잡고 NFT 사업에 5000억 원을 선뜻 투자한 것이다. 여기에 AI를 활용하면 아티스트들의 캐릭터를 만들어 영화 콘텐츠나 쇼츠 등의 주인공 또는 카메오로 등장시킬 수 있을 것이다. 군대에 입대한 멤버들을 지구를 구하는 캐릭터로 등장시켜 웹툰의 주인공으로 활용할 수도 있다. 팬들이 모여 사는 메타버스 플랫폼이라면 무엇이든 가능하다.

신기술의 융합은 하나의 IP로 다양한 사업의 확대가 가능하다는 것

을 보여준다. SM, YG, JYP도 그래서 바이낸스 같은 기업과 협약을 맺고 메타 인더스트리로의 진출을 적극 모색하는 중이다.

비전프로의
존재감과 영향

애플의 실감 미디어 '비전프로'

출처: 애플

미국 애플사가 만든 혼합 현실 헤드셋인 비전프로. 일상에서도 착용할 만한 디자인과

소재를 선택한 비전프로가 많은 대중에게 보급될 때까지 얼마나 시간이 남았을까?

스마트폰처럼 불티나게 팔릴까?

가격의 장벽도 있고, 비전프로의 기술력이 과거보다 좋아진 것은 맞지만 전문가들은 5년 정도의 진보가 더 필요하다고 본다. 그렇다면 5년 후엔 많은 사람이 사용할까? 게임을 즐기는 사람이라면 구입할 가능성이 크다. 특히 Z세대가 열광하고 문화가 확산되기 시작한다면 급격하게 확대될 가능성이 있다. 문제는 디지털에 예민한 Z세대가 놀랄 만큼의 경험을 비전프로가 선사할 수 있느냐는 것이다. 단순히 하드웨어의 진보뿐 아니라 사람들이 좋아할 게임이 많이 등장해야 일어날 일이다. 적어도 10년 후라면 스마트폰만큼은 아니어도 지금의 플레이스테이션이나 닌텐도보다는 강력한 게임 도구, 또는 엔터테인먼트 도구로 자리 잡을 거라 예상한다. 10년 뒤에는 기술의 진보는 물론, 성장한 Z세대의 소비력이 강화되며 문명을 바꿀 것이기 때문이다. 지금은 이들의 연령이 낮아 소비를 주도하는 세력이 될 수 없지만 향후 10년간 소비 주도권의 교체가 빠르게 일어날 것이다. 후세대의 세계관에 비전프로 같은 몰입형 메타버스 장비가 자리할 것은 분명하다. 시기의 문제일 뿐이다.

메타 세상에서는
이렇게 물건을 판다

나이키와 아디다스 같은 글로벌 제조 기업도 메타버스와 NFT 시장 진출에 적극적이다. 나이키는 유명한 메타버스 디자인 스타트업인 RTFKT를 인수해 다양한 디지털 신발과 아이템들을 판매했고 2022년 상반기까지 18억 5천만 달러의 매출을 올렸다. 또한 2023년에는 게임 회사인 EA스포츠와 협약을 맺고 게임에서 쓸 수 있는 나이키 NFT 상품 출시를 준비 중이다.

아디다스에서도 NFT에서 가장 성공적인 프로젝트로 알려진 BAYC_{Bored Ape Yacht Club}를 만든 유가랩스_{Yuga Labs}와 협업하면서 아디다스 BAYC NFT를 발행한 바 있다. BAYC 원숭이 한 마리에 다양한 아디다스의 옷, 모자, 신발을 적용해 3만 마리의 아디아스 원숭이로 확장하고 이를 약 0.2 이더리움에 판매해 당시 약 275억 원의 매출을 올렸다. 이 마케팅 전략은 이후로도 계속되고 있는데, 카타르 월드컵에도 등장해 Z세대로부터 인기를 끌었다.

아디다스는 3만 명의 NFT 회원들에게 각종 오프라인 행사 초청, 제품 할인 등 다양한 서비스를 제공하며 팬덤 마케팅에 이를 활용 중이다.

Z세대를 향한 접근법

이들 기업이 메타 세상의 광고 전략을 쓰는 것은 Z세대가 더 이상 TV를 보지 않기 때문이다. 'Just do it', 'Impossible is nothing' 등의 슬로건을 활용한 TV 광고를 통해 엄청난 브랜드로 성장한 이들이지만 Z세대에는 다른 접근이 필요하다는 걸 알았다. 메타 세상에 사는 Z세대들은 RTFKT나 BAYC의 성공에 이미 열광하고 있었다. 이 팬덤을 활용해 사업을 확장해 가면 자연스럽게 자라나는 Z세대에게 '힙한' 브랜드로 인지될 수 있고 새로운 매출도 만들어 낼 수 있다는 걸 확인하고 도전하는 중이다. 온라인 쇼핑몰에서 단순히 자사의 상품을 판매하는 것에서 벗어나 Z세대의 세계관과 호흡하며 새로운 비즈니스 모델을 만드는, 대표적인 메타 인더스트리 확장의 사례다.

이렇게 되니 글로벌 기업들의 NFT 도전이 줄을 잇게 된다. 코카콜라, 펩시, 맥도널드, 스타벅스, 삼성전자 등 거의 모든 기업이 마케팅 전략의 일환으로 메타버스와 NFT 시장에 문을 두드리고 있다. 물론 나이키나 아디다스만큼 성공적이지는 못하다. 사업 기획자들이 진정한 Z세대 세계관을 이해하지 못하는 탓도 있고 그만큼 팬덤을 만들기 어려운 비즈니스이기도 하다. 어쨌든 기업들의 도전은 계속 이어질 것으로 예상된다.

글쓰기에도 침투한 AI

광고 및 마케팅 분야에서의 AI 활용은 매우 널리 퍼져 있다. 디지털 마케팅이나 세일즈 자료는 매우 빠르게 제작해야 하고 플랫폼에 따라 내용도 다양해야 한다. 많은 물건을 판매하는 기업으로서 인력이 필요한 영역이다. 재스퍼Jasper라는 프로그램은 광고 관련 카피만 학습한 전문 AI다. 제품 특성을 알려주고 한 줄 카피, 두 줄 소개, 열 줄 요약문 등 원하는 형태로 순식간에 원하는 것을 제공해준다. 이 도구는 세계 100대 기업 중 절반가량이 사용 중이다.

한국에서 스마트스토어를 운영하는 네이버도 '하이퍼클로버'라는 AI 서비스를 제공한다. 자영업자들이 광고 문구나 내용을 고민할 때 감각적인 카피를 제공해 활발히 쓰이고 있다. 간단한 아이디어만 입력하면 완벽한 이미지로 만들어주는 Stable Diffusion도 유명한 서비스다. 또 일반 사진을 대충 찍어도 마치 아마존의 상품 사진처럼 바꿔주는 Photoroom도 인기몰이 중이다. 이런 서비스를 활용하면 10명이 하던 일을 1명이 처리할 수 있다. 이런 기업들의 AI를 활용한 혁신은 근무 형태를 변화시킬 가능성이 매우 크다.

이제는 산업의 생태계까지 국경 없는 메타 세상으로 확장해가고 있다. 실제로 한국의 많은 기업이 이런 광고물 제작, 쇼핑몰 관리 업무를 베트남 기업으로 이전 중이다. 베트남에서는 아예 한국 전용 IT 학교를 세워 한글로 수업하며 인재를 양성 중이다. 이곳을 졸업한 이들은 다낭에서 근무하며 한국 회사 관련 업무를 메타버스로 수행하는 것이다. 베트남은 일본, 한국, 미국 등을 대상으로 특화된 학교, 기업을 운영하며 산업계를 키우려 투자를 늘리고 있다. 과거에는 인도를 중심으로 IT 개발 업무의 외주화가 글로벌하게 진행되었는데 이것이 점점 다양한 산업 분야까지 확산되고 있다.

이런 변화는 게임, 마케팅, 유통업계 등 다양한 영역으로 확산될 것이다. 게임 업계에서는 언리얼, 유니티와 같은 메타버스 소프트웨어 활용 능력을 갖춘 인재가 대규모로 필요한데 이를 위해 동남아나 동유럽에 인재 육성 프로그램을 운영할 계획까지 세우고 있다. 새로운 생태계의 디자인은 글로벌 경쟁력을 확보하는 차원에서도 필연적이다.

제조업의 변화

2023년 라스베이거스에서 개최된 CES(세계가전전시회)에서 농기계 제작으로 유명한 존 디어John Deere의 CEO가 기조연설을 했다. 내용을 보면 제조 회사가 아니라 완전히 AI와 메타 서비스 회사라고 볼 만하다. 발표 내용을 보면 앞으로 거의 모든 농기계는 무인화되고 AI 기술이 접목되어 자동으로 작동되며 인공위성 이미지 분석 기술까지 도입되어 작물 재배를 위한 모든 디지털 서비스가 가능해진다. 이것이 제조업의 진화 방향이다. 테슬라가 추구하는 방향과 유사하다.

또한 최근 체코에서 원자력발전소 건설 입찰 공고가 났는데 한국의 한국수력원자력, 미국의 웨스팅하우스 등 많은 기업이 수주 전쟁을 벌이고 있다. 특이한 것은 이 제안서에 매우 높은 수준의 디지털 트윈을 요구하고 있다는 것이다. 이로 인해 한수원은 수출형 원전 APR1400에 대해 모든 부분을 메타버스로 디자인하고 각각의 센서와 부품 등을 실제 원전의 데이터로 연동하는 프로그램을 개발 중이다. 또 가동 중에 발생하는 문제에 대해 AI를 적용해 판단하는 프로그램도 개발하고 있다. 발전소 운영에 관한 모든 데이터를 이 메타버스 플랫폼을 기반으로 만든 디지털 트윈에서 통합 관리 할 수 있도록 하는 것이 궁극적인 목표라고 한다. 그 정도는 되어야 신규 원전 건설 입찰에서 수주할 수 있다.

네옴시티의 영향력

건설업도 메타버스 도입이 한창이다. 최근 전 세계 건설업계의 화두는 사우디의 네옴시티에 어떻게 진입하느냐는 것이다. 토목 기술이나 건설 기술은 이미 중국이 많은 경험을 축적했고 가격도 비교가 안 될 정도라 매우 특수한 분야가 아니고는 이익을 남기기도 쉽지 않다. 결국 프로젝트를 따내려면 건설 기술은 물론이고 디지털 트윈에 기반한 운영, 관리, 유지 보수까지 모두 지원하는 서비스 산업으로 전환이 필수적이다. 여기에 AI를 적용해 최소한의 인원으로 최상의 서비스를 제공하는 것이 필요하다. 또 경쟁력을 갖추려면 헬스케어 서비스, 엔터테인먼트 서비스, 교육 서비스 등 다양한 영역과의 융합이 필요하다. 네옴시티는 건물을 짓는 것이 아니라 도시 하나를 디자인하는 일이고 그 안에 거주하는 사람의 경험을 제공하는 일이기 때문이다. MZ세대가 열광할 서비스의 디자인이 필수적이다. 사우디아라비아의 빈살만 왕세자 역시 디지털 세대다.

결국 모든 산업이 디지털 전환을 넘어 새로운 메타 세계로 진화를 모색 중이다. 돈은 새로운 곳에서 크게 터지는 법이다. 우리가 주목해야 할 것은 이 새로운 세계를 창조하는 사람들이다.

필진: 최재붕

6장

신노년 세대,
반전을 일으키다

NEW OLD AGE

저출산이 먼저냐, 고령화가 먼저냐

2023년 한국에는 인구 변화라는 먹구름이 가득했다. 먹구름이 지나면 맑은 날이 올지, 장마처럼 길게 햇빛을 가로막을지는 알 수없다. 2023년은 그 분기점에 선 한 해로 이해된다. 불과 몇 년 전만 해도 인구 변화는 일상생활과 맞물리거나 크게 체감되지 않아일부의 이슈에 머물렀다. 하지만 0.78명(2022년 확정치. 2023년 2분기 전국 평균 0.7명, 서울 0.53명. 참고로 한 해 평균 출산율은 2분기에 수렴될 확률이 높다)이라는 전대미문의 출생 통계처럼 갈수록악화되는 상황을 맞아 대부분의 경제 주체도 더는 현재, 미래가인구 변화와 무관할 수 없음을 느끼게 됐다.

상황은 쉽지 않다. '벌써 대응했어도 이미 늦어버렸다'는 항간의 표현처럼 현실이 꼬여버릴 만큼 꼬였기 때문이다. 정부의 노동·연금·교육 3대 개혁이 용두사미의 경로를 밟지 않을지 우려된다. 실제로 성과를 내기까지 만만치 않은 갈등과 저항이 불가피하기 때문이다. 앞으로도 마찬가지다. 사실 인구절벽을 구할 즉효 처방은 없다. 늦은 만큼 오히려 장기적인 해법을 마련해야 한다.

그간 인구 변화는 정책 대응에서 볼 수 있듯 저출산과 고령화로 구분돼 정리됐다. 통계로 얘기한다면 0.78명이란 출생 이슈가 인구 변화의 상당 부분을 차지하며 논의를 이끌어왔다. 반면 고령화는 14%(고령 사회), 20%(초고령 사회)의 고령화율(65세 이상/전체 인구)처럼 급박하지 않다는 뉘앙스로 후순위로 밀리고 있다. 실제 고령화율은 2022년 말 17.5%로 아직 한국은 초고령 사회에 진입하진 않았다.

결국 한국은 저출산이 인구 이슈를 장악한 가운데 고령화가 뒤따르는 양상이다. 하지만 2024년부터는 다소 달라질 것으로 예상된다. '저출산 vs 고령화'의 분리된 사고 체계가 합쳐질 가능성이 크다. '저출산→고령화'의 본격적인 연결 구도가 유력하다. 지금껏

출산율 0.78명이 인구 변화를 지배해왔다면 2024년부터는 고령화율 20%(초고령 사회)로 무게 중심이 넘어갈 것이다. 1955~63년에 태어난 베이비부머 상징인 58년 개띠가 경제활동인구(분모)에서 피부양인구(분자)로 넘어가기 때문이다. 한 해 약 ±70만 명이 고령 인구로 가세하면 사회적 영향력과 부담감은 커진다. 이후 102만 명이 태어난 1970년생 역시 10여 년 후 초고령 사회를 완성할 세대다. 즉 2024년은 한국사회에서 인구 변화가 갖는 우선순위가 중립화되며 출산과 사망 모두 챙겨야 할 원년으로 유력하다.

인구 절벽의 해법, 비혼 출산?

인구 변화는 한국사회에서 금방 지나갈 위기가 아닐뿐더러 불가피한 메가트렌드다. 출생률의 일시적인 반등처럼 비율 변화는 개선된다 해도 절대 인구는 하락추세에서 벗어나기 어렵다. 주지하듯 한국은 2019년 인구 자연 감소(출생−사망=마이너스)가 시작됐고, 1년 후 2020년에는 우려했던 총인구마저 내리막길로 접어들어 일본에 이어 전 세계에서 두 번째로 총인구감소 국가가 되었다.

자율적 선택의 필요성

이렇다 보니 **비혼 출산을 인구 문제의 유력한 해법으로 채택하자는 의견도 제기된다.** 비혼 출산이란 법적으로 혼인 관계가 아닌데 출산하는 것을 뜻한다. 결혼하지 않고 같이 살며 자녀를 낳는 동거 혹은 사실혼이 해당한다. 한국은 공고한 유교 문화로 비혼 출산율이 낮다. 사실상 세계에서 가장 낮은 수준으로 2020년 2.5%에 불과하다. 그나마 늘어난 수치인데, 혼인신고를 미루거나 혹은 싱글일 때 주거 대출 조건에 따르느라 혼인신고 없이 출산하는 경우가 늘어난 것이 기여했다. 최소한 결혼을 통한 대내외 공식 커플이 아닌 출산은 흔치 않다.

서구의 상황을 보면 비혼이 전제된 동거→자녀 출산→혼인이 적지 않다. 비혼 출산율의 EU 평균은 42%에 달한다. 아이슬란드(72%), 노르웨이(59%), 스웨덴(55%) 등 북유럽에선 평균 이상이다. 이들 **선진국은 비혼 출산 인정 여부와 출생률이 유의미한 상관성을 갖는다.** 북유럽은 평균 1.6~1.7명대의 출생률을 유지한다. 출생률 1.8명인 프랑스는 비혼 출산이 62%에 달한다(2020년).

이제는 가족 결성을 전통적인 장벽을 넘어 자율적 선택으로 인

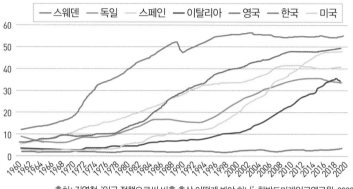

OECD 주요 국가의 혼외 출생률 추이

범례: 스웨덴 — 독일 — 스페인 — 이탈리아 — 영국 — 한국 — 미국

출처: 김영철, '인구 정책으로써 비혼 출산 어떻게 봐야 하나', 한반도미래인구연구원, 2023

정하고 비혼·결혼의 제도 정비를 고려해야 할 시기일 것이다. 물론 비혼 출산을 인정한다고 출생률이 회복될 것이냐의 이슈는 있다. 결혼 압박만큼 출산 이후의 부담 또한 무시하지 못하므로 동거를 허용한다고 모두 자녀를 낳을지는 알 수 없다. 집값부터 교육비, 육아 등 저출산 요인은 수두룩하다. 그럼에도 비혼 출산의 허들을 제거하는 것은 그 자체로 제도적 중립성에 부합할 것이다.

결혼, 모 아니면 도?

문제는 결혼을 함에 있어 양극화가 심화된다는 점이다. 일명 '부모님 찬스'까지 써서 비용을 충당할 수 있다면 결혼하고 흙수저라 빠듯하면 미루거나 포기하게 되는 경제적 격차가 심해지고 있다. 높은 집값을 감안하면 수도권에서 안정적인 주거 마련이 전제된 결혼은 불가능에 가까운 미션일 정도다. 게다가 대기업과 정규직의 고용 허들도 높다. 와중에 시장에서의 탐욕과 맞물린 SNS의 허세적인 문화는 그나마 있던 결혼 의지를 무너뜨릴 수 있다. 하루 몇 시간의 이벤트를 위해 상대적으로 천문학적인 돈을 쓰도록 과장하는 트렌드는 외신마저 염려한다. 이제는 명품 선물과 호텔 청혼이 트렌드로 거론되니 '허세↑ → 결혼↓ → 출산↓'의 논리 구조를 인정하지 않을 수 없다.

이는 물론 사적 영역이고 개인의 선호 현상이다. 다만 개별적 선택이 잘못된 신호로 해석되며 사회 부담을 전가하는 것은 문제가 될 수 있다. 과시적 소비가 사회 평균을 끌어올리며 박탈감을 안겨줄 수 있다는 것이다. 외신이 명품 대국 한국사회와 초저출산을 분리해서 보지 않는 이유다. 범용재가 점차 사치재처럼 인식되면 결혼은 사양산업이 될 것이다. 5060세대에서 일어나는 제2의 결혼 등 특수 시장이 존재해도 전체적인 파이는 작아질 것으로 본다. 앞으로는 능력과 의지를 갖춰 허들을 통과한 소수의 가족 결성과 포기, 반발 심리로 본능을 내려놓은 대다수의 싱글 세대가 공존하는 모습이 그려질 수 있다.

1번째 인구감소국 일본에서 산업의 답을 찾다

인구 변화는 구조 개혁을 뜻한다. 가족 단위와 결성이 변화했으니 저성장, 고학력 등 보편적 원인과 함께 한국만의 변화 요인도 바꿔주는 게 필수다. 가령 공부만 잘하면 인생이 편다는 과거의 주장과 논리는 재검토되어야 할 것이다. 고학력과 대기업 인생 모델을 따라 국민 대다수가 수도권에 몰려드는데, 아쉽게도 이곳은 고분업, 고밀도 공간답게 출생률이 낮은 지역이다. 결혼해도 직주분리형 주거의 한계와 육아의 부담까지 안아 후속 세대의 출산 의지를 떨어뜨린다. 그렇다면 **고학력, 대기업 인생 모델부터 시대 변화에 맞춰 바꾸는 게 좋다.** 성적순으로 챙기고 나머지는 버리는 대입 체계부터 손을 봐서 모두가 잠재적인 인재로 활약이 가능한 입시 정책을 펴는 게 맞다. 이후 세대부조형의 복지, 조세, 고용, 산업 정책 등도 저성장과 인구감소에 맞춰 재설정하는 게 효과적이다.

한 해에 100만 명 이상이 태어나던 고도성장기에 의탁한 인구보너스는 끝났다. 이제는 저성장에 의한 인구오너스(생산 인구보다 부양해야 할 인구가 늘어 경제성장이 둔화되는 것)를 걱정할 때다. 인구감소→시장 축소→산업 사양의 고정관념으로 인구 변화의 파고를 넘어설 수는 없다. 이럴 때는 정밀한 상황 분석과 역발상적인 혁신으로 환경을 조성하는 것이 필요하다.

개인화, 고급화 전략

자연 감소(2006)→총인구감소(2016)를 통해 세계 최초로 인구감소 국가가 된 일본은 이 논리라면 성장 자체가 어렵다. 그러나 현실은 그렇지 않았다. 인구감소에도 불구하고 저출산과 고령화에 맞춰 성장세를 나타낸 기업, 업종이 적지 않다. 저출산처럼 육아 및 취학 연령의 냉정한 절대 감소조차 혁신적이며 지속적인 수익으로 변화시킨 업종도 상당히 많다.

같은 업종이라도 대응 방법에 따라 기업의 실적은 달라진다. 일례로 교육, 육아 산업은 인구감소와 직결되는 대표적인 산업으로 알려졌다. 하지만 일본 시장을 보면 고급화, 특화 전략을 통해 1인당 소비와 투자액이 되레 늘어났다. 맞벌이가 늘고 공공 투자까지 가세하며 시장 규모가 더 커진 것이다. 소매 산업도 비슷하다. 인구감소로 일상적 수요가 줄면 도소매 유통도 축소될 것으로 예상되었지만, 일본은 대형 할인점의 고전과 함께 소형 편의점이 시장을 장악하며 정리되었다. 고급, 세분화를 통해 편의점이 생활 안전의 플랫폼으로 자리 잡으며 시장이 커진 것이다.

인구 변화가 빚어낼 새로운 산업

대표적인 업종이 반려동물, 공유, 손해보험, 전자 상거래, 인재 산업 등이다. 반려동물은 산업적으로 가족 분화를 대체할 유력한 소구 대상이다. 육아보다 반려라는 표현처럼 반려동물 시장 규모는 6조 원에 달하며 고성장 중이다(한국농촌경제연구원). 실제 가족의 기능을 대체할 펫 산업은 불황 속에서 성장하는 파트다. 사용 가치를 중시하며 친환경 트렌드를 이끄는 공유 시장, 사망보다 생존 보장을 우선하는 틈새형 미니 보험이 주도할 손해보험 시장, 포노 사피엔스로 생활 필수가 된 유통 혁명의 전자 상거래 시장, 고용의 변화와 아웃소싱에 맞춰진 매칭 가치를 중시하는 인재 산업 등은 인구감소와 무관하게 활발히 운영되는 알짜 산업이다. **또한, 간병 및 의약 산업처럼 성장이 뚜렷한 연령 산업은 당연히 눈여겨봐야 한다.**

신도시 실험

한국의 출산율(0.78명)은 일본(1.27명)보다 훨씬 나쁜 데다 내리꽂는 형태로 단기간에 인구가 감소하고 있다. 다만 일본은 장기간의 경험이 축적됐기에 우리가 벤치마킹할 지점도 있다. 사회적 분위기와 세부 구조가 다르기 때문에 일본의 사례를 그대로 한국에 가져올 수 없지만, 한국과 유사한 경로에서 성과를 낸 경험이면 '한국의 구조+일본의 실험'이라는 조합에 주목해봐도 좋다.

그중에서도 신도시가 양 국가의 비교 대상이 될 만하다. 1960년대 도쿄 외곽에 건설된 신도시의 수명(현재)과 조정(미래)에 대한 대응은 1989년 제1기 신도시를 시작한 한국에도 유의미하다.

현재 일본 수도권의 신도시는 여전히 몰려드는 사회 전입 덕분에 확장성을 지닌다. 유령 마을로 변질된 구축 아파트의 가격 급락, 물건의 방치 속에서 광역 교통의 거점 공간을 중심으로 한 역세권과 신형 조성은 고가 행진 중이다. 코로나19 이후 유연 근무 형태가 도입되어 아날로그의 사회적 분위기임에도 직주 분리가 점차 받아들여지는 추세다.

다만 한국은 도쿄 블랙홀을 자랑하는 일본과 달리 수도를 향한 사회 전입이 조금씩 정체되고 있기 때문에 조금 다르다. 1000만 명 인구를 자랑한 서울은 스태그플레이션(성장 감소·물가 상승)이 빚어낸 직주 분리 탓에 취약한 연결고리인 청년 인구의 경기 러시 속에 계속해서 감소세다. 경기도 인구도 2022년부터 통계로 보면 통계로 마이너스를 내기 시작했다. 총인구감소 때문이다. 이 때문에 과거처럼 신도시를 새로 만들어서 공급하는 주택 개발이 유효할지 고민할 시점이다. 본격적인 인구감소에 맞춰 선제적 차원의 공급 조정마저 거론될 정도다. 일본과 가장 큰 차이다.

그렇다면 방식은 신도시보다 원도심과 시가지의 재구성 이슈로 무게 중심이 쏠린다. 난개발, 반환경, 고가격 등에 맞서 신도심에 자리를 물려준 우선권을 인구감소를 내세워 새롭게 장악할지 관건일 것이다. 물론 큰 틀에서는 또 다른 신도시도 개발될 수 있겠지만, 기존의 신도시를 유령화할 수 없으므로 1기 신도시를 가꿔나가는 방식에도 집중해야 할 것이다. 참고로 도쿄의 경우 원도심은 수직 도시로 불리며 단일 공간에 공공, 상업, 주거, 교육 등 생활 인프라를 결집시킨 방식으로 수축 사회를 대비하고 있다. 이것이 큰 건물 하나에 생활 인프라가 모두 집결된 콤팩트시티다. 사실 한국에서도 이미 아파트 안에 형성된 커뮤니티 등 비슷한 풍경과 조짐이 보이고 있다. 머지않아 한국도 **15분 거리로 불리는 콤팩트시티를 본격적으로 논의할 수밖에 없을 것이다.**

사람을 수입하는 나라
한국?

인구 변화는 사망과 출생을 비교한 '자연 증감'과 전입, 전출을 다루는 '사회 증감'으로 크게 두 가지 방향성을 갖는다. 통상 사회 증감을 뜻하는 전출입이 적은 사회라면, 사망과 출생을 면밀히 모델링하면 해당 단위의 미래 인구를 추계해도 설득력이 높다. 주요 선진국의 인구 추계는 이런 이유로 비교적 추정치의 신뢰성이 보장된다. 여기엔 미국, 영국, 독일, 스페인, 캐나다, 이탈리아 등이 해당된다. 이들 국가는 사회 이동이 적기 때문에 사망, 출생 통계만 잘 반영해도 미래의 인구를 계산할 수 있는 것이다. 선진국은 왜 사회 이동이 적을까? 이는 '왜 한국사회는 일상적인 전출입이 많을까?'와 같은 질문이다. 한 마디로 중앙집권형의 서울 공화국이 만들어낸 인재, 자원, 기회의 독점 모델 탓이다.

　전출입의 사회 이동은 국내에만 한정되지 않는다. 고학력, 대기업 사원이라는 인생 모델처럼 더 좋은 기회와 미래를 찾아 움직이는 건 본능이다. 요컨대 국제적 이동, 즉 이민이 있다. 문제는 국제 이동의 중요성과 결정력이 갈수록 강화된다는 점이다. 과거에는 비행기로도 쉽게 갈 수 없는 교통 허들, 각 나라의 이민 규제, 문화적 충돌 등 다양한 이유로 국제 이동이 적었지만, 지금은 인구감소 우려가 거센 선진국을 중심으로 한 국가적 리크루팅으로 비화되며 돈을 벌 수 있다면 어디든 이동하는 현상이 급증했다. 그중에서도 **'저밀도·고출산'으로 정리되는 후진국 및 개발도상국에서 '고밀도·저출산'의 선진국으로 이동하는 흐름**이 일반적이다. 이렇다 보니 주요 선진국은 자연적으로 인구가 감소함에도 불구하고 오히려 총인구가 늘어나는 면모를 보인다. 특히 유입된 인구의 출산율이 원주민보다 대개 높아 총인구증가에 기여한다. 미국은 남미에서, 유럽은 아프리카에서 유입이 계속되는데 이민자들이 3D 산업에, 내국인이 성장 산업에 종사하며 안정적으로 사회를 받쳐주고 있다.

오세요, 한국으로

한국도 본격적으로 출사표를 던질 찰나다. 경제성장이 일단락된 신진국은 인구의 사연 감소를 이겨낼 방법으로 이민 확대를 택했다. 난민, 불법 이민과는 별개로 건강한 사회 버팀목이 될 수 있다면 러브콜을 날린다. 자격이 되면 다양한 루트를 통해 정착을 돕는다. 미국, 호주, 캐나다 등 전통적인 이민 국가부터 독일 같은 서유럽 국가까지 뛰어들어 국제판 인구 쟁탈전이 벌어지고 있다. 이민의 확대는 윤리나 박애적인 관점의 인도주의보다 실리주의에 가깝다. 이민 외에 노동 공급을 풀어낼 수 있는 것이 1. 출산 2. 로봇 도입 3. 정년 연장 4. 제도 중립적인 임금제도(임금피크제) 네 가지가 있는데 현재로썬 인구감소의 대안 중 가장 실효적이며 즉각적인 것이 이민이라 할 수 있다.

출산이 아니면 수입도 고려 대상이 된 시대, 이민 카드는 국부 창출 전략의 핵심 변수가 됐다. 실제 전 세계 출산율은 1970년 5.5명에서 2022년 2.4명까지 줄어들었다(UN). 곧 인구 유지선 2.1명을 하향 돌파할 확률이 높다. 민족, 문화, 핏줄로 상징되는 인구 분류가 무의미하게 전방위적인 흡수 경쟁이 벌어질 수밖에 없는데, 이런 점에서 한국의 이민청 신설 결정은 그 자체로 시의 적절하고 유의미하다. 되레 늦은 감각일 정도로 세계 시류와 격차가 있다가, 코로나19 이후 간병을 비롯해 3D 산업의 인력 부족이 가시화되자 본격적인 논의에 진입했다. 여기에 동남아 국가로부터의 육아 도우미 유입 정책까지 붙으며 이민 기구의 필요성이 대두됐다.

이민 문호를 낮춰 유입이 보강되면 단기간에 인구감소의 충격이 저지될 것으로도 기대된다. 낳아 기르는 것보다 받아들이고 늘리는 게 양적 측면에서는 좋기 때문이다. 단, 이는 출산과 유입이 대등할 때 통하는 전제다. 이민은 수많은 문제를 내포하고 국내 여론도 냉담한 편이다. 적응 단계라지만 아직 순혈주의적 민족의식 탓에 외국인을 배제하는 경향이 짙다. 빈국 출신이면 단순노동의 프레임과 함께 경제 빈곤, 문화 갈등, 사회 분리를 당연시하기도 한다. 국내에 체류하는 외국인 다수는 이방인 신세다. 특히 다문화가정 등 이민 2세는 자신이 한국인임을 당연히 여기나, 외부 시선은 그렇지 않다. 차별도 존재한다. 이렇듯 빈곤의 재생산은 막대한 사회 비용을 유발할 수 있지만, 이민 확대를 멈추기는 어려울 것이다. 세계적인 트렌드에 부합하는 데다 무엇보다 이민 없이 적정 규모의 인구와 산업을 유지하기 힘들기 때문이다.

1700만 명의 베이비붐(1955~74년생) 세대가 고령 인구에 편입되며 생산 인구가 줄어들고 있다. 2023년 은퇴 인구(65세↑ ±80만 명)는 생산 진입 인구(15세↑ ±40만 명)의 2배에 달한다. 생산 가능한 인구의 급락은 중위연령 고령화처럼(1997년 30세→2021년 44세) 거대 인구가 생산 주체에서 봉양 대상으로 바뀌는 걸 뜻한다. 이 간극을 메울 유력한 대안이 이민이다. 뿌리산업에 투입된 산업 연수생, 고용 허가제의 정책 효과만 잘 정리해도 이민의 확대가 갖는 기대 효과는 충분하기 때문이다.

그럼 한국에서 이민을 받게 되면 기술력 있는 외국인들이 원활하게 유입될까? 아직은 미비하다. 선진국은 이미 오래전부터 단계적으로 정책을 펼치고 있지만 한국은 그에 못 미친다. 캐나다, 독일 베를린처럼 다른 나라와의 경쟁이 불가피한데 그만큼 이민자들을 위한 정책이 필요하다. 현재 한국의 이민 장벽은 높은 편이다. 유학이나 관광 비자를 받기는 쉽지만, 투자나 거주 비자는 상대적으로 까다롭다는 평가다. 영구적인 이민 개념보다 단기적인 노동력 수입으로 보기 때문이다. 인구 확보의 수단(노동 수입)

과 지향(영구 정주)이 나눠진 결과다. 선진국은 보통 '노동 수입=영구 정주'인데, 한국은 아직 구분된다. 즉 머물다갈 사람답게 '이민 정책=노동 수입'이 일반적이다. 조건이 되는 전문 인력만 반기는 뉘앙스이고, 현실은 고급 인력조차 단기 체류가 많다.

이민의 경제 효과

인구감소에 따른 수요의 감소를 외국인 덕에 버텨내는 지방 상권만 봐도 효과를 알 수 있다. 농수축산업뿐 아니라 영세한 현장의 뿌리산업은 저렴한 몸값의 유입 인구로 버틴다. 최소한 1차와 2차에 걸친 산업 현장은 외국인의 역할을 부정하기 어렵다. 반면 노동 수입이든 영구 정주든 외국인의 유입이 내국인의 일자리를 뺏는다는 염려도 제기된다. 성근 결론이지만 선행된 연구를 종합하면 이민에 따른 고용 경합은 거의 없다고 볼 수 있다. 일자리 자체가 달라 부딪치지 않는다고 본다. 줄어드는 일자리는 외국인을 채용해 경합하기보다 새로운 기술과 혁신 도입으로 절대적인 고용 유발이 낮아졌기 때문이다.

반대로 '이민 증가=취업 확대'란 등식도 힘을 얻는다. 실제 미국의 혁신 기업은 이제 이민 세대가 시작했다는 설까지 뒷받침한

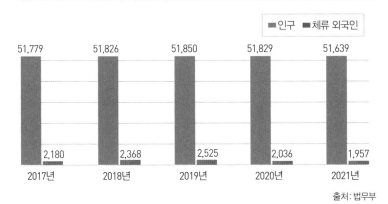

한국 전체 인구 대비 체류 외국인의 추세

■인구 ■체류 외국인

	2017년	2018년	2019년	2020년	2021년
인구	51,779	51,826	51,850	51,829	51,639
체류 외국인	2,180	2,368	2,525	2,036	1,957

출처: 법무부

다. 이민 증가로 재정확충의 기대감도 높아진다. 연금제도의 지속 가능성은 현역 이민의 경제활동에 비례하기 때문이다. 현재 한국사회에 비춰볼 때 저출산이 반등할 확률이 낮다면 눈앞의 이민 대안은 실리적으로 고려해볼 만하다.

체감도는 낮지만 한국은 다문화사회로 평가된다. 인구 절벽을 이 기자는 차원 이전에 수많은 외국인이 유입됐다. 체류 외국인 250만 명에 자녀, 귀화한 인구까지 넣으면 300만 명에 달한다. 이 트렌드를 되돌리기엔 당위성과 현실론 모두 부족하다. 실제 단일민족을 넘어 전국 곳곳에 언어, 국적, 종교가 다른 외국인이 거주한다. 특정 지역은 이미 외인 사회로 안착한 듯하다. 생산, 소비 이상의 인프라까지 다문화로 채색된 공간이 적지 않아 인원수에 밀려 역차별을 당한다는 푸념까지 들린다. 갈등의 불씨로 불리는 불법체류자도 상당하다(약 38만 명). 그렇다고 이 흐름을 거스르기란 어렵다. 정부의 이민청 논의처럼 이왕 시작한다면 가성비 좋은 성과 창출에 집중할 때다. 특히 단순 노동보다 우수한 인재의 유입 정책이 시급한 상황이다.

달라진 늙음, 60년대생이 온다

'달라진 늙음'은 2024년 주목해야 할 미래 시장 키워드 중 하나다. 새로운 능력과 기반을 갖춘 소비 주체가 등장했기 때문이다. **'달라진 늙음'을 정리하면 노화를 탈피하고, 젊음을 지향하려는 욕구가 공존하는 중고령 인구다.** 고령화, 단신화, 무직화의 전통적인 이미지와 달리 과거보다 개선된 시간, 신체, 경제력을 갖춘 집단이라고 보면 된다. 이는 '뉴 실버 세대', '요즘 어른', '오팔 세대', '신新어른 시장' 등 다양한 이름으로 불리고 있다.

연령 기준으로 본다면 60년대생이 포괄적인 공통분모로 잡힌다. 인구수도 많고 소비하려는 의지도 높아 미래의 시장을 주도할 잠재 고객이다. 여기에서 60년대생은 새로운 중년이란 타이틀 답게 58년 개띠부터 70대까지 아우른다. 비슷한 조건을 갖춘 40대까지 포괄한다면 40~69세의 30년 구간이 합리적일 것이다. 구성 비율은 2015년 42.7%(2,178만 명)에서 2035년 43.8%(2,312만 명)로 늘어나 청년(10~39세)인구의 35.4%(2035년)를 능가하는 최대 집단으로 부각될 것이다. 또한 이들은 부모 봉양과 자녀 부양까지 책임질 세대로 상당한 소비 파급력을 갖는다.

60년대생의 뛰어난 소비력

본래 자산과 소득이 중장년에 집중되는 건 맞지만, 60년대생만큼 구매력이 높은 집단도 사실 별로 없다. 고성장에서 저성장으로 가는 변곡점에서 상대적으로 많은 자산 증식과 고용의 안정을 맛본 결과다. 가구주 연령대별 순자산은 60년대생이 포진한 50대(5억 3,473만 원)가 제일 많다. 60대 이상(4억 8,327만 원)까지 넣으면 압도적이다(2022년, 가계금융복지조사). 월 평균 소득과 연령 계층별 소비력 등 60년대생의 경제 수준을 뒷받침하는 통계를 정리하면 이들은 단군 이래 부모, 자녀보다 돈이 많은 최초이자 최후 세대에 가깝다.

　MZ세대로 불리는 후속 주자만 해도 저성장 시기에 맞물려 있다. 통계마다 금액은 다르나, 60년대생은 은퇴 이후 평균 생활비 200만~300만 원대는 확보했을 확률이 높다. 무엇보다 고도성장기와 겹쳐 자산 증식의 경험이 많아 노후 소득원의 균형감도 기대된다. 근로소득, 자산소득, 공적이전(연금), 사적이전 등 포트폴리오가 다양한 편이다.

　60년대생은 달라진 라이프스타일을 지향한다. 백발의 그레이Grey, 전성기를 뜻하는 르네상스Renaissance의 합성어인 그레이네상스가 이슈되는 것은 소비와 산업의 주도권이 중, 노년층으로 이동되었다는 사실을 여실히 보여준다. 그레이네상스를 누리려면 전제 조건이 따라온다. 그들은 평균적으로 고학력이며 가치관은 다양하고, 구매 경험과 소비 취향도 길고 까다롭다. 축적 재산도 많아 중년의 기간이 길어진 이들을 마냥 복지 대상으로 보거나 범용적인 특정 집단으로 규정하는 마케팅을 펼치면 먹혀들기 어렵다. 그럼에도 길어진 평균 수명과 불안한 미래 생활로 요약되는 장수의 위험은 내재된다. 따라서 눈높이에 일치할 때 지갑을 열지만, 나름 절제된 소비패턴이 기저에 깔린다. 내수 서비스를 더 공고히 하여 사전 준비부터 사후 관리까지 총체적인 개념 전환의 시니어 시프트Senior Shift가 안착할 때 60년대생은 고객으로 연결된다. 시대의 변화에 맞게 소비 표준을 바꿔야 한다.

은퇴자 1700만 명
시장을 노려라

60년대생을 위한 시장의 대응은 이미 시작됐고, 레드오션을 블루오션으로 진화시키려는 실험에 주목해야 한다. 그중에서도 한국사회와 유사하면서 시니어 마켓이 구체화된 일본 사례를 참고할 만하다. 일본은 20여 년 전부터 시니어 마켓을 둘러싼 시행착오를 반복했다. 그 결과 60년대생의 소비 취향을 분석하며 일상적인 재화의 쇼핑은 물론 유통과 금융까지 가세한 서비스를 마련하는 데 성공했다. 30%를 웃도는 초고령사회(고령 인구/현역 인구)답게 60년대생의 미래 욕구까지 장악한 분위기다. 한국도 시간문제다. 당분간 한국사회의 생존과 성장은 60년대생이 어떻게 장악할지 그 여부에서 엇갈릴 전망이다.

90년대생에서 60년대생으로 이동하는 것은 예고된 트렌드이기도 하다. 가령 사업 모델을 입시 교육에서 평생 교육으로 전환하거나, 기존 제품과 서비스의 연령 구분을 없앤 평생소비형을 강조하는 마케팅 혹은 60년대생 타깃의 라인업을 강화하는 흐름이 보인다.

새로운 중년 세대를 포섭하는 게 한국보다 빨랐던 일본은 더 구체적이다. 60년대생인 5060세대와 90년대생인 2030세대만 비교하면 편의점은 물론 온라인에서까지 소비력이 역전됐다. 간판 상품의 판매 전략도 바뀌고 있다. 안경, 자동차, 식품 등 다양한 업종에서 60년대생을 의식한 라인업이 드러난다. 안경은 학생 위주의 근시 대응에서 노안 대비로 수정했고, 스포츠 클럽도 이용자 수는 청년 중심에서 60년대생으로 역전된다. 아직 고민하는 기업이 많지만, 무시할 수 없는 대세가 됐다는 게 중론이다.

금융권도 마찬가지다. 대표적으로 체감적인 장수 위험을 경감시켜주는 신상품을 설계한다. 미쓰이스미토모는 일본 은행 중 최초로 별칭 '장수 연금'인 톤틴 상품(종신 연금 보험)을 내놨다. 일본 생명보험도 업계 최초로 톤틴 상품Grand Age을 출시해 주목받았다. 노무라 증권은 연 3% 목표 이자를 설정, 60년대생의 눈높이에 맞춘 장수 투신으로 맞대응한다.

60년대생의 발굴은 불황을 극복할 힌트 중 하나다. 고용과 내수 확대의 디딤돌로 활용하면 새로운 성장엔진이 될 수 있다. 또한 현재 중년이 미래의 노년이라면 60년대생의 패턴 장악은 초고령화의 바로미터로 좋다. 소수의 변방에서 활동하는 고객이 아닌 강력한 신생 타깃으로 매스 수요에서 이탈한 최초의 고객이기도 하다. 사실 90년대생의 소비도 선배 세대 끝자락의 변형된 소비 행태에서 잉태된다는 것을 감안할 때, 젊음과 늙음의 가운데에 선 60년대생은 의미심장한 세대다. 샌드위치 비유처럼

연령대별 한국의 인구 구성 비중 추이 (단위: 명, %)

	1990년		2015년		2035년	
	인구	구성비	인구	구성비	인구	구성비
청년(10~39세)	31,261,793	73.0	24,797,365	48.6	18,709,187	35.4
중년(40~69세)	**10,313,257**	**24.1**	**21,782,135**	**42.7**	**23,118,549**	**43.8**
고령(70세~)	1,294,233	2.9	4,435,447	8.7	11,005,986	20.8
합계	42,869,283	100	51,014,947	100	52,833,722	100

출처: 전영수, 『한국이 소멸한다』, 비즈니스북스, 2018

그들의 선호 가치와 채널 환경을 양방향으로 두루 반영하는 게 좋다.

한편 60년대생은 제도적 변화를 경험할 확률도 높다. 곧 맞이할 65세 정년 제도가 60년대생과는 맞지 않기 때문이다. 인구감소와 재정 악화가 맞물려 기존의 복지모델은 유지되기 힘들다. 국민연금 수급 연령을 65세 이상으로 높이는 방안이 유력한데, 그렇다면 더 일할 수 있도록 구조를 바꾸는 '정년 연장' 루트로 갈 수밖에 없을 것이다.

특히 60년대생은 대부분 국민연금의 만액 조건(20년)을 갖췄고, 고도성장기의 수혜를 입은 덕에 소득비례형의 연금 납부액마저 상당한 수준인 데다 맞벌이까지 감안하면 연금 재정은 지속되기 어렵다. 이들이 받을 연금까지 계산하면 시니어 시장의 크기를 짐작할 만하다. 국가적으로 보면 정년 연장은 안전장치일 수밖에 없다. 물론 정년 연장의 수혜자가 대기업, 공무원 등 전체 근로자의 10%도 안 된다는 점은 함정이다. 절대다수는 정년퇴직 없이 그보다 이른 나이에 현장을 이탈할 수도 있다. 이들의 파이도 꽤 있다. 늘어난 평균수명까지 감안하면 단기 일자리로 생계를 유지하려는 이들이 많아지거나, 적극적인 창업으로 내수 시장에 도전하는 길이 대부분일 것이다. 다행히 서비스 기본법 등 내수 산업을 키우려는 변화의 양상은 목격되고 있다. 단 전체적인 퇴직자의 취업·창업 시장은 어려울 수밖에 없으므로 다양한 기회가 창출되어야 할 것이다.

연금받을까,
더 일해야 할까

물구나무를 서면 결국 넘어진다. 아래는 가볍고 위가 무거운데 버텨낼 재간이 없다. 인구 문제도 같다. 밑(경제활동 인구)이 탄탄하게 공급되고 위(피부양 인구)가 숫자가 적을 때 이른바 세대 부조가 지속된다. 한국은 1950~60년대부터 수출로 경제 전략을 잡은 이래 압축적인 고도성장을 이뤄냈다. 그 원점에 수많은 청년 인구(베이비부머), 저렴한 인건비, 준비된 우수 인재(고학력화)의 3박자가 있었다. 인구의 증가로 노동력 공급과 재정 확충이 이뤄지니 생산 요소의 양축인 노동, 자본도 자연스레 보강됐다. 그래서 고도성장은 인구보너스의 힘이란 평가가 뒤따른다.

경제활동 인구가 줄어들고 피부양 인구가 늘어나면서 세대 부조를 기대하기 어려워졌다. 세대 부조를 전제로 '현역 생산 인구 축적 → 노년 수혜'의 구조를 짠 제도들도 흔들린다. 평균수명 연장까지 반영해 부양의 부담이 가속화될 경우 사회 근간이 위태로울 것이다. 대표적으로 조세, 복지가 직결된 사회 보장제도가 있다. 내는 건 적고, 받는 게 늘면 사회보험은 유지하기 어렵다. 벌써 5대 사회보험 중 국민연금을 빼면 단년 기준 적자 전환에 들어갔다.

2024년 한국사회를 인구 문제로 치환하면 초고령화로 정리된다. **65세 시점을 돌파한 베이비부머가 관련 이슈를 주도하게 되는데 국민연금의 지속 가능성이 개혁 논의와 함께 전면에 부각될 수밖에 없다.** 연평균 85만 명의 1955~74년생(1700만 명)이 2040년까지 모두 새로운 연금 수급자로 가세해서 적자 전환과 기금 고갈의 타이밍은 앞당겨지고 있다.

결국 MZ세대에게 사회보험은 외상 장부에 가깝다. 본인은 못받을 수도 있는데 보험료는 내야 하는 기묘한 부양 숙제로 해석된다. 인구 피라미드를 보면 세대 부조가 불가능에 가까운 일이라는 게 뚜렷하게 드러난다. 이 인구 추계는 불과 1세대인 30년 후

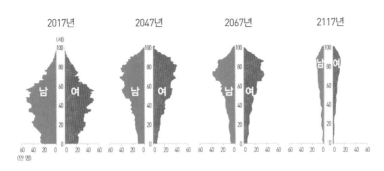

출처: 감사원

면(2047년) 완전한 역삼각형의 초고령, 고부담 사회가 펼쳐짐을 알려준다.

그렇다면 베이비부머는 연금으로 은퇴 생활을 지낼 수 있을까. 현재 은퇴하는 인구의 연금소득은 윗세대보다 훨씬 좋을 전망이다. 제도 초기에 가입을 꺼렸던 탓에 무연금 혹은 저연금이 많았던 윗세대와 달리 그보다 넉넉한 연금 생활이 가능할 수 있다. 가입 기간이 길고 만액 조건을 갖추며 소득 비례로 납입해둔 보험료 자체가 높다면 고액 수급일 확률이 높다. 여기에 정규직과 맞벌이 부부라면 연금 수급 비용은 증액된다. '용돈 연금' 이상인 것이다. 여기에 자산 소득과 사적연금 등까지 가세하면 유유자적 은퇴 생활도 가능할지 모른다.

　그러나 연금 생활이 모두에게 해당하지는 않는다. 국민연금의 세대 부조만큼 중요한 게 사적연금의 축적인 까닭에서다. 안정적인 은퇴 생활은 다양한 안전장치가 전제될 때 실현된다. 금전 소득으로 한정한다면 최소한 **3층 연금 구조가 필요하다. 1층 국민연금, 2층 퇴직연금, 3층 개인연금** 등을 통해 기본, 안정, 여유의 단계별 노후 생활을 설계할 수 있어서다. 일각에선 한국형 토지 신화를 반영해 **4층 주택연금까지 만들어 노후 생활의 유동성과 환금성을 높이는 전략도 있다.** 중요한 것은 전 국민의 세대 부조형이 내재화된 국민연금의 급부 수준(수급비)이 하향 안정화될 것이란 전망이다. 지금대로라면 물가와 상관 없이 저부담·고급여→고부담·저급여로 전환될 수밖에 없어서다. 현역 생산 인구는 물론 은퇴 인구도 감액 조치가 계속될 수밖에 없어 긴장해야 한다.

두터운 연금 구조 만드는 법

향후 은퇴 인구의 생활은 준비하는 것에 비례해 양극화될 것으로 보인다. 국민연금은 의무 가입인 데다 ① 지급이 보장되어 압류나 양도 대상 없이 안전하고, ② 영업 이윤 없이 가족수당을 지급하며, ③ 수익성이 낮은 편이 아니라는 점, ④ 물가상승률을 반영한 실질적 가치로 연금 지급 등의 장점이 있지만 기대 효과가 낮아지기 때문에 추가 방안을 마련해야 한다.

퇴직연금은 340조 원(2022년)의 운용 규모에서 확인되듯 갈수록 파워가 커질 전망이다. 직장인이면 국민연금을 대체할 노후 자금원이다. 소득 비례의 장기 가입이면 짭짤한 연금소득을 기대할 수 있다. 물론 운용 회사나 방식 등으로 수익률은 천차만별이다. 디폴트 옵션처럼 수익 관리를 위한 다양한 제도를 숙지하고 단순히 맡기는 게 아니라 적극적인 관리가 전제될 때 성과가 좋아질 것이다.

개인연금은 공적 한계를 극복할 수 있는 개인 차원의 노후대책 중 하나다. 사실상 다층적 연금 구조의 마침표로 선택이 아닌 필수로 해석된다. 특히 퇴직연금을 받을 수 있는 급여 생활자가 아닌 경우라면 개인연금은 필수다. 종류는 3가지다. 판매 기관별 저축신탁(은행), 저축펀드(증권), 저축보험(보험) 등으로 불린다. 은행은 사업비가 감안되는 보험보다 수익률이 낮고 최저이율을 보장해 안정성이 좋다. 보험은 종신, 일시선택 등 수령 방법이 다양한 게 장점이다. 증권은 운용 능력을 감안하면 고수익에 대한 기대감은 높지만, 리스크도 크다. 가입 시점이 늦은 50대 이후면 즉시연금이란 상품도 고려해볼 만하다. 개념이 조금 다르지만, 주택연금으로 불리는 역모기지(장기대출을 받고 나서 대출자가 사망하거나 대출이 만기된 때에 일괄 상환)도 일종의 개인연금이다. 보유한 아파트를 담보로 특정 기간에 걸쳐 연금처럼 수령해 4층 연금으로 불린다.

연금소득만으로 살기 힘든 경우 어떻게 대응해야 할까. 한국의 절대다수는 다층 연금은 물론 별도의 소득 체계를 갖춰야 생활의 품질이 유지된다. 노후 소득원인 근로소득, 자산소득, 공적연금, 사적이전 등 중첩화된 포트폴리오가 그렇다. 역산으로 검토하면 사적이전은 자녀로부터 금전(용돈) 수령을 뜻하는데, 저성장 시대에 크게 기대하기 어렵다. 공적연금은 국민연금을 필두로 개혁 압박에 들어가면 줄어들 공산이 커 의존성을 낮추는 게 바람직하다. 자산소득은 전체적인 저금리, 저성장을 감안할 때 목표 수익률이 낮아 지금처럼 높은 기대 효과는 사실상 어렵다. 결국 남는 건 근로소득이다. 즉 고령 근로의 장기적 지속이 현실적인 노후 소득원이라 할 수 있다.

은퇴에 임박한 5060세대라면 근로소득의 지속 가능성에 무게 중심을 두는 게 좋다. 은퇴의 고정관념을 버리고 무업無業으로 여기지 말자는 뜻이다. 몸이 말을 듣지 않을 때가 비로소 은퇴할 시점이 아닐까? 유병 비율이 본격화되는 75세까지는 현역이다. 은퇴 시기를 재고하는 것과 근로 시기의 변경은 서로 맞물린다. 정부와 기업은 은퇴 인구의 욕구 분석과 제도 수정에 나설 필요가 있다. 고령 근로는 피할 수 없는 시대적 흐름이다. 길어진 평균수명과 경직적 정년 제도는 무려 30~40년의 갭을 갖는다. 간극 축소를 위한 돌파가 필수다.

뉴실버 세대의
'나 혼자 잘 산다'

전체 인구에서 65세 이상인 인구가 20% 이상이라는 뜻의 초고령 사회는 추계를 앞당겨 2~3년 후면 닿을 것이다. 60년대생의 선배 그룹이 중심이 된 '뉴실버 세대'의 시장 장악력도 무시할 수 없다. 앞으로 60년대생의 초고령화에 대응할 전략을 위해서도 뉴실버 세대의 동향과 욕구 분석은 필수다.

이 현상은 고객 분화가 전제된다. 신중년 60년대생과 신노년 뉴실버 세대의 구분이 그렇다. 60년대생이 초고령화에 접어들면 시니어 마켓은 성장 산업이 될 것이다. 고령화율 30%대에 육박하는 일본의 시니어 마켓 성장 규모가 남다른 것만 봐도 그렇다.

시니어 마켓에 대응하자면 면밀하게 접근해야 한다. 60년대생과 겹치지 않게 고령 기준을 65세에서 75세로 타진하는 선진국도 적지 않다. 현재 노인 기준인 65세는 1889년 독일 재상 비스마르크가 고령연금 도입 때 제안한 것이다. 이를 토대로 UN은 1950년 〈세계 인구고령화 1950~2050〉 보고서에서 65세를 고령 기점으로 봤다. 이 기준이 지금껏 흘러왔으니 시대 변화 차이가 나는 건 당연한 수순이다. 연령 상한은 세계적 흐름이며 이는 결국 국내 고령 기준을 재검토하는 것으로도 귀결된다. 그래야 고령 인구 근로부터 정년 연장, 은퇴 이슈인 고립, 질병, 빈곤 문제도 재수정할 수 있다.

뉴실버 세대의 집중적 소비는 간병과 의료로 포괄되는 돌봄이다. 요컨대 유병 노후가 전제된 '늙음'의 비즈니스화다. 지금까지는 정부의 고령 복지가 중심이었다. 다만 재정적 부담이 커지면서 벌써 장기 요양보험을 비롯해 지출이 천문학적으로 늘어나고 있다. 고령 연령을 상향해 적용될 인구를 축소하려는 이유다. 문제는 늙음을 다루는 저부담, 고수혜의 공공복지가 원래부터 돌봄 수요의 1%도 안 되는데다 99%는 영세한 민간 파트의 산업처럼 여겨지며 사람들의 불만이 상당하다는 점이다. 이 틈새시장이 돌봄의 시장화다.

돌봄 사업은 확장성이 좋다. 시설 간병, 주간 간병, 방문 간병, 복지 용구, 배달 서비스, 생활 지원 서비스 등을 아우른다. 세부적인 영역 또한 배식 서비스, 지킴 서비스, 가사 대행 등 본격화된다. 사람들의 건강 상태별로 시장의 수요가 다양화되었는데 보통 간병 예방을 위한 헬스 케어와 식품 유통의 수요가 많고, 아프면 돌봄 단계의 생활적 수요로 넘어온다.

기술 혁신으로 IT나 로봇을 활용한 서비스도 나날이 진화된다. 생활을 유지할 수 있도록 돕는 대행, 보조 수단은 관련 산업으로 편입될 수밖에 없다. 이업종마저 신규 진입하며 영역별 차별화를 위한 M&A 등 사업적 동맹도 일상적이다.

한국은 보험사의 요양 서비스 진출이 필두일 것이나 아직 초기 단계다. 뒤집어 말해 더 큰 기회가 아직 있다. 일본은 거대 인구가 수명 연장과 내수 토대 등과 맞물려 시장 경쟁이 치열하다. 이업종(서로 다른 업종인 기업이 기술이나 판매력을 교환하여 약점을 보완하는 경영 방식)에서의 진입, 기존 사업자의 새로운 업태 진입과 업태 확대 등이 그렇다. 이업종은 부동산, 물류, 오락, 경비 업체 등의 도전 사례가 많다. 기존 사업자는 주력 산업과의 연관성을 내세워 간병 업계에 진입해 덩치를 키운다. 일본 업계의 쌍벽인 소니와 파나소닉 등 가전 업체조차 간병 산업에 뛰어들 정도다. 소니는 간병 사업 전담 자회사인 소니 라이프 케어를 내세워 다양한 유료 노인홈(민간 시설)을 자회사로 삼는 전략을 내놨다. 파나소닉은 간병에 특화된 주거 공간을 내세워 건강, 금전 능력별 차별화를 꾀했다.

뉴실버 세대의 소비 시장은 욕구별로 다양한 맥락에서 발굴할 수 있다. 범용재부터 사치재에 이르기까지 개인의 상황에 따라 달라지긴 해도 대체적인 욕구 발현은 단계별로 연결된다.

먼저, 최소한의 기초 수요는 가장 범용적인 시장성을 갖는다. 의식주가 계속되는 한 반복형 생활필수품은 소비될 수밖에 없다. 키워드는 삼시세끼, 구매 대행, 안부 확인, 가사 대행 등으로 정리된다. 기초 수요가 완비되면 더 오래 건강하게 살고픈 무병장수의 길을 향한다. 예방 운동, 간병 대책, 전용 주택, 사후 준비 등의 키워드로 압축된다. 생활과 건강이 일정 부분 실현되면 관계적 소비가 발생한다. 독거 생활일지언정 연결을 통한 심리, 관계 안전망을 다지고자 가족주의, 손자 사랑, 효도 상품, 황혼 인연 등에 집중하는 경향성이 짙다. 다음은 생활의 유희로 노화 방지, 취미 학습, 추억 반추, 행복 대상 등의 소비 의지가 심화된다. 한발 더 진전하면 적극적인 자아실현으로 희망을 길게 가져가려는 수요로 발현된다. 잘 살았고, 더 잘 살기 위해 이동할 권리, 여행, 거주 이전, 자산운용 등 액티브 시니어의 특장점을 발휘한다.

한국도 새로운 중년 세대를 보건대 노년 소비의 잠재력은 클 것이다. 50%에 육박하는 상대적 빈곤율로 고전하던 옛날의 노년과는 달라졌다. 가령, 백화점 AK 플라자 분당점은 업계 최초로 시니어 고객을 위한 전용 스터디 클럽을 열었다. 5070세대 매출이 40%에 육박하자 서로 배우고 가르치는 '아름다운 인생학교'를 설치했다. 심리학, 일본어, 서양 미술사 등 교양 강좌의 수강생은 나날이 증가한다. 매출 효과도 실현되었고, 수강생 평균 구매액이 일반 회원보다 높다. 실버 편집숍에 실패한 롯데백화점은 젊고 날씬하게 보이길 원하는 뉴실버 세대의 심리를 읽고 체형 보정 청바지로 반전에 성공했다. 내용은 실버라도 포장은 젊음으로 마케팅했다. 또한 돋보기, 안경줄 등 노년의 전유물 같았던 상품에 세련된 디자인을 덧입혀 기능적 물건에서 패션 아이템으로 올드 이미지를 없앤 이플루비도 뉴실버 세대의 감성 파악에 성공한 사례다. 이렇듯 뉴실버 세대의 발굴이 지속되면 큰 시장이 설 날도 머지 않았다.

그냥 놀고 싶은
2030에 주목하라

현 2030세대는 전에 없이 색다른 가치관으로 무장한 MZ세대로
도 명명된다. 이들은 부모 세대가 표준으로 여긴 전통적인 인생
경로에 물음표를 던지며 재구성에 나섰다. 고학력, 대기업형 성
공 모델, 헝그리 정신도 부정한다. 개천에서 용 난다기보다 점점
부모의 도움 없이는 역전하지 못하는 금권중심적 시대 현상 탓이
다. '열심히'보다 '우연히'를 믿듯 불투명한 미래보다 눈앞의 만족
과 행운을 우선한다.

　대다수 2030세대는 격변하는 시대만큼 기준값을 계속 뒤바꾼
다. 눈높이가 낮아져 인생의 목표가 장황하지 않고, 철저히 달성

할 수 있는 수준의 목표KPI, Key Performance Indicator를 설정한다. 목표 설정이 과도하면 현실과의 괴리와 갈등이 커지기에 이를 사전에 최소화하려는 보호 기제 때문이다. 이들의 부모도 덩달아 변화한다. 신인류로 불리던 X세대가 50대에 진입하게 되며, 자녀 세대의 달라진 인생 모델을 응원하는 추세다.

2030세대의 가치판단은 달라진 인구 구조를 감안컨대 한층 급격한 미래 변화로 이어질 것이다. 이러한 인식이 반영된 현상 중에는 비교적 낯선 선택도 목격된다. 교육→취업→연애→결혼→출산→승진→퇴직의 컨베이어벨트처럼 기계적 경로를 이탈한다. 당장 대학 진학률부터 다르다. 2008년의 84%에서 2023년 73%대로 낮아졌다. 취업 전선도 마찬가지다. 예전에는 눈높이를 낮춰 취업 재수가 적었지만, 지금은 N수마저 트렌드화되며 무직 청년을 양산했다. 경제활동 조사에 따르면 '쉬었음' 항목은 20대 39만 명, 30대 27만 명으로 4050세대(61만 명)를 최초로 웃돌 정도다(2023년, 통계청). 일할 능력이 있지만 이유 없이 막연히 쉬고 있는 통칭 니트족이 대표적인데, 중요한 건 공부, 구직 활동, 출산 및 육아 등 이유가 없다는 점이다.

원인은 복합적인데 원하는 일자리가 없거나 적어서 놀 수밖에 없다는 항변이 유력하다. 그 정도의 여력이 한국사회에 있다는 점도 달라졌다. 복지제도 등 많은 걸 갖춰 적극적인 경제활동 없이도 일정 부분 생활할 수 있다는 뉘앙스로 선진국에서 태어난 청년 세대다운 선택지다.

1년 일하고 1년은 여행이나 취미로 보내는 2030세대도 적지 않다. 출퇴근과 장기근속에서 자유로운 경제활동이 MZ세대의 가시권에 들어온 것이다. 심지어 비정규직을 선호하는 이례적인 현상까지 있다. 일본처럼 **업무에 대한 책임감이 높은 정규직보다 자유로운 생활의 비정규직이 선호되는, 이른바 '알바 인생'이 확산하고 있다.** 정확한 예시는 아니나, 연봉 보장이 전제된 회사 소속의 정규 배달직보다 부담이 적은 비정규형 라이더가 선호되는 현상과도 맞물린다.

바늘구멍인 대기업 신입사원조차 조기 퇴사하는 경우가 비일비재하다. 청년 인구(15~29세)의 최초 직장 평균 근속기간은 1년 7개월이다(2022년, 통계청). 열정이 사표로 변질되는 건 다양화된 인식과 경직된 조직 문화가 부딪혔기 때문일 것이다. 입사 3년을 못 넘기는 신입사원은 회사 내부의 중대한 한계 요소로 작용한다. 새로운 피의 수혈을 통한 부가가치가 줄어들면서 조직의 매너리즘이 심화된다. 그렇다면 노동, 자본의 유형 자산 투입 없이 지속 성장이 요구되는 한국적 성장모델을 고려할 때 청년, 혁신, 기술, 기회, 미래 등의 총요소생산성은 약화할 수밖에 없다. 생산 요소로써 청년들의 정착이 힘들면 종국엔 소비 파트의 대응도 어려워진다.

청년 인구로 완성될 고용 현장에 이탈이 발생하면 조직은 물론 사회 전체에 마이너스로 작용한다. 10여 년 후에는 취업률이 해소될 것이라고 기대하기도 하지만, 내수 시장이 탄탄해 일자리 수가 유지된다는 전제 하에 가능한 이야기다. 그래서 정년이 연장되면 그만큼 불안함도 거세진다. 늘어난 고령 근로 인구만큼 청년 취업이 힘들면 세대 논쟁의 씨앗이 된다. 물론 청년과 노년은 일자리의 경합 여지가 적다. 기업도 청년의 부재를 보완할 로봇이나 외주 인력 등 다양한 방법을 찾는다. 그럼에도 회사를 거부하는 청년들의 등장은 곤혹스러운 현상이다. 그 때문에 채용→임금→승진→퇴직이란 연결선상에서 확인되는 현실과 제도의 간극을 해소하는 개혁이 시급하다. 한국 노동 시장은 청년 투입이 해답이 되는데(노동력만을 뜻하는 것이 아니다) 성과 같은 개인의 아웃풋이 아닌 소위 호봉제로 지급되는 20대와 50대 월급의 차등에 대한 저항 심리로 청년들이 노동 시장에 들어가려 하지 않는 것이다. 최소한 **2030세대가 상대적 박탈을 받지 않도록 연령·성별 중립적인 인사 시스템을 갖춰야 할 것이다.**

2030세대에서만 24만 명에 달하는(2023년, 통계청) 은둔형 외톨이도 문제다. 감춰져 있어 정확한 통계를 내기 힘든 새로운 현상 중 하나다. 국내 은둔형 외톨이의 가장 큰 원인은 청년 실업으로 해석된다. 취업에 실패했다는 이유로 자존감을 잃으며 사회와 스스로 거리를 두려는 경향이다. 정부도 니트족, 은둔형 외톨이를 복지 대상으로 품기 시작했다. 그만큼 독립하지 않은 자녀의 의존을 뜻하는 한국판 기생 싱글Parasite Single이 급증세다. 가장 부유한 세대가 가장 가난한 세대를 부양하는 셈이다. 복잡해진 시대 변화 속에서 관계의 단절과 대응의 부재가 심화되면 경계선에 있는 잠재적 그룹의 은둔 외톨이화도 불가피하다는 점이다. 부모의 원조를 받을 수 있는 청년들은 괜찮지만, 이 끈마저 사라지면 중년들의 은둔은 무직, 빈곤, 자택 고립으로 이어질 것이다. 히키코모리 현상이 한창인 일본에서는 이를 '5080문제'로 부른다. 50대 은둔 자녀와 이를 지원하는 80대 부모를 뜻한다. 한국도 일본처럼 중년화되면 두 세대의 동반 붕괴로 치닫기에 선제 대응이 필요하다. 증여상속세 완화 등 세대간 증여를 풀어주는 것도 은둔 자녀의 경제적 문제를 해결할 하나의 방법이 될 수 있다.

운조차 준비된 사람에게 가듯 투입이 있어야 산출이 나온다는 점에서 인구 변화를 사전에 대비하는 것은 필수다. 인구는 변수 에서 상수로 자리매김했다. 양적, 질적인 인구 변화가 분석되는 현장과 통계만 찬찬히 뜯어봐도 미래에 펼쳐질 상황을 예견할 수 있다. 인구 문제는 돈의 흐름을 읽는 데 유용하다. 인구 변화→고 객 변화→욕구 변화→시장 변화→사업 변화라면 메가트렌드의 출발로 인구의 변화에 주목해야 할 것이다.

필진: 전영수

7장

돈이 사람과
사회를 만든다

MONEY MAKES SOCIETY

서울에 집을 가질 수 없다면 결혼하지 않겠다

결혼이라는 제도에 대해 요즘만큼 기성세대와 젊은 세대가 가진 시각의 차이가 클 수 있을까? 2023년 2분기 출산율이 전국 평균 0.7명, 서울 0.53명인 이때, 기성세대들은 도대체 젊은이들이 왜 결혼을 하지 않으려고 하는가에 대해 의문을 가지고 있는 경우가 많은데, 그중에서 가장 괴리감이 느껴지는 것 중 하나가 바로 '서울에 번듯한 집'이라는 것 같다. 젊은 세대들이 '서울에 번듯한 집 하나 마련하기 힘든데 결혼을 어떻게 하냐?'라고 하기 때문이다. 결혼을 하고 싶어도 경제적인 이유 때문에 못한다는 것이다.

사실 집은 추상적인 개념이다. 거기에 더해 번듯하다는 주관을 가미하면, 같은 주제를 이야기하는 것 같지만 완전히 다른 이야기를 하고 있는 것과 같다. 기성세대들은 젊은 세대들의 삶의 기준이 너무 높다고 말한다. 이는 일견 맞는 말이기도 하다. 2023년 2월 기준 서울 아파트 중위 가격(100명 중 50등)이 9억 9천, 그러니까 거의 10억 원 정도다. 50등 하는 아파트를 마음속에 떠올려 보면 그것이 번듯하다고 느끼는 사람이 얼마나 있을까? 이런 집도 성에 안 차는 사람들이 많을 것이다.

그런데 아파트라는 사실만으로도 상위권 주택일 가능성이 높다. 2021년 기준 서울 주택 중 아파트 비율은 58.7%로 서울 인구의 40%는 비아파트에 거주하고 있기 때문이다(서울시 주택종류별 통계). 그렇다면 10억 수준의 아파트는 서울시 기준 상위 20~30% 수준으로 추정할 수 있다. 한국은 세계 10위권의 경제 대국이며, 서울은 세계 5위 안팎의 경제력을 자랑하는 세계적인 도시이다. 2023년 6월 기준 940만 명이 사는 거대 도시에서 이제 막 사회생활 몇 년 동안 하고 있는 젊은 커플이 상위 20~30%대의 주거지를 왜 갖지 못하는지 한탄하는 게 과연 맞는 것일까? 이는 대부분의 나라에서도 불가능한 일이다. 보통 40대 중후반에 내 집 마련을 하는 것이 일반적임을 고려할 때, 시작부터 다 갖추고 결혼하기보다는 서울 아파트를 목표로 두 사람이 합심해서 열심히 모아 나가야 달성할 수 있을까 말까 하는 어려운 목표이다. 그렇기 때문에 기성세대들이 "우리 때는 없이 시작해도 악착같이 돈 모아서 결국 내 집 마련하고 아이들 키웠다"라고 말하며 답답해하는 것이다.

그러나 젊은 세대에게 이런 이야기들이 통하지 않는 이유가 있다. 전 국민의 자산 80% 가까이가 부동산에 쏠린 나라, 빌라와 오피스텔을 사면 자산이 늘어나지 않는다는 것을 경험적으로 알고 있는데, 자산도 늘리면서 '번듯한 집'의 역할을 할 수 있는 아파트, 그것도 서울에 아파트를 열심히 노력만 한다고 가질 수 있을 것인가? 하는 본질적 의문이 드는 것이다. 그리고 가질 수 있다고 한들 그때까지 쏟는 고생과 노력, 확률을 생각했을 때 도전할 가치가 있을지 계산해보면 차라리 결혼하지 않고 혼자서 행복하게 사는 게 낫다는 결론에 도달하게 될 것이다. 결국 결혼은 누구나 하는 것에서 경제력 있는 이들이 할 수 있는 특별한 이벤트로 바뀌고 있는 것이고, 그것이 전 세계에서 압도적으로 낮은 출산율이라는 결과로 나타나고 있다.

게다가 기성세대의 이중적인 모습도 젊은 세대에겐 부담이다.

자녀들이 왜 결혼을 하지 않는지, 왜 아이를 낳지 않는지 걱정하면서, 정작 사위와 며느리의 조건을 그 누구보다 따지는 것이 부모 세대다. 한국은 유독 비교 심리와 경쟁하는 문화가 강하며 익숙하다. 그로 인해 단기간에 경제성장을 이룩할 수 있었지만, 이제 부작용이 나타나는 것이다. 친구보다, 지인보다 잘사는 모습을 보여줘야 한다. 더 좋은 조건이 되어야 한다는 압박감이 극에 달해 이제는 너무 높은 기준을 평범하다고 생각하는 지경에 왔다. TV에서는 신흥 귀족이라는 연예인의 일상이 자연스레 공유되고, SNS 또한 온갖 소비, 과시욕을 자랑하는 피드가 올라온다. 이런 삶에 지속적으로 노출되면 내가 가진 것보다 내가 가지지 못한 것에 대한 불만이 높아질 수밖에 없고 진취적이기보다는 회피형 선택을 하게 되는 것이다.

손해 없는 결혼을 원하는 사람들

한편 결혼하는 이들 사이에서도 달라진 문화가 엿보인다. 이른바 '반반 결혼'을 합리적이라고 생각하는 것인데, 일견 맞는 말 같지만 결혼이라는 제도 자체가 어찌 보면 합리적이지 않은 행위이

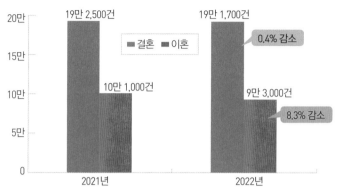

한국 결혼, 이혼 건수 비교

- 19만 2,500건 (2021년 결혼)
- 19만 1,700건 (2022년 결혼) — 0.4% 감소
- 10만 1,000건 (2021년 이혼)
- 9만 3,000건 (2022년 이혼) — 8.3% 감소

범례: 결혼, 이혼

※ 2022년 혼인 건수와 조혼인율(인구 1,000명당 혼인 건수) 모두 1970년 통계 작성 이후 최저, 2012년 약 32만 건 이후 11년 연속 감소 추세

출처: 대한민국 정책 브리핑(www.korea.kr)

고, 반씩 명확하게 나누기가 불가능한 부분이 너무 많다. 그런데도 반반 문화가 대두되는 건 서로 손해 보지 않겠다는 뜻이다. 이렇게 되면 문제가 해결되기보다 오히려 꼬이게 되는 경우가 발생한다. 서로 배려해도 어려운 것이 결혼인데, 이성적으로 선을 그어 손해 보지 않는 의사결정을 하려고 하면 싸움이 일어날 수밖에 없다.

요즘 3040세대 이혼 사유로 대부분 돈 문제가 꼽힌다. 돈을 얼마만큼 버느냐가 아니라, 생활비 분담의 문제다. 특히 반반 결혼에 맞벌이를 하는 이들에게 크게 나타나는데, 실질적으로 결혼

생활을 하다 보면 계획과는 다른 상황이 벌어질 수밖에 없고 거기서 다툼으로 번지는 것이다. 게다가 아이가 생기면 육아와 가사를 철저하게 분담하기 위해 또 다른 갈등이 생긴다. 정확한 분담을 위해 엑셀 시트를 작성하는 경우도 많다. 혼자 살아도 계획대로 실천하기가 힘든 게 삶인데 책임질 식구가 생기는 결혼 생활과 양육을 칼같이 반으로 나눌 수 있을까? 이런 상황은 누군가의 잘잘못을 명확하게 따질 수 없기에 결국 끝나지 않는 다툼을 할 바에야 이혼이라는 선택을 하는 것이다.

결혼이 선택이 시대가 된 만큼, 결혼 생활에서도 실익을 많이 따지는 세상이다. 결혼을 기회비용과 엮어 내가 이 결혼을 함으로써 이익을 보는가, 손해를 보는가 고민하고 결혼하고 나서도 조금 살아보고 나니 손해인 것 같다 싶으면 바로 이혼 수순을 밟는 신혼부부들이 많다. 성격 차이로 인한 합의 이혼이 이런 경우다. 예전에는 결혼 관계를 유지하지 못하고 이혼하는 것이 한 사람 인생에서의 실패로 여겨졌다면, 요즘은 그런 개념이 사라졌기 때문에 이혼이 전보다 흔해졌다. 가정보다 자신이 소중하고, 나의 행복을 중시하기 때문에 이런 경향이 더 짙게 나타나는 것이기도 하다. 경제력이 그 무엇보다 중시되고, 사랑이라는 포장지 속에 철

저한 동업 관계가 숨겨져 있는 요즘 결혼문화가 쉽게 바뀔 수 있

을까. 2024년에도 계속 심화되지 않을까.

거지방을 아십니까

"담배 - 4500원."

"거지에게 담배는 사치입니다. 힘들겠지만 흡연 부스에 가서 간접흡연을 하십시오."

"편지지와 볼펜 - 7200원."

"제정신 아니시네요. 집에 있는 공책 뜯어서 사용하세요. 우리는 거지입니다!"

한때 '무지출 챌린지'가 유행했다. 0원으로 하루 살기, 일주일 동안 돈 안 쓰기 등 지출을 최대한 절제하겠다는 도전이다. 그리고 최근 폭등한 물가로 점심 식비 지출이 늘어난 직장인들의 상황을 가리키는 '런치플레이션(점심값 급등)'이라는 말의 등장과 더불어 '거지방'이 등장했다. 거지방은 물가 상승으로 소비에 부담을 느끼는 사람들이 이런 세태를 하소연하며 자조 섞인 표현으로 대화하는 익명의 오픈채팅방이다. 무지출 챌린지가 칭찬받고 용기를 얻기 위해 하는 것이라면, 거지방은 혼나고 혼내기 위해서 들어가는 곳이다.

실제로 진지하게 물가 상승에 의한 부담으로 거지방에 참여하는 사람도 있고, 재미로 하는 사람들도 있을 것이다. 사람은 나약한 존재기에 서로 의지를 끌어올리기 위해 함께 격려하는 차원도 있고, 밈meme처럼 즐기는 것도 있다고 본다. 그런데 진지하게 절약하기 위해 이런 일에 참여한다면, 그저 가계부 쓰듯이 소비만 통제하려고 해서는 안 된다. 가계부는 미래가 아닌 과거의 기록으로, 일종의 고해성사와 같다. 많은 사람이 소비에 대해 오해하는 것이 있다. 소비에도 정해진 기준이 있다고 생각하는 것이다.

소비라는 것은 무엇일지 돌이켜봐야 한다. **내가 얼마 버니까 이 정도는 써야겠다고 생각하는 것은 소비에 대한 착각이다.** 누가 정해놓은 것도 아닌데 많이 벌면 많이 써야 한다고 믿는 사람들이 많다. 고소득자라고 해서 저축을 다 잘하는 것이 아닌 것처럼. 사실 버는 건 진짜 능력이 아니다. 얼마나 저축할 수 있느냐가 진짜 능력이다. 결국 내 통장에 얼마를 남길 수 있는지가 중요하다.

부자와 자린고비의 차이

무조건 아끼고 절약하기만 하면 부자의 삶을 살 수 있을까. 부자와 자린고비는 다른 개념이다. 돈을 왜 모으는가. 돈은 목표를 달성하기 위한 수단이다. 부자들은 목표를 세우고 그에 필요한 돈을 모으지만 자린고비는 돈을 모으는 것 자체가 목표일 뿐이다.

목표를 세웠을 때 돈이 얼마나 필요한지가 중요하다. 누군가는 돈이 별로 필요 없는 목표를 세울 수도 있다. 그런 사람들은 직업을 얻고 돈을 그냥 열심히 모으면 된다. 그런데 돈이 꽤 필요한 목표를 세우는 사람들은 단순히 근로소득만으로 달성하기가 어렵다. 직업을 얻고 돈을 열심히 모은 뒤 투자로 많이 불려야 한다. 한국에서 '평범'하게 사는 것은 상당히 어렵다. 한국인들은 상위 20% 정도를 평범하다고 생각하기 때문이다. 내 집을 사고 결혼해서 아이를 키우고 중산층(한국에서는 중상층)의 삶을 살아가기 위해서는 투자로 어느 정도 성과를 내야 한다. 성공적인 투자 없이는 20~30대에는 무계획적인 소비로 반짝 불꽃처럼 타오를 수 있겠지만 노후에 급격히 사그라들기 때문이다. 마지막으로, 많은 돈이 요구되는 목표를 세울 경우에는 사업을 해야 한다. 일반적인 직장인 수준이 아닌, 한 달에 1천만 원 이상의 유의미한 수입을 꾸준히 벌어야 하고, 그 돈을 투자나 사업으로 지속적으로 불려야 한다.

핵심은 돈을 모으기 전에 목표부터 세우는 것이다. '돈으로 행복을 살 수 없다'라는 말이 있다. 돈이 행복을 보장하진 못한다. 그러나 돈은 경험과 시간을 살 수 있게 해준다. 돈이 있으면 다양한 경험을 할 수 있고, 하기 싫은 일에 시간을 쓰지 않아도 된다. 그리고 이것을 행복으로 연결할 수도 있다. **돈만 가지고는 행복할 수 없지만, 돈이 있으면 행복의 가능성을 살 수 있다.** 자린고비로만 살면 행복의 답을 찾기 어려운 이유가 이것이다.

본인의 목표가 아닌 타인에게 말하기 좋은 목표를 말하는 사람도 많다. 집을 사고, 차를 사는 게 진정한 자신의 목적인지 생각해 볼 필요가 있다. 모든 목표에는 이유가 있어야 하는데, 보여주기식 목표는 이유가 없다. 그저 '남들도 그러니까' 하는 이유를 변명처럼 말하기도 한다. 부자의 삶에는 이유가 있다. 미래를 위해서 현실을 인내하는 것이기 때문이다.

우리는 대부분 목적 없는 삶을 산다. 돈을 모아서 집 사고, 차 사고, 오마카세를 즐기고, 여행 가는 소비가 목표인 사람들은 그걸 달성하는 순간 번아웃이 온다. 수험생이 대학교만 바라보고 공부하다가 대학에 들어가 방황하는 것처럼, 취업하고 나서 갑자기 인생의 갈피를 잃은 직장인처럼 목표를 잃어버리는 경우다. 이런 것이 바로 과정과 수단을 목표로 삼으면 일어나는 일이다. 목표가 있다면 앞만 보고 열심히 살면 된다. 남의 눈치 보지 말고 자신만의 계획대로 살길 바란다. 남들이 소비하라고 할 때 소비 안 한다고 손가락질받는 것을 마음 아파할 필요도 없다. 내 미래는 남들이 정해주지 않기 때문이다.

허세를 피해
도망가는 부자들

중장년층이 주로 하던 골프가 2030세대에게 유행이 된 것은 코로나19 특수도 있었지만 SNS에서 점차 심화되는 허세와 보여주기 문화 때문이라고 보는 견해가 많다. 라운딩 한 번에 수십만 원을 써야 하는 골프가 상대적으로 경제력이 낮은 청년층에서 대중화된다는 것은 현실적으로 어렵기 때문이다. 그러다 보니 2023년에는 골프에 관심을 두던 2030세대가 상대적으로 비용이 저렴하고 비슷한 효과를 낼 수 있는 테니스로 빠르게 이동하고 있는 것도 어느 정도 현실적인 타협을 한 셈이다. 이러한 사회현상을 『머니 트렌드 2023』에서는 '허세 피라미드'로 다뤘는데 1년이 지난 요즘은 사회에 어떤 변화를 일으키고 있을까?

희소성을 추구하는 부자들

부자는 상대적인 개념이므로 다수가 아닌 소수이며, 대중적이기
보다는 희귀하며 특별한 것을 좋아하기 마련이다. 그런 의미에서
SNS의 보여주기 문화는 부자들에게는 또 하나의 위협이 된다. 그
동안 차별화를 두며 드러낸 것들을 많은 사람이 똑같이 따라 하면
서 더 이상 특별하지 않게 되었기 때문이다. 이제는 누군가 골프
를 치는 모습을 인스타그램 피드에 올린다고 해서 이 사람이 엄청
난 부자라고 여기는 사람은 없다. 골프를 치는 사람들이 너무 많
이 늘어났기 때문이다. **변별력이 사라진 소비는 부자들에게 더 높은
소비를 요구한다.**

자동차로 차별화하기도 어렵다. 내 집 마련이 어렵다고 생각하
는 사람들이 자동차에 큰돈을 지불한다. '카푸어'라는 말이 이미
익숙해질 만큼 자동차도 허세 문화에 점령당한 지 오래다. 그러
다 보니 부자들도 웬만한 차를 사서는 차별성을 두기가 어렵다.
그들은 자연스럽게 대중이 접근하기 어려운 상위 단계의 허세 피

라미드를 올라가고 있다. 더 비싸면서 소수만 할 수 있는 소비는 무엇일까? 어떤 소비를 해야 차별성을 가질 수 있을까? 바로 집의 인테리어 그리고 가구다.

자가에 사는 사람들만의 소비

기본적으로 집을 꾸미고 산다는 것은 자가에 살지 않으면 상상하기 어렵다. 거기에 큰돈을 들여 인테리어를 하는 것은 재테크 측면에서도 그리 좋은 선택이 아니다. 인테리어 비용만큼 매도 금액을 올려 받기가 현실적으로 어렵기 때문이다. 그래서 자신의 집을 호텔처럼 인테리어 해놓고 좋은 가구와 함께 일상을 즐기는 모습을 SNS에 올리는 행위는 일반인들이 따라 하기 힘든 일이 되는 것이다.

그러다 보니 집으로 지인을 초대하는 경우도 점차 늘고 있다. 온라인이 아닌 오프라인에서도 '특별한 소비'에 대한 활용이 늘어나는 것이라 볼 수 있다. 집이라는 공간이 더 이상 가족들만의 전유물이 아니게 됐다. 그런 움직임에 발맞춰 기업들도 앞다투어 홈 파티 용품이나 음식 세트들을 판매하고 케이터링 서비스 업체도 빠르게 늘어나는 추세다. **모두가 갈 수 있는 곳을 피해서 소수만 갈 수 있는 곳, 정확하게는 내가 허락한 사람만 올 수 있는 공간으로 이동하는 것이다.** 이곳은 누구나 쉽게 따라 할 수 없는 특별함이 남아있기 때문이다.

집과 인테리어만 그럴까. 기존 허세 피라미드의 영역도 더욱 더 고가 소비를 향하고 부자들은 다른 사람들과 분리되려 할 것이다. 대중들이 부자들의 소비를 모방할수록 부자들은 더 비싼 돈을 지불해야 하는 소비로 도망갈 것이다. 취미, 육아, 자녀 교육 등 모든 소비 분야에서 차별화를 하기 위해 더 많은 돈을 쓰려고 할 것이다. 소비의 모방화가 곧 소비의 양극화를 유발하는 상황이 계속되는 분위기는 2024년에도 동일할 것으로 보인다.

상위 1% 부자는
아이를 어떻게 키울까

자녀 교육은 대한민국 모든 부모의 고민거리일 것이다. 입시, 과열된 경쟁, 교육의 격차가 점점 심해지는 사회에서 어떻게 아이를 키워야 할지는 최대 난제다. 우리 사회에서 교육의 종착점은 '부'로 귀결된다. 이 명제는 미래에도 변하지 않을 것이다. 그래서 학교의 네임밸류는 조금 떨어지더라도 돈과 명예가 보장된 의대는 경쟁률이 치열하고, 어릴 때부터 영어 유치원에 다니며 글로벌 교육을 받는다. 남들처럼 해주지 않으면 내 아이가 잘못될까 봐 걱정하는 심리를 노린 불안 마케팅 속에서 사교육 시장은 여전히 활발하다.

공교육에서 벗어나는 부모들

그러는 중 최근 상위 1%를 비롯해 중산층에서도 교육 환경 변화의 바람이 불고 있다. 공교육을 벗어나 비인가 국제학교, 대안학교에 입학하거나 비정규 교육 과정을 따르는 부모들이 늘고 있다. 이런 교육의 목적 중에는 무한 경쟁이 아닌 자녀의 성장에 초점을 맞춰 긍정적인 마인드셋을 갖추게 하려는 데 있다. 물론 비인가 국제학교에서도 경쟁이 벌어질 수 있다. 영재 고등학교 입학이나 해외 유학을 염두에 두기도 하지만 궁극적으로는 아이에게 더 좋은 환경을 만들어주고자 공교육을 포기하겠다는 인식에서 비롯된 교육 방식이다.

앞으로는 공부만을 위한 사교육이 답이 아닐 수 있다. 공부해서 좋은 대학을 졸업해 대기업에 입사하는 것만이 부자가 되는 길은 아닌 시대기 때문이다. 좋아하는 일을 사업화하여 창업해서 성공하는 젊은 세대는 이미 많아졌고, 유튜브 크리에이터나 SNS 인플루언서는 요즘 아이들에게 또 다른 직업, 또 다른 부의 길이 있다는 것을 알게 해줬다.

이런 시대에 '계속 공부에 몰입시키는 것이 옳은 것인가, 특히 이 경쟁 사회에서 내 자녀를 과열된 현장에 밀어 공부를 시켜야 되는가' 하는 부모들의 고민이 필요하다.

이미 과열된 교육열 때문에 학생들의 이탈은 심심찮게 벌어지고 있다. 학생들이 쉽게 게임에 중독되고 자극적인 것에 빠지는 현상은 공부만 하도록 설계된 교육 때문은 아닐지 합리적인 의심이 든다. 짬짬이 할 놀이가 없고, 공부에 벗어나서 하는 일탈이 게임인 것이다. 이는 악순환을 불러올 뿐이다.

주입식보다 인성 교육

전형적인 입시에서 벗어난 교육은 무작정 공부를 시킨다기보다 그 전에 아이의 삶을 본인이 먼저 돌아보게 하는 환경을 갖추고 있는 것이 특징이다. 먼저, 부모가 아이를 방치하지 않는다. '너는 공부만 하면 돼. 나머지는 엄마랑 아빠가 해줄게'라는 캥거루 형 교육이 아니다. 자기 일은 자기가 하도록 독립심을 길러준다. 아이가 자기 주도적으로 삶을 살아갈 수 있도록 습관 교육을 시켜주는 것이다.

습관이 교육된다는 것은 부모의 교육관이 제대로 잡혀 있다는 뜻이기도 하다. 부모의 교육관에 따라 자녀는 행복하게 살 수도 있고, 똑같은 공부를 해도 긍정적인 효과를 낳을 확률도 커진다. 자녀는 듣고 배우는 것이 아니라 보고 배운다. 부모부터 휘둘리지 않고 단단하게 설 수 있어야 자녀도 그런 부모를 보고 따라 한다. 공부에 대한 내재적인 동기를 부모가 직접 보여주어야 한다.

이런 교육의 목적은 자녀에게 공부의 본질을 일깨워주는 것에 있다. 스스로 무엇을 위해 공부해야 하는지, 왜 공부해야 하는지 알게 하는 것이다. 강요가 아닌 자발적 공부를 위해 긍정적인 마음가짐을 갖게 하고 공감 능력, 절제 능력을 가르쳐주는 것이다. **미래의 교육 시장은 공부보다 인성을 길러주는 게 우선시될 것이다. 상위 1% 부자는 이미 실행하고 있다.**

사라지는 2030세대와 묻지마 범죄

2023년 통계청 기준으로 요즘 그냥 노는 2030 청년만 66만 명이다. 2020년 4월 코로나 이후 최대치이다. 2030 인구 1324만 명중 5%가 취업이나 진학 준비 없이 그냥 쉬고 있는데, 아르바이트도 하지 않는 이들은 앞으로 어떻게 먹고살까?

2030이 부자가 되려면 중요한 것이 첫 소득이다. 대기업, 중소기업 가리지 않고 어디를 가도 첫 연봉이 앞으로 소득의 기준이 되어 투자할 종잣돈도 마련할 수 있다. 회사에 가지 않고 창업할 때도 마찬가지다. 그러나 그냥 노는 인구가 늘어나는 현시점에서는 이런 이야기도 무용하게 되었다.

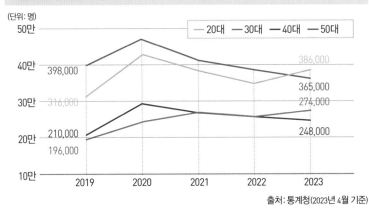

연령대별 '쉬었음' 인구 추이

(단위: 명)

— 20대 — 30대 — 40대 — 50대

50만

40만 398,000

386,000

30만 316,000

365,000

274,000

20만 210,000

248,000

196,000

10만

2019 2020 2021 2022 2023

출처: 통계청(2023년 4월 기준)

연령대별 취업자 증감

(전년 동월 대비, 단위: 만 명)

50

44.2

40

30

20

10

1.5

5.5

0

−2.2

−10

−13.7

−20

15~29세 20~39세 40~49세 50~59세 60세 이상

출처: 통계청(2023년 4월 기준)

취업난, 구인난은 물론이고 고령화사회에 접어든 시점에서 가
장 큰 문제는 현재 2030의 노후 빈곤율이다. 지금 노는 2030은

부모와 동거하며 당장은 생계 문제 없이 살아갈 수 있다지만, 첫 입직 자체를 어떻게 고르느냐에 따라 달라지는 한국사회에서 일을 하지 않으면 이들이 5060대에 접어들었을 때 빈곤율은 기하급수적으로 늘어날 것이다. 노후 빈곤 자체의 근본적인 해결은 취식이다. 그런데 일하기 싫어하는 2030을 보면 일자리가 없는 것보다 일을 원하지 않는 게 더 큰 문제다. 그뿐만 아니라 결혼하려는 인구가 줄어드는 세태도 맞물려 이들이 50대가 되었을 때 비혼 인구도 늘어나게 될 것이다. 일본의 5080 문제(50대 은둔 자녀와 이를 부양하는 80대 부모)가 한국에서도 나타날 날이 머지않았다.

15~29세 청년 인구의 취업자는 줄어들고 60세 이상의 구직 비율이 늘어난다면 젊은 세대가 기피하는 일을 노인이 하게 될 것이다. 2030 니트족의 20년 뒤 자립 여부를 따지면, **한국에서는 '불행 산업'이 더 커질지도 모른다.** 고독사와 관련된 특수청소 산업은 앞으로 더 성황될 것이다. 자신을 부양해준 부모마저 떠난다면 미래에는 가족의 대체재나 보완재가 될 만한 사업도 커질 것이다.

기초생활수급자로 사는 것도 괜찮다는 생각까지 하는 절망적인 2030세대. 은둔형 외톨이 문제가 더 커지면 경제적 타격뿐만 아니라 범죄마저 사회적 이슈가 된다. 이미 선진국에서는 공통적으로 나타나는 문제이기도 하다. 노숙자 수 증가, 마약 중독자가 가득한 도시, 각종 폭력적 범죄가 늘고 있다. 이는 패배주의에, 향상심이 부재하였기 때문에 벌어진 일이다.

한국에서도 묻지마 살인, 마약 문제는 이미 수면 위로 떠오르고 있다. 서구의 다른 나라들과 차이점이 있다면, 고속 성장으로 인해 가족의 해체와 공동체의 붕괴가 빨리 이뤄졌기 때문에 사회 문제가 확산되는 속도가 더 빨라질 것이라는 점이다. 금전 지불 능력에 따라 주거 공간이 결정되는 사회에서 도시 인프라와 경제적 격차도 점점 커질 것이고 경제력이 없는 동네일수록 범죄도 증가할 것이다. 똑같이 은둔형 외톨이가 있다고 했을 때, 경제력이 있으면 생계에 문제가 없어 집안에서 통제할 수 있지만, 그렇지 않은 경우는 외부로 나가고 일을 벌이기 때문이다.

돈의 부족이 범죄를 양산한다. 일례로, 마약을 하는 이들은 비경제활동 인구에서 주로 발생한다. 사회 문제를 악화시키지 않으려면 비경제활동 인구를 조속히 정상적인 생산 인구로 전환할 대책이 필요하다.

폐지 줍기도 경쟁이다

한국의 노인 빈곤율은 OECD 국가 중 최고 수준으로 이미 악명이 높다. 그러면 왜 노인 빈곤율이 최고 수준일까? 단적으로 이야기 하면 평균수명이 늘어났기 때문이다. 2023년 6월 발표된 OECD 보건 통계에 따르면 한국인의 기대수명은 83.6세로, OECD 국가 평균보다 3년 이상 길다.

노인 복지법에 의해 아직 만 65세 이상을 노인으로 여기지만 이미 UN에서는 평생 연령의 기준을 재정립했다. 0~17세까지가 미성년자, 18~65세까지 청년, 66세~79세를 중년, 80~99세를 노년이라 칭하고 100세 이후는 장수 노인이라 일컫는다.

노인의 증가는 빈익빈 부익부를 가속한다. 고도성장기를 겪으며 자산을 증식한 중년, 노년 인구도 많지만 상대적으로 가난한 사람들도 많아진다. 구청이나 주민센터에서 운영하는 무료 급식소를 보면 노인 빈곤의 현실을 잘 알 수 있다. 점심시간이 시작되기도 전, 11시부터 장사진을 치고 12시쯤이면 준비된 식사가 다 떨어진다. 국민연금연구원의 노인 빈곤 실태 조사에 따르면 2020년 한국 노인 빈곤율은 38.9%다. 2011년 49.1%에 비하면 10% 가량 하락했다. 그러나 85세 이상 노인에 대해서는 10년 사이 48%에서 54%로 오히려 6% 상승했다. 한국의 빈곤선이 빠르게 증가했기 때문으로 보고 있다. 한국에서는 노동소득이 차지하는 비중이 크기 때문에 실질적으로 일할 수 없는 나이가 되면 생계를 유지할 수 없게 되어 빈곤율이 늘어나는 것이다.

100세 시대, 오래 사는 게 리스크?

이제 폐지 줍기도 동네마다 경쟁이 벌어지고 있는 현실에서 우리는 어떻게 노후를 대비해야 할까? 가장 일상적으로 실천 가능한 방법을 소개한다.

첫째, 경제관념부터 바로 잡아야 한다. 소득의 기본이 되는 근로소득은 남의 주머니에 있는 돈을 내 주머니로 옮기는 것이다. 서비스, 노동력, 자신의 기술을 제공해서 대가를 받는다는 로직이 잡혀야 한다. 노동 가치가 고부가 가치가 되지 않으면 같은 시간 일해도 안 된다. 잘 살기 위해 능력치를 쌓아 돈을 벌고, 나만의 기술을 습득해둬야 한다는 것을 인지해야 한다.

둘째, 가장 기초적인 저축 습관을 들여야 한다. '수입보다 지출이 많으면 부채가 늘어나고 부채가 늘어나면 망한다.' 아주 간단한 명제다. 수입이 들어오면 저축부터 하고 나머지로 생활한다는 훈련을 어려서부터 어느 정도 해둬야 한다. 자신의 수입 범위 내에서 지출을 억제하고 저축하고 저축액이 늘어난다는 기본적인 교육을 일찍부터 습관화하여 저축액으로 노후를 보낸다는 생각을 해야 한다.

셋째, 필요하면 언제든 일해야 한다는 마음가짐을 가져야 한다. 평균수명이 늘어났다는 건 노인도 계속 일해야 한다는 것을 뜻한다. 연금은 기초적인 생활을 유지해주는 수단에 지나지 않는다. 선진국들의 연금제도도 같다. 현실적으로 우리가 인지하는 노인의 기준 연령이 70~75세로 늘어났고, 일하는 70대 노인도 많다.

해마다 기초생활보장법에 따라 발표하는 최저생계비를 참고해 미래에 내가 얼마큼 한 달 생활비를 쓸지 정해두고 대비해야 한다. 2023년도 1인 가구 최저생계비는 125만 원, 2인 가구는 210만 원대다. 일률적으로 모든 사람이 이 비용으로 생활하진 않겠지만 참고할 만하다. 미래의 물가까지 염두에 두고 대책을 세워야 할 것이다.

필진: 정태익, 김도윤

부록

부자가 되는 마인드

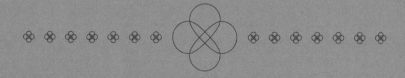

운이 좋아야
인생이 잘 풀린다는 착각

재테크를 한다고 마음먹었어도 부자가 되는 길은 쉽지 않다. 돈 모으느라 힘들고, 이렇게 빠듯한 하루하루를 보내며 내가 잘살고 있는 게 맞는 것인지 지치고 꽤 자주 회의감이 들기 때문이다. 특히 2030 젊은 세대에서는 노력해봐야 안 된다, 인생은 어차피 금수저를 물고 태어나야 한다는 자조 섞인 마인드가 만연하다. 수저론이 한창이다가 유전자론으로 넘어가 이제는 '운'이 있어야 된다는 이야기까지 넘어왔다. 사자성어 운칠기삼(사람이 살아가면서 일어나는 모든 일의 성패는 운에 달렸고 노력에 달린 것이 아니라는 뜻)을 본받아 한 번뿐인 인생 놀자는 생각이 다분한 것이 현재의 시대정신이다.

'티끌 모아봐야 티끌'이라는 말이 유행한 적이 있다. 한 달에 100만 원씩 저축하면 1억을 모으는 데 100개월(약 9년)이 걸린다.

9년간 1억이라는 금액이 누군가에겐 아주 느린 시간이고 적은 금액이라고 여겨질지 모른다. 이렇게 모아서 언제 인생이 바뀌나 생각이 들지도 모른다. 그런데 한 가지 간과한 것이 있다. 이 티끌을 '모으기만' 하면 티끌인 것은 맞지만 우리는 이 티끌을 모으면서 동시에 불릴 수도 있다는 것이다. 그렇게 해야만 '티끌 모아 태산'이 될 수 있다는 것을 인지해야 한다. 1억으로 5억짜리를 살 수 있는 힘이 생긴다는 걸 알아야 한다. 티끌을 불리는 기회를 잡는 것은 본인에게 달려있다.

가령, 전세를 끼고 집을 산다거나 대출을 더 받아서 내 집 마련을 해볼 수 있을 것이다. 성장성 있는 회사의 주식에 투자해서 몇 배의 차익을 번 이야기도 쉽게 접할 수 있다. 흔히 들어왔던, 그리고 공부해왔던 재테크 방법을 실행하면 그게 티끌을 불리는 셈이 된다. 물론 레버리지를 쓸 것인지도 본인의 선택이다. 레버리지는 더하기가 아닌 곱하기이다. (+)를 곱해줄 수도 있고 (−)를 곱해서 손해를 더 키울 수도 있다. 중요한 건 레버리지를 쓰는 만큼 결과값의 최대치도 달라진다는 점이다. 문제는 레버리지 그 자체가 아니라, 레버리지를 사용하는 '사람'에게 달렸다.

돈을 모으고 불려야 하는 이유는 무엇일까? 여러 가지가 있지만 투자의 관점에서 봤을 때 투자금에 따라 입장할 수 있는 투자처가 다르다는 점이 가장 크다. 한마디로 투자에도 입장권이 있다. 돈이 많을수록 좀 더 안전하면서도 수익성이 높은 투자처에 접근할 수 있다. 3000만 원과 3억, 30억의 현금이 있는 사람은 부동산 투자시장에서 접근할 수 있는 투자처가 완전히 달라진다. 돈이 적으면 상대적으로 위험하면서 수익성도 나쁜 곳에서 경쟁해야 하는 것이다.

100만 원을 푼돈이라고 무시하는 이들이 꽤 많다. 100만 원 없어도 잘 살 수 있다는 사람들을 보면 대부분 통장에 돈이 많지 않다. 돈이 쌓여서 얻는 이득을 안다면 절대 100만 원을 푼돈이라 무시할 수 없다. 경험상 그런 이들은 맛집을 찾아다니거나, 여행을 가거나 물건을 사는 등 소유하는 순간 가치가 점점 떨어지는 소비재를 더 소중히 여기는 경우가 많다. 더 좋은 투자처에 들어갈 수 있는 입장권을 얻을 기회가 점점 없어지는 셈이다.

한 달 벌어서 한 달 살 것인가, 젊음이 소중하기 때문에 이 순간을 즐길 것인가 되묻고 싶다. 젊음을 즐기지 말라는 뜻이 아니다. 나의 젊은 하루가 지나가는 만큼, 노년의 삶이 하루씩 다가온다. 지금의 즐거운 하루와 내 미래를 바꾸고 있는 것은 아닌지 곰곰이 생각해볼 필요가 있다. 인생은 신용카드와 같다. 젊을 때 당겨쓰면, 노년에는 어떤 식으로든 대가를 갚아야 하기 때문이다.

구체적으로 말해본다면 젊을 때 즐기라는 말이 곧 소비를 많이 해야 된다는 뜻은 아니다. 여행을 하든 맛있는 음식을 먹든 내가 어떤 행위를 하든 '왜' 하는지 깨닫고 거기에서 의미를 찾는 게 중요하다. 돈이 많이 들지 않는 취미도 있고, 돈을 벌면서 재밌는 일을 할 수도 있지 않은가. 행복 안에 소비는 일부에 불과하다는 것, '소비는 즐겁다'는 말이 마케팅에 불과하다는 것을 알면 된다. SNS와 TV에서 펼쳐지는 일들에 휘둘리지 않고 내가 어떻게 살고 싶은지 내비게이션 목적지를 정하듯 내 인생의 도착지를 정해야 한다. 도착지(목표)가 명확하면 최단거리도 알 수 있다. 몇 년 뒤를 내다보고 인생을 구상하고 준비하는 게 부자와 부자가 아닌 사람의 가장 큰 차이가 아닐까. 남들의 성공을 운으로 치부하기 전에, 나는 그 운을 받아들일 자세가 되어있는지부터 점검해보자.

평범한 사람이
부자가 되려면

부자가 되는 것도 습관이다. 습관을 잘 들이면 더 빠르게 부에 다가갈 수 있다. 부자가 되기 위한 공부에 앞서 가장 먼저 세팅해야 하는 것이 있다. 바로 '시간'이다. 우리는 시간에 대해 고민해야 한다.

부자나 가난한 사람이나 주어진 시간은 똑같다. 가난하다고 시간이 모자라지도, 부자라고 시간이 더 많지도 않다. 단지 우리에게 주어진 이 한정적인 시간을 비싼 값으로 바꿀 수 있는 사람이 빠르게 부자가 된다. 한마디로 시간 아까운 줄을 알아야 한다. 아침 9시부터 저녁 6시까지, 혹은 그 이상으로 일하는 평범한 직장인이 대다수인데 이 시간을 어떻게 돈의 기회로 바꿀 수 있을까?

첫째, 출퇴근 시간을 허비하지 말고 목표 달성에 써라. 출퇴근 시간을 헛되이 버리지 말고 공부하며 활용해야 한다는 것이다.

먼저 목표를 설정한다. 연봉을 올리든, 투자를 하든, 훗날 퇴사하고 창업을 준비하고 싶든 목표를 정하고 자투리 시간에 공부하는 것이다. 지금보다 돈을 잘 벌 수 있는 시간이 있는데 대중교통에서 게임하거나 넷플릭스 드라마를 보며 아무것도 하지 않는다면 돈 낭비를 하는 것과 같지 않을까? 지금도 출퇴근 시간을 비싼 돈으로 바꾸는 사람들이 분명히 있다.

유튜브 영상을 보며 공부하는 것은 그다지 추천하지 않는다. 전문적인 책을 통해 공부하는 것이 초보자들에게는 더 좋다. 독서는 글자를 따라가며 직접 읽고 머릿속에 지식을 입력해야 하는 능동형 행위이지만, 영상은 재생하면 눈앞에 알아서 보이는 개념으로 수동형 행위에 가깝기 때문에 독서를 더 추천하는 것이다. 지하철에서 독서하는 게 힘들 수 있다. 그러나 부자가 되겠다고 생각하면 방법은 얼마든지 찾을 수 있다. 오디오북을 듣든, 스마트폰으로 전자책을 읽든 불편해도 독서가 아예 불가능한 일은 아니다. 결론은 공부하기 위해 능동적으로 행동해야 한다는 것이다.

둘째, 새로운 친구를 만나라. 기존에 만났던 친구들하고 반년 정도 거리 두기를 해보는 것은 어떨까. 극단적이지만 본인을 되돌아보는 계기로 삼기 위해 권하는 방법이다. 부자가 되고 싶다는 목적 아래, 나의 온전한 시간을 확보하기 위해서다. 그리고 앞으로 내가 만나면 좋을 사람은 '같은 목표가 있는 사람'이어야 할 것이다. 마음이 잘 맞는 친구여도 삶의 목표가 다르다면 내가 하려는 일에 딴지를 걸며 방해할 수 있다. 같은 목표를 가지고 만나는 친구라면 부자가 되는 길은 가까워진다.

셋째, 주말은 온전히 나를 위해 사용한다. 부자는 어떻게 되냐고 묻는다면, 사실 24시간을 모두 돈 버는 데 사용해야 한다고 답할 수 있겠다. 이렇게 해도 부자가 될까 말까다. 하지만 바쁜 직장인에게는 근로소득을 위해 쓰는 시간이 더 많다. 하루에 짬을 내도 2시간 정도 여유 시간이 나올까 말까 한 게 현실이다. 하지만 주말에는 수면, 식사 시간 제외하고 12시간은 확보할 수 있다.

그동안 주말에 무엇을 했는지, 그것이 돈 되는 일이었는지 생각해보자. 아마 대부분 돈을 쓰기 바빴을 것이다. 이 시간을 '돈을 벌어다주는 행위'를 위한 시간으로 써야 한다. 평일도 남을 위해서 살고, 주말도 남을 위해서 산다면 어떻게 내 인생이 바뀔 수 있을까?

이렇게 평생 살라는 것이 아니다. 6개월 혹은 1년만 눈 딱 감고 해보자. 미약하더라도 분명하게 인생이 변하는 게 느껴질 것이다. 이 변화가 느껴진다면 그때부터는 스스로 변하게 될 것이다.

성공한 사람들의 공통점은 늘 같다. 무엇이든 '미친 듯이 했다'는 점이다. 그리고 주변에서 뭐라고 하든 '내 길을 가려고 했다'는 점이다. 남이 가자고 하는 길, 남과 똑같은 길을 가는 사람치고 부자가 될 확률은 낮다. 어제보다 다른 오늘, 나는 어떻게 살 것인가?

필진: 정태익

스스로가 누구인지
알아야 한다

일반 투자자를 만나 왜 투자를 하냐고 물어보면 "부자가 되기 위해", "경제적 자유를 얻으려고"라는 답이 많이 돌아온다. 부자가 무엇인지, 경제적 자유라는 것은 어떤 상황을 의미하는지 되물어보면 10억이니 100억이니 하는 구체적인 금액이 튀어나온다. 또 다시 물어본다. "왜 10억이냐"고, "100억이 생기면 무엇을 할 것이냐고." 이쯤에서 사람들은 구체적으로 답하기 어려워한다.

지방으로 기업 탐방을 가면 KTX 역사나 공항에서 택시를 탈 때가 있다. 그때 내비게이션 조작에 서툴거나 사용 자체를 기피하는 택시 기사를 만나면 당황한다. 장착된 내비게이션에 주소를 입력하고 그대로 따라가면 되는데 생소한 지명을 대며 어느 부근인지 묻거나 자신만 믿고 따라오라고 하고 근처에서 알려달라는 경우 말이다. 정확한 목적지를 모르는데 어떻게 길을 갈 수 있다는 말인가.

몸 누일 집이 있고 기동력을 주는 자가용도 있고, (아마도) 평생 일할 직장도 찾았다면 사실 이외에 뭐가 더 필요할까? 캔맥주 대신 위스키를 홀짝이면 인생이 훨씬 행복해질까? 평범한 아파트 대신 한남동의 고급 빌라에 거주하면 정말 좋을까? 그것을 손에 넣기 위해 가족과 보낼 시간이 줄어든다면, 마음 두근대는 소설이나 에세이를 읽는 대신 불편한 관계의 손님을 만나야 한다면 그 삶을 선택하지 않을 것이다.

대한민국 평균보다 많이 가져서 그렇다고 생각할 수 있지만 단언컨대 그렇지 않다. 젊을 때부터 부에 대한 자신의 철학을 다져 두지 않으면 중간에 노선을 바꾸거나 급행열차를 멈춰 세우기는 어렵다는 점을 강조하려는 것이다. 투자를 하고, 고액 자산가를 만나는 직업 특성상 부자들을 많이 마주하게 되는데, 사람들의 욕심은 끝이 없었다.

회사원이던 시절을 곰곰이 생각했다. '내가 하고 싶은데 돈 때문에 못 하는 일이 뭘까?' 안분지족 유형이라 크게 바라는 것이 없었다. 집도 있고, 차도 있고, 패션에는 관심이 없고, 먹고 마시는 것을 좋아하지만 현재 소득으로 충분히 가능한 취미였다. 결국 생각해낸 것이 영화와 해외여행이었다. 한 달에 한 번은 극장에 갈 정도로 상업영화를 좋아하는데 예민한 성격 탓에 늦게 입장하는 사람, 중간에 휴대폰을 켜는 사람, 떠드는 사람, 내 좌석을 건드리는 사람이 모두 싫은 프로 불편러다. 그들도 분명 말 못 할 이유가 있을 것인데 그 상황을 마주치는 것 자체가 신경 쓰이는 것이다. 그리고 1년에 4번씩은 해외여행을 가기로 다짐했다. 그런데 키가 큰 편이고 허리가 안 좋아 먼 거리를 이코노미석에 앉아 가면 힘들다.

그래서 계산해봤다. '1년 12번 영화관을 대관하자.' 또 '1년 4번 해외여행은 비즈니스석을 타고 가자.' 작은 영화관은 보통 100석이다. 계산하기 쉽게 101석이라 생각하면 부담해야 할 차액은 100명분, 조조 영화는 1만 원 정도 하니 100만 원, 1년이면 1,200만 원이다. 과거 미국이나 유럽 기준 왕복 항공권은 이코노미석이 100만 원, 비즈니스석이 400만 원 정도 했다(지금은 리오프닝으로 항공 좌석 공급이 수요에 비해 부족해 티켓 가격이 많이 비싸진 상황이다). 차액은 300만 원, 1년이면 이것도 1,200만 원이다. 현재보다 연 수입이 2,400만 원 늘어나면 경제적 자유를 이루는 것이다. 앞으로 50년 더 산다고 하면 12억 원만 더 있으면 된다.

아니다! 3% 예금 통장에 넣어둔다고 하면 여윳돈 8억 원이면 된다. 주식투자 실력이 늘어 매년 10% 수익을 낼 수 있으면 2억 4천만 원이다. 충분히 꿈꿀 수 있는 돈이 되지 않았는가?

여러분도 마찬가지일 것이다. 자신이 진짜 바라는 것이 무엇인지 고민하고 설정하는 것이 먼저다. 한 단계, 한 단계씩 인생의 목적지를 정해보자. 명확하고 실현 가능할수록 지금을 낭비하지 않을 수 있다.

필진: 김현준

부자가 되기 위하여
① 분야를 찾아라

부를 일구는 데는 저마다의 속도가 있지만 삶의 분기점에서 맞이하는 몇 가지 공통점이 있다. 먼저, 자기 분야를 찾아라. 어릴 때일수록 중요하다. 관심사로 시작하여 전문 분야이자 직업이 시작되는 시기가 20대쯤이다. 나는 어디에 관심이 있는지, 어떤 분야에서 일할지, 어떻게 커리어를 쌓을지에 따라서 3040대 이후의 삶이 바뀐다. 돈'만'이 아닌 돈도 가진 부자가 되려면 20대에 자신의 전문성을 축적하는 과정에 시간과 노력을 쏟을 줄 알아야 한다.

투자 소득 이전에 더 중요한 것이 노동이나 사업으로 돈을 많이 버는 것이다. 그 종잣돈이 투자할 여력을 주고, 리스크도 줄여준다. 2030대에 쌓은 전문성과 커리어가 40대에 빛을 발하면 자산은 쌓인다. 여기에 투자까지 더해지면 자산 증식 속도는 빨라진다. 연봉 몇천만 원으로 투자할 때보다 연봉 수억 원씩 버는 게 빨리 부자가 되는 길이며 소득도 커질 수 있다. 이후에 적은 돈을 굴릴 수는 있어도 처음부터 자신의 전문성과 능력을 쌓을 기회를 뒤로하지 말자.

필진: 김용섭

부자가 되기 위하여
② 몸값을 키워라

여러분이 아는 부자는 어떻게 부자가 되었는가? 주변 사람이 아니어도 좋다. 평소 좋아하거나 존경했던 부자, 기업가, 투자가들을 떠올려 보자. 본업은 제쳐 두고 재테크를 열심히 해서 부자가 된 사례가 있는가? 아마 없을 것이다.

가령, 한국형 헤지펀드를 살펴보자. 더퍼블릭자산운용에선 한국형 헤지펀드 사업을 하는데 법적으로 3억 원부터 계약할 수 있다. 고객들이 모든 자산을 주식에 투자하는 것도 아니고, 주식에 투자하는 자금을 모두 회사에 맡기는 것도 아니다. 통계를 내보면 고객들의 평균 순자산은 당사에 위탁한 금액의 30배에 달하니 응당 부자라고 할 수 있다. 그들의 직업군을 보면 인원 기준으로는 의사, 금액 기준으로는 사업가가 가장 많다. 그렇다면 의사와 사업가의 일상은 어떨까? 눈코 뜰 새 없이 바빠 직접 재테크에 신경 쓰지 못하는 경우가 더 많다. 그러니 돈을 맡기는 것이다.

부자의 행동을 따라 하자. 회사에서 '월급 루팡'하고 '칼퇴'한 다음 재테크 관련 책을 읽거나 유튜브를 보거나 강의를 찾아다니기보다 부자가 하는 방식을 따라가는 것이다. 부자가 되려면 작은 돈을 모으고 불리는 데 신경 쓸 것이 아니라 먼저 나 자신이나 내가 가진 사업체의 몸값을 키워야 한다. 그러려면 먼저 내가 무엇을 잘하는지, 어떤 일에 몰입했을 때 즐거운지 알아내야 한다. 그렇게 미친 듯이 달리다 보면 어느새 강물이 불어 둑을 터뜨리듯 여윳돈이 급격히 불어나는 때가 올 것이다. 그게 바로 종잣돈이다.

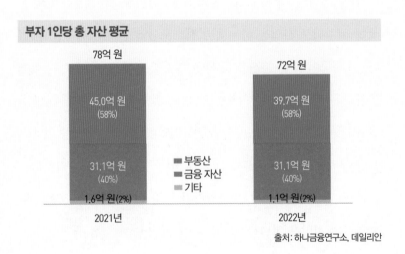

부자 1인당 총 자산 평균

78억 원

45.0억 원 (58%)

31.1억 원 (40%)

1.6억 원 (2%)

2021년

72억 원

39.7억 원 (58%)

31.1억 원 (40%)

1.1억 원 (2%)

2022년

■ 부동산
■ 금융 자산
■ 기타

출처: 하나금융연구소, 데일리안

필자는 YOLO족을 존중한다. 오늘, 자신이 가장 젊은 날 가장 하고 싶은 일을 하며 인생을 보내는 것이니 얼마나 아름다운 일인가. 그러나 FIRE족Financial Independence and Retire Early(40대 이전 조기 은퇴를 목표로 경제적 독립을 추구하는 사람)을 목표로 두는 사람들을 보면 안타깝다. 지금 내가 하는 일이 별로여서 그만두고 싶다는 것을 내포하고 있기 때문이다. 내 적성을 찾지 못하거나 눈앞의 역경도 이겨내지 못했는데 부업과 재테크를 과연 잘할 수 있을까?

억만금을 가진 부자가 되지 않아도 좋다. 사실 살 만큼의 돈만 있으면 되고, 사기당하지 않을 정도의 식견이 있으면 충분하다. 남과 비교해서 힘들게 살 필요도 없다. 하지만 반드시 지금을 아름답고 행복하게 살아야 한다는 것은 꼭 알자.

필진: 김현준

부자가 되기 위하여
③ 혁신과 친해져라

부자가 되려면 '디지털 혁신'과 친해져야 한다. 예를 들어 챗GPT가 나오면 부지런히 써보고 유튜브를 보며 따라 해봐야 한다. 자영업자든, 직장인이든, 연구원이든, 아티스트든 상관없다. 급격한 변화는 늘 위기이자 동시에 기회였다. 지난 20년을 돌아보더라도 디지털 시대의 가능성을 폄하하거나 부작용으로 여기던 사람들치고 부자가 된 사람은 찾아보기 힘들다. 앞으로 10년 후엔 더 많은 사람들이 뛰어난 디지털 역량을 가질 것이고 디지털 문명의 진화 속도도 빨라질 것이다. IT를 잘 활용하는 사람과 그러지 못하는 사람의 차이로 빈부 격차가 심화되는 IT 양극화 문제는 벌써 글로벌한 사회 문제로 떠오르고 있다.

누구나 프로그래머가 될 수 있는 건 아니고, 그럴 필요도 없다. 모두가 AI 개발자와 반도체 연구원이 될 수도, 될 필요도 없다.

사람은 저마다 역량도 다르고 잘하는 분야도 다르다. 또 여태껏 살아온 삶의 방향성도 무시할 수 없다. 앞으로의 과제는 어떻게 미래를 향해 선을 긋고 길을 내느냐. 내 인생을 걸어볼 만한 분야에서 어떻게 남다른 역량을 키우고 준비하느냐는 순전히 내가 아는 세계관에 의해 결정된다. 앞서 언급했듯 메타 인더스트리로 진화하는 과정을 보면 향후 어떤 준비를 해야 할 것인지 방향을 가늠할 수 있다. 부족한 지식은 교육 프로그램이나 유튜브를 적극 활용하고 관심 있는 분야의 커뮤니티에 가입해 인맥을 쌓는 것도 중요하다. 시간 투자는 필수다. 물론 좋은 경험과 휴식, 일과 놀이의 밸런스는 필요하다. 그런데 마음이 불안하다면 좋은 휴식이 될 수 없다. 불안함은 내가 가진 꿈이 나를 자극하는 내면의 소리다.

꿈을 쫓아가는 과정에서 디지털 문명 시대의 기준은 똑같이 적용된다. 실력이 곧 정의다. 그래서 해볼 만하다는 것이다. 치열한 경쟁이 존재하지만 과거처럼 자본과 방송 권력을 가진 대기업이 불공정하게 독점하는 시대는 지나고 있다. 아직 횡포를 부린다고 하지만 기업은 이미 ESG 경영이 필수가 된 상황에서 SNS에 악당으로 도배되는 일을 굳이 선택하지 않는다. 거대한 시스템이 가지고 있던 권력이 대중에게 넘어갔기 때문이다. 특히 MZ세대가 주도하는 시장에서는 패션, 화장품, 음식, 디자인, 웹툰, 유튜브 등 분야를 가리지 않고 제법 큰 성공을 거두는 청년들이 등장하고 있다. 10억이 넘는 메타 세상에까지 인기가 이어져 폭발적 성장을 만드는 글로벌 스타트업들도 수두룩하다.

지금 미쳤다는 소리를 들어야 꿈이라고 할 수 있을 것이다. 젊을수록 안정된 길만 찾으면 오히려 그 선택이 나를 위태로운 길로 몰아넣을 수 있다. 산업 생태계가 이렇게 빠르게 변화하는 시대라면 앞으로는 안정된 직장이란 게 제대로 존재할지 모를 일이다.

현재 사회의 표준을 정하는 리더인 5060대는 디지털 문명을 이해하기도, 이해하지 못하기도 한다. 이들이 더 나이 드는 10년 후에는 지금의 젊은 세대가 디지털 문명의 주인공이 될 것이다. 급변하는 판에서 흔들리지 않으려면 디지털 문명의 성공 사례를 학습하고 그들이 걸었던 길에서 힌트를 얻어 내 미래의 부를 디자인하는 데 적극 활용해야 한다. 오랜 역사가 증명하듯 혁신과 도전에 부의 기회가 있다.

필진: 최재붕

부자가 되기 위하여
④ 내 무기를 극대화하라

나의 분야를 찾고 몸값을 키우며 준비했다면 그 다음은 무엇일까. 자신이 하는 일로 큰 수익을 내거나, 자신의 일 혹은 제품이 확장되어 알려지는 것부터 부자가 되는 길의 시작일 것이다.

모든 부자는 높은 소득에서부터 부를 축적한다. 기업이든 개인이든 마찬가지다. 또 기업이든 개인이든 자신이 혹은 기업이 판매할 수 있는 제품이나 서비스가 무엇이며, 그 제품과 서비스를 어떻게 하면 더 높은 가격 혹은 연봉을 받고 팔 수 있는지를 고민하는 것부터 시작한다.

기본적으로 사람과 사회, 경제에 대한 높은 관심이 있어야 할 것이고, 자신이 가장 잘할 수 있고 시장이 돈을 내고도 쓸 만한 유형, 무형 재산이 많은 사람이 부를 쌓을 수 있다. 자기 적성을 찾고, 어떻게 살아야 할지 깨달았다면 성실함을 무기로 장사를 할 수도 있고, 혹은 사업을 할 수도 있고, 꼭 한 가지 일이 아니더라도 더욱 다양한 일을 도모할 수 있을 것이다.

미래는 과거처럼 대기업이나 유망한 IT 회사에 다닌다고 전부 해결되지 않는다. 그렇기에 시대 흐름을 읽는 것이 중요하다. 예를 들어, 현재 또 다른 부를 창출할 수 있는 길이 있다고 하면 SNS다. 자신의 이름을 걸고 무언가를 파는 인플루언서들을 보라. 자신이 아니라면 자신 혹은 회사가 만들어낼 제품이나 서비스가 유명해지는 것도 돈을 크게 벌 기회다. 유명하다는 것은 단순한 마케팅의 결과가 아니라, 그 제품과 서비스가 갖는 고유한 시장 경쟁력이 표출된 결과이기 때문이다.

그밖에 미래에도 대비해야 한다. 40대를 지나 50대에 접어들면 언제 돈벌이가 끝나도 이상하지 않다. 운 좋게 유지된 건강과 직장이 예고도 없이 단절될 수도 있는 시점이다. 시대가 변화하여 예전과 달리 중년은 아직 젊은 청년처럼 느껴지기도 한다. 그러나 냉정하게 현실을 바라보면 앞으로 몇십 년을 버텨야 할지 인지해야 한다. 더 이상 일하지 않을 때, 즉 인생의 장기전에 돌입했을 때 잘 살 수 있는 방법을 정리해야 한다.

훗날 중년에 접어들면 모든 사람이 직장에 다니지 않을 수 있

다. 그렇기 때문에 직장이 아닌 직업을 찾는다는 마음가짐, 본인
만의 몸값을 유지할 방책이 필요하다. 점점 다분화되는 사회는
예전처럼 하루하루 먹고살던 고정관념을 거부한다. 평생 써먹을
본인의 무기를 구체화해야 한다. 아직 기회는 많다.

필진: 전영수, 채상욱

잘 살려면 멈추는
때를 알아야 한다

부자가 되는 길에도 여정이 있다. 시간과 에너지를 투자해 '과몰입'해야 하는 때가 있고, 어느 시점이 되어야 본인이 만족하게 될지를 계속 염두에 두어야 한다. 그렇지 않으면 관성처럼 돈만 좇는 삶을 살게 되기 때문이다.

〈김작가 TV〉 채널은 유튜브를 시작한 후 5년 만에 구독자 183만 명이 되었다. 크리에이터는 알려지면 알려질수록 비즈니스 확장성을 논하는 수많은 제안이 온다. 강좌 플랫폼을 만들거나 출판사를 차리거나 아니면 투자를 할 테니 같이 상장의 모델로 회사를 키워보거나 하는 것처럼. 이렇게 여러 기회가 오는 시기에 고민해야 하는 것이 자신의 목표 지점이다. 즉 인생의 소중한 시간을 내어주고 돈을 벌어야 하는 쳇바퀴를 언제 어디까지 굴려야 하는지 알아야 한다. 희생 없이 얻을 수 있는 건 아무것도 없기 때문이다.

구독자가 96만 명일 당시, 다음 목표가 무엇인지에 대해 질문을 받은 적이 있었다. 100만 명이 되는 게 목표고 그다음에는 특별히 없다고 답했다. 실제로 100만 명이 넘으면 그냥 하루하루 열심히 살고 싶었다. 그랬더니 100만 명이 넘으면 그다음에 200만 명을 넘거나 지금보다 더 많은 돈을 벌고 싶은 그런 목표 있지 않느냐는 물음이 돌아왔다. 무언가 잘못되었다는 생각이 들었다. 직업이 유튜버라면 100만 명이란 수치는 누가 봐도 성공했다고 볼 수 있는 경력인데 다음 목표를 묻는 일이 자연스럽다는 게. 그래서 다시 대답했다. "저는 정말 구독자 100만 명이 목표고, 달성하면 충분히 만족할 거 같아요. 왜냐하면 구독자 100만 명인데도 만족하지 못하는 삶 또한 조금은 안타까운 거 같아서요."

김작가 TV에 출연한 서울아산병원 노년내과 정희원 교수님의 말씀이 이런 생각을 잘 정리해주었다. 건강에 관한 이야기인 것 같지만 삶 전체를 꿰뚫는 핵심 메시지이기에 소개한다.

"사람이 삶을 살아가는 데 중요한 요소에는 몸과 마음이 건강해야 하고, 잠을 잘 자야 되고, 영양 상태도 괜찮아야 합니다. 그리고 사회 자원 측면에서 돈이 어느 정도 있어야 되고 가족 및 사람과의 관계가 필요합니다. 이런 것들이 삶을 사는 데 기본적인 기능이 되는 거죠.

하지만, 한국 사람들은 오로지 돈만 신경 쓰다 보니까 나머지 것들이 대부분 망가지는 경우가 많아요. 100점 만점 시험에서 과목이 10개인데, 한 과목만 60점 미만을 받아도 과락이 되어 그 시험에 통째로 탈락되기도 하잖아요. 그와 비슷해요. 물론 돈은 중요하지만, 인생에서 한 가지 요소일 뿐이라는 거예요. 돈이 어마어마하게 많아도 신체 기능이 나빠서 침대 밖으로 못 나오고, 외출하지 못하게 되면 큰 의미가 없죠. 이 기능은 가장 낮은 녀석이 다른 것들을 끌어내리는 특징이 있어요. 예를 들어서 신체 기능이 아무리 좋아도 인지 기능이 너무 떨어지면 외출할 수 없고, 요양 보호사가 돌봐야 되는 치매 환자가 되는 거예요. 반대로 인지 기능은 멀쩡해도 근육이 너무 빠지면 집밖에 나갈 수 없죠. 저는 이걸 과락 현상이라고 얘기해요. 어떤 한 요소가 어느 정도 이상으로 기능이 떨어지게 되면 그 사람의 총체적인 기능이 떨어지는 거예요.

그런데 사람들은 인생에 딱 하나의 요소인 돈밖에 없다고 생각하는 경우가 많아요. 돈, 건강, 관계 등이 다 60점 이상 유지되고,

가능하면 60점이라는 선보다 높게 오랫동안 유지되는 게 필요하겠죠. 사람들이랑 잘 지내야 하고, 가족들도 챙겨줘야 되는데, 오로지 돈만 신경 쓰다 보니까 나머지 요소들이 망가집니다. 그게 한국 사람 대부분이 불행해지는 가장 큰 원인인 거 같아요."

김작가 TV에서 업로드하는 영상 개수는 한 달에 약 80~100개, 1년으로 치면 약 1,000개다. 수많은 전문가들, 그들과의 유익한 이야기 중 2023년 가장 인상 깊었던 인터뷰 중 하나로 위의 이야기를 꼽은 데는 이유가 있다. 필자는 남부끄럽지 않게 인생을 열심히 살았다. 37년 동안은 큰 기회를 얻지 못했지만, 38세에 시작한 유튜브에서 행운을 얻어 어느 정도 경제적 자유를 얻었고, 순자산 기준 상위 1%가 되었다(사람들이 생각하는 것처럼 엄청난 부자는 아니다).

자연스레 주변에 경제적 자유를 넘어 큰 부자인 사람들이 많아졌다. 한 가지 확실한 것은 부자가 그렇지 않은 사람보다 행복할 확률이 높다는 것이다. 돈으로 행복을 살 수는 없다고 하지만, 돈이 많으면 꽤 많은 불행을 막아주기 때문이다. 그런데 모순되게도 그렇게 많은 부자 중에 내가 부러워할 정도로 행복해하는 사람 또한 많지 않다.

그 이유는 만족감의 부재다. 돈을 많이 벌기 위해 시간과 에너지를 투자하다 보니 자연스레 다른 영역에 시간을 쏟지 못해 가족과 멀어지거나, 건강을 잃었거나, 부자가 되어도 자신보다 더 큰 부자를 만나 끝없이 비교하는 불행의 늪에 빠진 경우가 많았기 때문이다. 가장 아이러니했던 건 부자가 된 그들이 더 많은 돈을 벌기 위해 여전히 자신의 시간 대부분을 쏟고 있다는 것이었다.

목표가 있고, 고군분투하여 도달했다면 만족하는 시기도 필요하다. 거기서 멈춰도 좋고 잠시 여유를 가지면서 더 큰 목표를 세워도 된다. 필자는 더 부자가 될 수 있는 길에서 스스로 내려오기로 결심했다. 유튜브 채널을 운영하지 않거나, 열심히 삶을 살지 않는다는 의미가 아니다. 건강을 깎아 가면서, 인간관계와 가족도 챙기지 못하면서 일에 몰두하지 않겠다는 것이다.

유튜브를 시작한 후부터 인생의 90% 이상이 유튜브였다. 찾아온 기회들을 살리기 위해 매일 최선을 다해서 경제적 자유를 얻었지만, 체중이 늘고 허리에 통증이 오는 등 건강을 잃었다. 이제는 일상에서 건강과 인간관계의 비중을 늘렸다. 이 시간을 일하는 데 쏜다면 훨씬 더 많은 돈을 번다는 것을 잘 알지만 그 선택을 하지 않고 있다.

20~40대 젊은 시절에 체력이 받쳐줄 때는 나의 인생을 갈아 넣을 정도의 투자가 어느 정도 필요하다고 본다. 하지만 인생의 방향에도 중력이 있는지, 한번 돈을 벌어 그 맛을 본 사람은 경제적 자유를 찾은 뒤에도 여전히 돈을 벌기 위해 최선을 다하는 경우가 많았다. 과연 그 사람은 정말 자유를 찾은 것일까?

물론 일을 좋아하면 좋아하는 일을 잘하면서 자아실현까지 할수 있다. 심지어 많은 돈을 벌 수 있다면 더할 나위 없이 좋다. 그러나 진정한 부자는 행복까지 느끼는 사람일 것이다. 좋아하는 일로 2~3년 짧고 굵게 벌어 은퇴해서 편하게 산다는 마음가짐보다, 내가 좋아하는 일이기에 좀 더 오래 함께 일하고 싶다는 부의 지속 가능성이 중요하다. 정희원 교수는 돈을 많이 벌어도 건강을 잃으면 부자의 길에서 내려올 수도 있다는 경고도 주었다.

"만약 몸이 안 좋아 15년~20년 동안 침대에 누워서 병간호가 필요한 상태가 된다면 내 삶이 20년 날아가는 거죠. 살아있더라도 삶의 질이 낮을 겁니다. 나아가 의료비와 돌봄 비용이 꽤 많이 나갈 거예요. 어떻게 보면 이중으로 손해를 보는 거죠. 일도 못하고, 의료비도 지출되니까요. 100세 시대이기에 꽤 많은 인생이 남았는데, 지금까지 살아왔던 방식대로 내 몸과 마음을 망가뜨리며 부자가 되는 것이 아니라, 앞으로는 지속 가능하게 먼 길을 가야 된다고 생각하면 굉장히 다른 것들이 보여요."

돈만 보고 살아가기에는 우리의 삶 곳곳에 너무나도 소중한 것들이 많다. 물론 돈은 자본주의 시대에 꼭 필요한 자원이다. 돈을 잘 벌기 위해 인생의 어느 순간에는 꽤 많은 것을 투자해야 한다. 저마다 기준이 다르겠지만 어느 정도 돈을 번 시점에는 만족하는 순간도 깨달을 줄 알아야 할 것이다. 그것을 놓치지 말자. 자칫 잘못해서 돈만 아는 소위 자본주의가 낳은 괴물이 되지는 않았으면 한다.

필진: 김도윤

머니 트렌드를
읽은 후
무엇을 해야 할까?

작년에 이어 두 번째로 『머니 트렌드 2024』 책을 출간하게 되었습니다. 아마도 『머니 트렌드 2023』이 경제경영 분야 베스트셀러에 오르며 많은 사랑을 받은 덕분에 가능한 일이었을 겁니다. 큰 포부를 안고 시작한 시리즈를 올해도 무사히 낼 수 있게 도와준 독자분들에게 먼저 감사하다는 인사를 드리고 싶습니다.

작년과 마찬가지로 〈부동산 읽어주는 남자〉 유튜브 채널을 운영하는 정태익 작가님과 함께 기획하고, 더 다채로운 전문가들을 모셨습니다. 주식에는 더퍼블릭자산운용 김현준 대표를, 부동산에는 채상욱 애널리스트를, 테크에는 성균관대학교 최재붕 부총장님을, 인구/노후에는 한양대학교 국제학대학원 전영수 교수님을, 경제 전망에는 이코노미스트 홍춘욱 박사님을, 사회 트렌드 분석에는 김용섭 소장님을 모셨습니다. 이 책을 보는 것만으로도 2024년 돈의 흐름이 어떨지 감을 잡고 이해할 수 있으리라 생각합니다.

이번 책을 집필하며 문득 『머니 트렌드 2023』이 독자들의 삶에 어떤 도움이 되었는지 의문이 들었습니다. 어떤 분은 주식 투자에, 어떤 분은 부동산 투자에 도움을 받으셨겠지만, 주식 종목과 부동산 지역을 딱 짚어주는 책은 아니기에 내 손에 잡히는 큰돈은 없었을 수도 있겠다는 생각이 들었습니다. 이 책의 목적은 돈을 대하는 태도와 올바른 투자관을 알려드리는 것 그리고 세계와 한국의 돈 흐름을 알려주는 것이라고 생각하기 때문입니다.

돈에 관한 교양과 지식을 쌓는 것도 중요하지만, 직접적으로 돈이 되는 이야기를 전하고 싶었습니다. 물론 책에서는 돈을 벌 수 있는 여러 가지 팁을 전하고 있습니다. '돈을 불러오는 미국 대선과 한국 총선', '디지털 문명 시대가 포착한 부의 기회', '메타 인더스트리의 등장', '비전프로의 존재감과 영향', '꺼지지 않는 중고차 시장' 등 다양한 정보가 가득하지만 중요하게 말씀드려야 하는 것

1가지가 빠졌다는 생각이 들었습니다.

경제경영 도서는 다른 분야와 달리 책을 읽고 이해하는 것에서 끝나는 게 아니라, 재테크 측면에서 나에게 실질적인 도움이 되어야 한다고 생각합니다. 그러려면 단순한 앎을 넘어 내 삶에 돈이 될 키워드를 넣는 것이 중요합니다. 57가지의 머니 키워드를 아는 것보다 중요한 것은 그중 1가지 방법을 내 삶에 적용하는 것입니다. 그렇다면 어떤 것을 선택해야 할까요? 메타버스와 전혀 관련 없는 사람이 VR 사업에 뛰어들어도 될까요? 반려동물과 관련 없는 사람이 펫 사업을 잘할 수 있을까요? 이왕이면 나와 관계 없는 일이 아니라, '원래의 내가' 잘하고 있는 일에서 한 칸 옆으로 확장할 수 있는 일이었으면 합니다. 당연히 그게 성공 확률이 높을 수밖에 없습니다.

필자의 경우 그중에서 6장 전영수 교수님이 언급한 '은퇴자 1700만 명 시니어 마켓'을 잡았습니다. 실제로 베타 테스트를 위해 〈김작가 TV〉 유튜브 채널에 건강 관련 콘텐츠를 만들어봤습니다. 단 몇 개의 영상만으로 조회 수는 총 600만 회 이상을 기록했습니다. 스스로 잘할 수 있는 콘텐츠라는 걸 확인한 다음에는 노후 및 건강과 관련된 유튜브 채널을 만들었습니다.

좀 더 깊게 이야기해볼까요? 한국은 저출산과 고령화로 인해 저성장 국가로 향한다고 합니다. 나라 전체의 흐름은 개인이 막을 수 없을지도 모릅니다. 하지만 그렇다고 해서 대한민국 모든 개인이 저성장을 하는 게 아니라는 점이 중요합니다. 전영수 교수님 또한 일본의 사례를 들어 이야기하셨습니다. "세계 최초로 인구감소 국가가 된 일본은 이 논리라면 성장 자체가 어렵다. 그러나 현실은 그렇지 않았다. 인구감소에도 불구하고 저출산과 고령화에 맞춰 성장세를 나타낸 기업, 업종이 적지 않다. 저출산처럼 육아 및 취학 연령의 냉정한 절대 감소에도 혁신적이며 지속적인 수익으로 변화시킨 업종도 상당히 많다." 모두가 성장하는 고성장기보다, 저성장기에 이 책을 읽는 것이 더 중요합니다. 왜냐하면 저성장기에 성장할 산업에 큰돈이 몰릴 수밖에 없기 때문입니다.

나아가 실버산업은 한국에서 이제 막 성장기를 향해 달리기 시작했다고 전영수 교수님이 말씀하셨습니다. "2024년부터는 고령화율 20%(초고령 사회)로 무게 중심이 넘어갈 것이다. 1955~63년에 태어난 베이비부머 상징인 58년 개띠가 경제활동인구(분모)에서 피부양인구(분자)로 넘어가기 때문이다. 한 해 약 ±70만 명이 고령 인구로 가세하면 사회적 영향력과 부담감은 커진다." 그래서 필자는 새로 개설한 유튜브 채널에 힘을 쏟으면서 이 책의 키워드를 적용해 더 다양한 사업을 시도해보고자 합니다. 물론 부족한 점이 있겠지만, 잘할 수 있는 부분이 명확한 분야이기에 성공 확률 또한 높으리라 봅니다.

여러분도 『머니 트렌드 2024』를 책으로만 읽지 않았으면 합니다. 이 책을 읽은 분들에게 원하는 것은 딱 3가지입니다.

첫째, 『머니 트렌드 2024』 책을 처음부터 끝까지 꼼꼼히 읽는다.

둘째, 총 57가지 머니 키워드 중 내가 좋아하거나 잘할 수 있는 것을 찾는다.

셋째, 단 1가지 키워드를 선택해 내 일이나 사업에 적용한다.

'사람은 책을 만들고 책은 사람을 만든다'는 말처럼 이 책에서 말하는 전략 중 단 1가지만이라도 내 삶에 녹일 수 있다면 단순히 재테크로 몇백만 원, 몇천만 원의 돈을 더 버는 것이 아니라, 인생을 송두리째 바꿀 수 있을지도 모릅니다. 『머니 트렌드 2024』 이야기를 솔선수범하여 2024년 말쯤 그 새로운 시작과 결과를 여

러분에게 공유하겠습니다. 그리고 여러분 한 명, 한 명이 선택한
2024년 머니 키워드의 결과 또한 기다리고 있겠습니다.

2023년 가을,

김도윤

김도윤

자기계발 분야 베스트셀러 작가이자, 구독자 183만 명(2023년 9월 기준) 유튜브 채널 〈김작가 TV〉의 운영자. 10년 동안 1,000명이 넘는 성공한 인물을 인터뷰해오며 전문 인터뷰어로서 독보적인 영역을 구축해왔다. 특유의 친화력과 돌직구 질문으로 사람들이 가장 궁금해하는 답을 속 시원하게 끌어내는 것으로 유명하다. '대한민국 인재상(대통령상)', '고용노동부 청년 멘토', '대한민국 국민대표 61인' 등의 타이틀이 있다. 저서로는 『머니 트렌드 2023』(공저), 『럭키』, 『유튜브 젊은 부자들』, 『1등은 당신처럼 공부하지 않았다』, 『날개가 없다, 그래서 뛰는 거다』(공저) 등이 있다.

정태익

30대 초반, 대기업에 입사했지만 회사가 주는 월급만으론 절대 부자가 될 수 없다는 사실을 깨닫고 부동산 투자에 뛰어들었다. 차근차근 쌓아 올린 투자 지식과 특유의 결단력으로 13년간 30채가 넘는 부동산에 투자하면서 그 과정에서 얻은 지식을 유튜브 〈부읽남 TV〉를 통해 공유하며 108만 구독자(2023년 9월 기준)와 함께 대한민국 부동산 유튜브 채널 1위를 달성, 부동산 투자 전문가로 자리매김했다. 재테크 분야 최단기간 11만 부 판매 기록을 세운 『운명을 바꾸는 부동산 투자 수업』을 비롯해, 『머니 트렌드 2023』(공저)을 집필했다.

김용섭

트렌드 분석가이자 Trend Insight & Business Creativity를 연구하는 '날카로운상상력연구소' 소장. 경영전략 컨설턴트로서 삼성전자, 현대자동차, SK, LG 등 대기업 그룹사 주요 계열사와 기획재정부, 국토교통부 등 정부 기관에서 3,000회 이상의 강연과 비즈니스 워크숍을 수행했고, 300여 건의 컨설팅 프로젝트를 수행했다. 저서로 『라이프 트렌드 2024: OLD MONEY』, 『라이프 트렌드 2023: 과시적 비소비』, 『ESG 2.0: 자본주의가 선택한 미래 생존 전략』, 『아웃스탠딩 티처Outstanding Teacher』, 『프로페셔널 스튜던트Professional Student』, 『언컨택트Uncontact』 등 40여 권이 있다.

김현준

브이아이피투자자문(현 브이아이피자산운용)과 키움증권을 거쳐 현재 더퍼블릭자산운용 공동창업자 겸 대표이사로 재직 중이다. 4명의 쌈짓돈을 합친 1억 원으로 회사를 창업한 지 10년 만에 만장일치제, 10종목 집중투자, 개인고객 직판을 성공시켜 자기자본 50억 원, 운용자산 1,200억 원을 자랑하는 금융벤처로 키워냈다. 20년간 주식시장에 몸담으며 '종목 선정이 주식투자의 전부다'라는 믿음으로 꾸준한 수익을 내고 있다. 저서로는 『워런 버핏처럼 사업보고서 읽는 법』, 『어닝스』, 『부자들은 이런 주식을 삽니다』, 『에이블』이 있다.

전영수

인구 통계와 세대 분석을 통해 사회 변화를 연구하는 경제학자. 한양대학교 국제학대학원 교수로서 혁신 인재를 양성하며 사회 발전을 위한 다양한 연구를 진행하고 있다. 관심사는 인구변화의 제반현상과 대응체계를 비롯한 균형발전 및 지속 가능성 등이다. 이를 통해 한국사회의 장기적이고 건강한 행복 모델을 구축하는 것이 목표다. 대통령 직속 일자리 위원회 전문위원(전)을 비롯해 국무총리실, 기획재정부, 국토교통부, 고용노동부, 서울시 등의 위원회에서 다각도로 관련 정책을 연구하고 조언한다. 저서로는 『인구소멸과 로컬리즘』, 『머니 트렌드 2023』(공저), 『소멸위기의 지방도시는 어떻게 명품도시가 되었나』(공저), 『대한민국 인구·소비의 미래』 등이 있다.

채상욱

하나증권에서 건설/부동산 애널리스트를 거쳐 현재 커넥티드그라운드 대표가 되었다. 《한국경제신문》 건설 부문 베스트 애널리스트 3년 연속 1위, 《매일경제신문》 9년 연속 베스트 애널리스트로 선정되었다. 유튜브 〈채부심: 채상욱의 부동산 심부름센터〉 운영자, 네이버프리미엄콘텐츠 〈채상욱의 아파트 가치&가격 연구소〉 대표로 활동 중이며 저서로는 『아파트, 이 가격 오면 사라』, 『부동산 공부는 처음이라』, 『대한민국 부동산 지난 10년, 앞으로 10년』, 『돈 되는 아파트 돈 안 되는 아파트』 등이 있다.

최재붕

성균관대학교 부총장. 서비스융합디자인학과, 기계공학부 교수이자 비즈니스 모델 디자이너이다. 챗GPT를 비롯한 4차 산업혁명의 격변 속에서 인문학, 심리학, 공학, 비즈니스 등 분야의 경계를 막론하고 탐구하는 국내 최고의 4차 산업혁명 권위자이다. 2014년부터 기업, 정부기관, 교육기관 등을 대상으로 강연을 하면서 4차 산업혁명이라는 새로운 문명이 일으키는 변화와 우리의 과제를 이야기하고 있다. 저서로는 『최재붕의 메타버스 이야기』, 『포노 사피엔스』, 『체인지 9』 등이 있으며, 공저로는 『세븐 테크』, 『코로나 사피엔스』, 『차이나는 클라스 과학문화미래 편』 등이 있다.

홍춘욱

연세대학교 사학과를 졸업한 뒤 고려대학교 대학원에서 경제학 석사, 명지대학교에서 경영학 박사학위를 받았다. 1993년 한국금융연구원을 시작으로 국민연금 기금운용 본부 투자운용팀장, KB국민은행 수석 이코노미스트 등을 거쳐 현재 프리즘 투자자문 대표이사로 일하고 있다. 2016년 조선일보와 에프앤가이드가 '가장 신뢰받는 애널리스트'로 선정했으며, 수년간 부동산 및 금융 분야, 국제 경제 전망을 아우르는 전문가로서 각종 미디어의 1순위 인터뷰어로 손꼽혀왔다. 저서로는 『대한민국 돈의 역사』, 『머니 트렌드 2023』(공저), 『투자에도 순서가 있다』, 『돈의 역사는 되풀이된다』, 『50대 사건으로 보는 돈의 역사』 등이 있다.

머니 트렌드 2024

57가지 키워드로 전망하는 대한민국 돈의 흐름

ⓒ 김도윤, 정태익, 김용섭, 김현준, 전영수, 채상욱, 최재붕, 홍춘욱, 2023

초판 1쇄 발행 | 2023년 10월 5일
초판 2쇄 발행 | 2023년 11월 24일

지은이 | 김도윤, 정태익, 김용섭, 김현준, 전영수, 채상욱, 최재붕, 홍춘욱
기획편집 | 이가람, 이현주, 박서영
콘텐츠 그룹 | 정다움, 이가람, 박서영, 전연교, 정다솔, 문혜진
디자인 | 정기훈

펴낸이 | 전승환
펴낸곳 | 책읽어주는남자
신고번호 | 제2021-000003호
이메일 | book_romance@naver.com

ISBN 979-11-91891-41-6 03320